1,000 Words 10,000 Sentences Brazilian Portuguese Frequency List

1,000 Words 10,000 Sentences
Brazilian Portuguese
Frequency List

Copyright © 2025 by Aron Levin

All Rights Reserved. No part of this book, or associated audio files, may be reproduced, stored, or transmitted, in any form or by any means, electronic, mechanical, photocopying, recording, internet usage, or otherwise, without prior written permission from the publisher.

ISBN: 978-1-952161-09-4

www.L2Press.com

First Edition

Introduction

Ready to start your Portuguese journey the smart way? This book offers you a clear path to success. Whether your goal is to connect with Brazilian friends, enhance your career opportunities, or immerse yourself in Brazil's rich culture, this method will get you there faster and more effectively than traditional grammar-based approaches. Don't waste time on inefficient learning methods – begin your transformation into a confident Portuguese speaker today with this innovative and practical approach to language mastery.

This book is designed to take you from beginner to intermediate in Brazilian Portuguese as efficiently as possible. It introduces the 1,000 most common word families, which account for roughly 80% of the words you'll encounter in everyday conversation and writing. Each word family is introduced through 10 simple example sentences, all crafted using only other word families from the book, resulting in 10,000 interconnected sentences designed to strengthen your understanding of Portuguese and support effective language acquisition.

The beauty of this method lies in its simplicity. Short, easy-to-understand sentences allow you to focus on building a solid foundation without feeling overwhelmed by complex grammar or endless vocabulary lists. Extensive exposure to comprehensible examples is far more effective than traditional grammar-heavy methods. Instead, you'll learn naturally through meaningful repetition and practical examples, making it easier to infer the meaning of unfamiliar words or phrases from context, which is a key skill for advancing to higher proficiency. By encountering words and structures repeatedly in various meaningful contexts, you'll develop an intuitive feel for Portuguese that goes beyond memorization.

By the time you complete this book, you'll be ready to dive into authentic materials made for native Portuguese speakers, such as books, videos, and podcasts, without relying on translations or subtitles. Mastering this content will give you the confidence and skills to explore the rich world of Portuguese-speaking culture and make meaningful personal connections.

Anki flashcards are a powerful tool for language learning but creating them can be tedious and time-consuming. I have eliminated that hassle for you by providing a pre-made Anki deck (available for purchase at L2Press.com) featuring all 10,000 Portuguese sentences, English translations, and professionally recorded audio for each sentence. These pre-made flashcards save you hundreds of hours of tedious work while helping you master vocabulary, listening comprehension, and pronunciation through spaced repetition. With everything ready to go, you can focus on learning and watch your Portuguese skills grow quickly. Let's start now!

1 – o, a, os, as
O livro está na mesa.
O restaurante é bom.
Ele é o professor.
A menina está na escola.
A casa é pequena.
Você consegue ver a diferença?
Os cachorros estão brincando.
Comprei os sapatos ontem.
As flores são lindas.
Onde estão as chaves do carro?

the
The book is on the table.
The restaurant is good.
He is the teacher.
The girl is at school.
The house is small.
Can you see the difference?
The dogs are playing.
I bought the shoes yesterday.
The flowers are beautiful.
Where are the car keys?

2 – e
Estou indo bem, e você?
Ela é inteligente e engraçada.
Ele é alto e tem olhos azuis.
Eles têm um gato e um cachorro.
Ela cantou e dançou a noite toda.
Eu dormi bem, e você?
Entre e sente-se.
Tente e veja o que acontece.
Eu tenho quatro tias e tios.
Vamos ao cinema e depois jantar.

and
I'm doing well, and you?
She is smart and funny.
He is tall and has blue eyes.
They have a cat and a dog.
She sang and danced all night.
I slept well, and you?
Come in and sit down.
Try and see what happens.
I have four aunts and uncles.
Let's go to the movies and then have dinner.

3 – que
O que é isso?
Que dia é hoje?
O que você quer?
Eu não sei o que pensar sobre isso.
Que tipo de música você gosta de ouvir?
De que país você é?
Que gentil da sua parte!
Eu acho que vou embora.
Você disse que não pode ir.
Pegue o ônibus que chegar primeiro.

what, which, how, that
What is it?
What day is today?
What do you want?
I don't know what to think about it.
What music do you like to listen to?
Which country are you from?
How nice of you!
I think that I'm going to leave.
You said that you can't go.
Take the bus that arrives first.

4 – não
Não, obrigado.
Isso não é justo.
Nós não moramos mais lá.
Não estou com fome agora.
Eu não acho que você entendeu.
Não vamos falar sobre isso.
Ela não come carne.
Eles não têm carro.
Se não chover, vamos sair.
Não tem ninguém em casa além de mim.

no, not
No thanks.
That's not fair.
We don't live there anymore.
I'm not hungry right now.
I don't think you understood.
Let's not talk about it.
She doesn't eat meat.
They don't have a car.
If it doesn't rain, let's go out.
There's no one at home besides me.

5 – um, uma, uns, umas
Ele é um bom amigo.
Estamos esperando um táxi.
Espere um segundo.
Eu tenho um irmão e uma irmã.
Eles têm uma casa na praia.
Eu tenho uma pergunta.
Vamos tentar compreender uns aos outros.
Vamos assistir a uns filmes hoje à noite.
Eu só preciso te fazer umas perguntas.
Chego em umas duas horas.

a, an, some; one
He is a good friend.
We're waiting for a taxi.
Wait a second.
I have one brother and one sister.
They have a house on the beach.
I have a question.
Let's try to understand one another.
Let's watch some movies tonight.
I just need to ask you some questions.
I'll arrive in about two hours.

6 – de
Estou cansado de estudar.
Eles são de Brasília.
Depois de você!
Eles vendem de tudo nessa loja.
Eu sou pai de três crianças.
Eu me lembro de você.
Do meu ponto de vista, ela estava certa.
Eu bebo de quatro a oito copos de água por dia.
Ele vai fazer de novo.
Não quero nada de você.

of, from
I am tired of studying.
They are from Brasília.
After you!
They sell everything in this store.
I'm the father of three children.
I remember you.
From my point of view, she was right.
I drink from 4 to 8 cups of water per day.
He's going to do it again.
I don't want anything from you.

7 – ser

Esse é o meu livro favorito.
Isso é para todos vocês.
Ontem foi um ótimo dia.
Foi uma decisão difícil de tomar.
Eu era o melhor aluno na escola.
Minha filha quer ser médica.
Eu não sou daqui.
São três horas da tarde.
Seja gentil com as pessoas ao seu redor.
Será bom ver você novamente.

to be

This is my favorite book.
This is for all of you.
Yesterday was a great day.
It was a difficult decision to make.
I was the best student in school.
My daughter wants to be a doctor.
I'm not from here.
It's three o'clock in the afternoon.
Be kind to the people around you.
It will be good to see you again.

8 – você

Como você está?
Como você se chama?
Você já jantou?
De onde você é?
Você fala outras línguas?
Você poderia falar mais devagar?
Você pode me ajudar a entender isso?
Foi bom conhecer você.
Você gostaria de um café?
Fique aí enquanto eu busco ajuda.

you (s.)

How are you?
What's your name?
Have you had dinner yet?
Where are you from?
Do you speak any other languages?
Could you speak more slowly?
Can you help me understand this?
It was nice to meet you.
Would you like a coffee?
Stay there while I get help.

9 – eu

Eu amo minha família.
Eu acho que você está certo.
Eu estou bem, obrigado!
Eu gosto de viajar.
Eu já volto.
Eu trabalho por conta própria.
Sou eu. Você pode abrir a porta?
Eu corri o mais rápido que pude.
Eu vou ao mercado.
Se eu fosse você, eu compraria aquele.

I

I love my family.
I think you are right.
I'm fine, thanks!
I like to travel.
I'll be right back.
I work for myself.
It's me. Can you open the door?
I ran as fast as I could.
I'm going to the market.
If I were you, I'd buy that one.

10 – do, da, dos, das — of the

Vamos ao parque no final do dia. — Let's go to the park at the end of the day.
Você tem medo do escuro? — Are you afraid of the dark?
Ele é do Brasil. — He is from Brazil.
A cor da flor é vermelha. — The color of the flower is red.
Eu gosto da comida brasileira. — I like Brazilian food.
Sinto saudades da minha família. — I miss my family.
Ele tirou fotos das flores. — He took pictures of the flowers.
Ela é a mais nova dos irmãos. — She is the youngest of the siblings.
Uma das respostas está errada. — One of the answers is wrong.
Quem vai cuidar das crianças? — Who's going to take care of the children?

11 – estar — to be

Onde está você? — Where are you?
A música está alta demais. — The music is too loud.
O gato está dormindo. — The cat is sleeping.
Eu estou cansado. — I'm tired.
Eu estou com pressa. — I'm in a hurry.
Estava escuro quando chegamos em casa. — It was dark when we arrived home.
Você não estava ouvindo. — You were not listening.
Eles estão felizes com a nova casa. — They are happy with the new house.
Estamos prontos para a viagem amanhã. — We are ready for the trip tomorrow.
Ele não parece estar muito preocupado. — He doesn't seem to be too worried.

12 – para — to, in order to, by, for

Vamos para casa. — Let's go home.
Eu estudo para aprender. — I study to learn.
Eles viajaram para o Brasil. — They traveled to Brazil.
Eu comprei um presente para você. — I bought a gift for you.
Ela é alta para a idade dela. — She is tall for her age.
Ele trabalha para uma empresa. — He works for a company.
Isso é importante para mim. — This is important to me.
Estamos saindo para o cinema agora. — We are leaving for the movies now.
Estou aqui para ajudar. — I am here to help.
Fiz isso para que você ficasse feliz. — I did this so that you would be happy.

13 – ele, ela
Ele não é um bom amigo.
Ele não me viu.
Ele adora viajar.
Ele já sabe.
Isso é para ele.
Ela canta muito bem.
Ela é minha irmã.
Ela levantou a mão.
Esses são para ela.
Meu irmão me contou tudo sobre ela.

he, him, she, her
He is not a good friend.
He didn't see me.
He loves to travel.
He already knows.
This is for him.
She sings very well.
She is my sister.
She raised her hand.
Those are for her.
My brother told me all about her.

14 – em
Eles falaram com a gente em outra língua.
Me ligue novamente em dois dias.
Você pode chegar aqui em cinco minutos?
Ele está em busca de um novo emprego.
Eu amo todos os animais em geral.
O gato está em cima da cadeira.
Ela se sente segura em casa.
A cidade está em festa.
Eu vou ficar em casa hoje.
Gostaria de tomar chá em vez de café.

in, on, at, by
They spoke to us in another language.
Call me again in two days.
Can you get here in five minutes?
He's in search of a new job.
I love all animals in general.
The cat is on top of the chair.
She feels safe at home.
The city is in celebration.
I'm going to stay home today.
I'd like to have tea instead of coffee.

15 – no, na, nos, nas *(em+o/a/os/as)*
Ela está no banheiro.
Nós já estamos no carro.
O seu programa favorito está no ar.
Caminhamos na chuva.
Eu estou na lista.
Vamos brincar na praia.
Eu estou envolvido nos projetos.
Nos próximos dias, teremos uma reunião.
Nós estamos nas últimas semanas do ano.
As respostas estão nas últimas páginas.

in the, on the, at the, by the
She's in the bathroom.
We are already in the car.
Your favorite program is on (the air).
We walked in the rain.
I'm on the list.
Let's play on the beach.
I'm involved in the projects.
In the next few days, we will have a meeting.
We are in the last weeks of the year.
The answers are on the final pages.

16 – ter — **to have**

Eu tenho um cachorro pequeno.	I have a small dog.
Você tem uma bela casa.	You have a beautiful house.
Ela tem um carro legal.	She has a cool car.
Nós temos aula de português à uma hora.	We have Portuguese class at one.
Vocês têm irmãos?	Do you have siblings?
Quantos anos eles têm, na verdade?	How old are they, actually?
Tem muita gente na loja.	There are many people in the store.
Ele tem sorte.	He is lucky.
Eu tenho que estudar hoje.	I have to study today.
Ele tinha outros planos.	He had other plans.

17 – ir — **to go**

Meu filho vai à escola todos os dias.	My son goes to school every day.
Vai chover mais tarde.	It's going to rain later.
Ela foi para a ilha de barco.	She went to the island by boat.
Vamos à praia no próximo fim de semana.	We are going to the beach next weekend.
Vou viajar para o Brasil no próximo ano.	I'm going to travel to Brazil next year.
Eu vou para a loja a pé.	I'm going to the store on foot.
Vá para o seu quarto.	Go to your room.
Quando eles vão chegar?	When are they going to arrive?
Posso ir para a casa do meu amigo?	Can I go to my friend's house?
Estamos indo ao médico.	We are going to the doctor.

18 – se — **if; [reflexive pronoun]**

Ele virá se puder.	He will come if he can.
Se você quiser conversar, estarei aqui.	If you want to talk, I'll be here.
Se você tiver tempo, me ligue depois.	If you have time, call me later.
Se você precisar de ajuda, me avise.	If you need help, let me know.
Se o tempo estiver ruim, ficaremos em casa.	If the weather is bad, we will stay home.
Se você gostar, pode ficar com isso.	If you like it, you can keep it.
Você se lembra disto?	Do you remember this?
Vocês vão se divertir.	You're going to enjoy yourselves.
Explique-se.	Explain yourself.
Eles se divertem muito juntos.	They have a lot of fun together.

19 – com
Eu vou com você.
Ela foi com ele assistir a um filme.
Escrevi esta carta com amor.
Com quem você vai?
Jantar com amigos é sempre divertido.
Estou com calor.
Ele está com frio.
Você está com medo?
As crianças estão com fome.
Estamos com sorte.

with
I'm going with you.
She went with him to watch a movie.
I wrote this letter with love.
Who are you going with?
Dinner with friends is always fun.
I am hot.
He is cold.
Are you scared?
The kids are hungry.
We are lucky.

20 – me
Alguém me contou.
Não me trate assim.
Me dá um minuto, por favor.
Me deixe sozinho.
Meu pai me deu um presente.
Ele me deu um bom conselho.
Ele me contou uma história engraçada.
Ela me ligou ontem à noite.
Você me entendeu?
Você se lembra de ter me dado as chaves?

me, to me
Someone told me.
Don't treat me like that.
Give me a minute, please.
Leave me alone.
My father gave me a present.
He gave me good advice.
He told me a funny story.
She called me last night.
Did you understand me?
Do you remember giving me the keys?

21 – por
Obrigado por sua ajuda.
Por que você foi lá?
Conversamos por um tempo.
Ela tem estudado por horas.
Nós somos pagos por hora.
Eles ganharam o jogo por um ponto.
Nós estamos passando por tempos difíceis.
Eles estão viajando por todo o país.
Eles são pagos por cada dia de trabalho.
O preço do quarto é por noite.

for, by, through, per
Thank you for your help.
Why did you go there?
We chatted for a while.
She has been studying for hours.
We're paid by the hour.
They won the game by one point.
We are going through tough times.
They are traveling throughout the country.
They are paid per day of work.
The price of the room is per night.

22 – isso
Isso é muito interessante.
Por que você fez isso?
Isso parece divertido.
Isso é para você.
Eu nunca disse isso.
Você viu isso?
Pare com isso!
Isso é estranho.
Isso é verdade?
Você ouviu isso?

that
That is very interesting.
Why did you do that?
That seems fun.
That is for you.
I never said that.
Did you see that?
Stop that!
That's strange.
Is that true?
Did you hear that?

23 – seu, sua, seus, suas
Isso é seu?
Seu conselho ajudou muito.
Seu celular está tocando.
Eu amei o seu presente.
Eu perdi sua mensagem.
Sua irmã chegou?
Essa é sua decisão final?
Como está a sua família?
Não conte a seus pais.
Suas ideias são interessantes.

your, yours; (sometimes his, her, hers)
Is that yours?
Your advice helped a lot.
Your phone is ringing.
I loved your gift.
I lost your message.
Has your sister arrived?
Is this your final decision?
How is your family?
Don't tell your parents.
Your ideas are interesting.

24 – poder
Ela pode vir amanhã.
Isso não pode ser verdade.
Você sabe o que pode e o que não pode fazer.
Posso entrar?
Posso ajudar em alguma coisa?
Podemos tentar novamente mais tarde.
Podemos começar agora?
Você poderia me ajudar com isso?
Eles podem nos visitar no mês que vem.
Ela poderia ter vindo com a gente.

to be able to, can
She can come tomorrow.
It can't be true.
You know what you can and can't do.
Can I come in?
Can I help with something?
We can try again later.
Can we start now?
Could you help me with this?
They can visit us next month.
She could have come with us.

25 – meu, minha, meus, minhas — my, mine

Meu cabelo é longo. — My hair is long.
Meu amigo me ajudou. — My friend helped me.
Meu sonho é viajar pelo mundo. — My dream is to travel the world.
Minha bebida acabou. — My drink is finished.
Minha mãe é bem forte. — My mom is quite strong.
Minha viagem foi maravilhosa. — My trip was wonderful.
Eu amo meus pais. — I love my parents.
Meus sapatos são novos. — My shoes are new.
Minhas aulas são interessantes. — My classes are interesting.
Minhas roupas estão velhas. — My clothes are old.

26 – saber — to know

Eu não sei. — I don't know.
Eu sei a resposta dessa pergunta. — I know the answer to this question.
Você sabe se eles virão? — Do you know if they'll come?
Você sabe que é verdade. — You know that it's true.
Eu quero saber a verdade. — I want to know the truth.
Ela parece saber algo importante. — She seems to know something important.
Eu sabia que você entenderia. — I knew you would understand.
Você sabia que eles se casaram? — Did you know they got married?
Nós sabemos o que fazer. — We know what to do.
Nada desapareceu, até onde sabemos. — Nothing has gone missing, as far as we know.

27 – fazer — to do, make

Eu quero fazer um bom trabalho. — I want to do a good job.
Vamos fazer um bolo. — Let's make a cake.
Ela está fazendo um bom trabalho. — She is doing a good job.
Estou fazendo uma pesquisa sobre o assunto. — I am doing research on the subject.
Isso não faz sentido para mim. — It doesn't make sense to me.
Isso me faz sentir bem melhor. — That makes me feel much better.
Eu gosto de como você fez isso. — I like how you did that.
Ele fez como lhe foi dito. — He did as he was told.
Não faça tanto barulho. — Don't make so much noise.
O que você faria? — What would you do?

28 – bem
well, good; quite

Como você está? Tudo bem? — How are you? Everything good?
Bem-vindo! — Welcome!
Me sinto bem hoje. — I feel well today.
Eu conheço bem o seu irmão. — I know your brother well.
Eles não parecem bem. — They don't look good.
Eu não me lembro bem. — I don't remember well.
Durma bem. — Sleep well.
Essas são bem boas. — These are quite good.
É bem barato, então vou comprar. — It's quite cheap, so I'll buy it.
Está bem frio hoje. — It is quite cold today.

29 – mas
but

Eu quero sair, mas preciso trabalhar. — I want to go out, but I need to work.
Perguntamos a eles, mas não sabiam. — We asked them, but they didn't know.
Eles são ricos, mas não são felizes. — They are rich but not happy.
Eu queria ajudar, mas não sabia como. — I wanted to help, but I didn't know how.
Ele corre rápido, mas ela corre mais rápido. — He runs fast, but she runs faster.
É quente, mas o vento está agradável. — It's hot, but the wind is pleasant.
Estou aqui, mas você não me vê. — I'm here, but you don't see me.
Eu queria ficar, mas tenho que ir. — I would like to stay, but I have to go.
O filme é interessante, mas muito longo. — The movie is interesting, but very long.
Gosto de viajar, mas não gosto de voar. — I like to travel, but I don't like to fly.

30 – como
how, like, as

Como foi sua viagem? — How was your trip?
Eu vou te mostrar como se faz. — I'll show you how it's done.
Eu não sei como fazer isso. — I don't know how to do this.
Como está sua mãe? — How is your mother doing?
Ela cozinha como ninguém. — She cooks like no one else.
Ele fala como se tivesse nascido aqui. — He speaks like he was born here.
Ele corre como o vento. — He runs like the wind.
Ele trabalha como médico. — He works as a doctor.
Faça como eu. — Do it like me.
Ela falou comigo como se fôssemos amigos. — She talked to me as if we were friends.

31 – querer / to want

Quero uma mesa para dois.	I want a table for two.
Quero um quarto com vista para o mar.	I want a room with a sea view.
Ela disse que quer ir embora cedo.	She said she wants to leave early.
Você não quer vir comigo?	Don't you want to come with me?
Eu só queria te dizer que eu te amo.	I just wanted to tell you that I love you.
Queria que você estivesse aqui comigo.	I wish that you were here with me.
Se quiser, posso te ajudar com isso.	If you want, I can help you with that.
Se ele quiser, ele pode sair com o carro hoje.	If he wants to, he can use the car today.
Vocês querem jantar fora hoje à noite?	Do you want to have dinner out tonight?
Eles querem abrir o próprio negócio.	They want to open their own business.

32 – dizer / to say, tell

Ele disse que me ligaria hoje.	He said he would call me today.
Ela disse que nos encontraria lá.	She said she would meet us there.
Eu não sei como dizer isso.	I don't know how to say this.
Você tem algo a dizer sobre isso?	Do you have anything to say about this?
Diga a ele para me ligar.	Tell him to call me.
Diga às crianças para irem dormir.	Tell the kids to go to sleep.
Minha filha diz que está cansada.	My daughter says she's tired.
O mapa diz que devemos virar à esquerda.	The map says we should turn left.
Ele está dizendo que devemos esperar lá fora.	He is saying that we should wait outside.
Não entendi o que estavam dizendo.	I didn't understand what they were saying.

33 – aqui / here

Você mora aqui?	Do you live here?
Vem aqui.	Come here.
É muito bonito aqui.	It's very beautiful here.
Quero voltar aqui amanhã.	I want to come back here tomorrow.
Aqui está o seu café.	Here is your coffee.
Eu vou esperar por você aqui.	I will wait for you here.
Você gostaria de se sentar aqui?	Would you like to sit here?
Aqui está o seu troco.	Here is your change.
Aqui tem uma vista incrível.	There's an amazing view here.
Eles ainda estão aqui?	Are they still here?

34 – sim

Eles disseram "sim" ou "não"?
Sim, eu entendo.
Você quer café? Sim, por favor.
Sim, estaremos lá.
Você já esteve aqui antes? Sim, uma vez.
Vocês já decidiram? Sim, decidimos.
Sua cabeça está doendo? Sim, um pouco.
Você visitou sua família? Sim, visitei.
Você já leu este livro? Sim, eu li.
Claro que sim!

yes

Did they say "yes" or "no"?
Yes, I understand.
Do you want coffee? Yes, please.
Yes, we will be there.
Have you been here before? Yes, once.
Have you decided already? Yes, we have.
Does your head hurt? Yes, a little.
Did you visit your family? Yes, I did.
Have you read this book already? Yes, I have.
Of course!

35 – mais

Eu gostaria de mais café, por favor.
Eu não consigo comer mais nada.
Me conte mais sobre você.
Não há mais o que fazer.
Preciso dormir mais.
Faz mais sentido agora.
Eu vou te mostrar mais tarde.
Este é o livro mais interessante que já li.
Meu irmão é quem ganha mais dinheiro.
O professor gosta mais dela.

more, most

I would like more coffee, please.
I can't eat any more.
Tell me more about yourself.
There's nothing more to do.
I need to sleep more.
It makes more sense now.
I'll show you later.
This is the most interesting book I've ever read.
My brother makes the most money.
The teacher likes her more.

36 – muito, muita, muitos, muitas

Muito obrigado.
Este livro é muito interessante.
Eu estudei muito para a prova.
Gosto muito daqui.
Está muito quente hoje.
Não temos muito tempo, vamos logo.
Isso é muita comida.
Tenho muita sorte de poder viajar tanto.
Muitos pássaros voam para o sul.
A vida muitas vezes é difícil.

very, a lot, much, many, really

Thank you very much.
This book is very interesting.
I studied a lot for the test.
I really like it here.
It's very hot today.
We don't have much time, let's get going.
That's a lot of food.
I'm very lucky to be able to travel so much.
Many birds fly south.
Life is often difficult.

37 – tudo — everything, all

Está tudo bem com você?	Are you all right?
Está tudo bem.	Everything is good.
Eu fiz tudo que pude.	I did everything I could.
Você entendeu tudo o que eu disse?	Did you understand everything that I said?
Tudo está sob controle.	Everything is under control.
Você fez tudo isso sozinho?	Did you do all this by yourself?
Deu tudo errado.	Everything went wrong.
Eu esqueci tudo depois da prova.	I forgot everything after the test.
Você me disse tudo o que eu preciso saber?	Did you tell me everything I need to know?
Eu perdoei tudo e me sinto melhor.	I forgave everything and feel better.

38 – só — only, just

Eu só cheguei agora.	I've just arrived now.
Eu só tenho cinco reais.	I only have five reais.
Isso só vai fazer você se sentir pior.	This is only going to make you feel worse.
Só vou dizer isso uma vez.	I'm only going to say this once.
Não posso ir amanhã, só no dia seguinte.	I can't go tomorrow, only the next day.
Estou só brincando.	I'm just kidding.
Isso é só um exemplo.	This is just an example.
Só preciso de um pouco mais de tempo.	I just need a little more time.
Isso não é só sobre dinheiro.	This isn't just about money.
Só peço um minuto do seu tempo.	I just ask for a minute of your time.

39 – todo, toda, todos, todas — all, every

Ela lê todo dia.	She reads every day.
Ela lê o dia todo.	She reads all day.
Ela limpa a casa todo fim de semana.	She cleans the house every weekend.
Minha família toda acorda cedo.	My whole family wakes up early.
Eu não disse toda a verdade.	I didn't tell the whole truth.
Todos estão bem.	Everyone is fine.
Eles são todos do mesmo tamanho.	They're all the same size.
Todos os meus amigos vão à festa.	All my friends are going to the party.
Todas as outras meninas riram de mim.	All the other girls laughed at me.
Ele visitou todas as grandes cidades do país.	He visited every big city in the country.

40 – agora / **now**

O que devemos fazer agora? / What should we do now?
Vamos sair agora. / Let's leave now.
Agora é a sua vez. / Now it's your turn.
Agora tudo faz sentido. / Now everything makes sense.
Estou em casa agora. / I'm at home now.
Me diga agora. / Tell me now.
Agora é a minha vez de falar. / Now it's my turn to speak.
Eu não quero falar com você agora. / I don't want to speak to you now.
Você está sozinho agora? / Are you alone now?
Temos que fazer isso agora. / We have to do this now.

41 – te / **you**

Nós te vimos ontem. / We saw you yesterday.
Te vejo amanhã. / See you tomorrow.
Eu te falei sobre isso. / I told you about this.
Posso te fazer uma pergunta? / Can I ask you a question?
Eu te conheço há anos. / I've known you for years.
Eu te devo cinco reais. / I owe you five reais.
Eu vou te mostrar a cidade. / I'll show you around the city.
Eu vou te avisar quando chegar. / I'll let you know when I arrive.
Te desejo boa sorte. / I wish you good luck.
Eu te conheço de algum lugar? / Do I know you from somewhere?

42 – esse, essa, esses, essas / **this, that, those (near you)**

Você prefere esse ou aquele? / Do you prefer this one or that one?
Acho que esse homem está perdido. / I think that man is lost.
Esse tipo de coisa não acontecerá novamente. / That sort of thing won't happen again.
Adoro essa música! / I love this song!
Você ajudou essa mulher? / Did you help that woman?
Essa é uma ótima ideia. / This is a great idea.
Esses são meus. / Those are mine.
Eu não conheço esses homens. / I don't know those men.
Por que essas caixas estão lá? / Why are those boxes there?
Essas flores morreram. / Those flowers have died.

43 – ao, à, aos, às — to the

Eles assistiram ao jogo juntos. — They watched the game together.
Nós chegamos ao hotel tarde da noite. — We arrived at the hotel late at night.
Eles foram ao cinema. — They went to the movie theater.
Eles foram à festa juntos. — They went to the party together.
Fomos à reunião de pais e professores. — We went to the parent-teacher meeting.
Contei aos meus amigos sobre a viagem. — I told my friends about the trip.
Ele escreve aos pais uma vez por mês. — He writes to his parents once a month.
Tenho que contar aos meus pais. — I have to tell my parents.
Ela entregou as flores às professoras. — She gave the flowers to the teachers.
Cheguei às quatro horas. — I arrived at four o'clock.

44 – então — so, then

Eu estava cansado, então fui dormir cedo. — I was tired, so I went to sleep early.
Eu estava com fome, então fiz comida. — I was hungry, so I made food.
Estou muito ocupado, então não conte comigo. — I'm very busy so don't count on me.
O tempo está melhor, então vamos embora. — The weather is better, so let's leave.
Então, como foi o seu dia? — So, how was your day?
Se não foi você, então quem foi? — If it wasn't you, then who was it?
Ontem? O que você estava fazendo então? — Yesterday? What were you doing then?
Eu fui o primeiro, depois ela e então você. — I was first, then her, and then you.
Vamos conversar amanhã, então? — We'll chat tomorrow then?
Ele cresceu muito desde então. — He's grown a lot since then.

45 – achar — to find, think

Acho que vou ter de dormir aqui. — I think I'm going to have to sleep here.
Acho que você está certo sobre isso. — I think you're right about that.
Você acha que é possível? — Do you think it's possible?
Ele acha o livro interessante. — He finds the book interesting.
Achei o livro sobre a mesa. — I found the book on the table.
Achei que você não viria à festa. — I thought you wouldn't come to the party.
Ela achou a história engraçada. — She found the story funny.
Ele finalmente achou as chaves dele. — He finally found his keys.
Eles acham que a viagem será divertida. — They think the trip will be fun.
Eles acham que o filme foi ótimo. — They think the movie was great.

46 – quando
Quando você chegou?
Quando podemos nos ver de novo?
Ela ficou feliz quando ganhou.
Eu gosto de ler quando estou viajando.
Vamos sair para jantar quando o sol se pôr.
Quando vocês se conheceram?
Não notei quando eles saíram.
Vem aqui quando tiver pronto.
Quando vocês vão voltar para casa?
Quando você precisar de ajuda, é só pedir.

when
When did you arrive?
When can we see each other again?
She was happy when she won.
I like to read when I'm traveling.
We'll go out for dinner when the sun sets.
When did you guys meet?
I didn't notice when they left.
Come here when you're ready.
When are you going back home?
When you need help, just ask.

47 – ver
Ela quer ver o pôr do sol na praia.
Eu vou ver o que está acontecendo lá fora.
Eu não vi nada.
Vi como ela olhou para você.
Você vê a diferença?
Ela vê o mundo de uma maneira diferente.
Ela viu o nome dela na lista.
Você viu que horas são?
Quando te vejo, também penso no seu irmão.
Vejo muitas estrelas esta noite.

to see
She wants to see the sunset at the beach.
I'll see what's happening outside.
I didn't see anything.
I saw how she looked at you.
Do you see the difference?
She sees the world in a different way.
She saw her name on the list.
Did you see what time it is?
When I see you, I also think of your brother.
I see many stars tonight.

48 – nós
Nós vamos ao cinema.
Nós chegamos aqui primeiro.
Eles são como nós.
Nós vimos você ali.
Nós não fazemos isso aqui.
Eles não querem que nós façamos isso.
Aonde nós estamos indo?
Nós ajudamos uns aos outros.
Nós estamos com fome.
Nós vamos resolver isso juntos.

we, us
We're going to the movies.
We got here first.
They're like us.
We saw you over there.
We don't do that here.
They don't want us to do that.
Where are we going?
We help each other.
We're hungry.
We will solve this together.

49 – a gente
A gente vai ao cinema.
A gente chegou aqui primeiro.
Eles são como a gente.
A gente viu você ali.
A gente não faz isso aqui.
Eles não querem que a gente faça isso.
Aonde a gente vai?
A gente se ajuda uns aos outros.
A gente está com fome.
A gente vai resolver isso junto.

we, us
We're going to the movies.
We got here first.
They're like us.
We saw you over there.
We don't do that here.
They don't want us to do that.
Where are we going?
We help each other.
We're hungry.
We will solve this together.

50 – haver
Há muitas pessoas aqui.
Há uma maneira melhor de fazer isso.
Ainda há problemas.
Não há dúvidas.
Ele se mudou para cá há cinco anos.
Estou esperando há horas.
Eu sabia que havia mais para contar.
Achei que ainda havia alguém aqui.
Nunca houve provas suficientes.
Vai haver uma reunião importante amanhã.

to exist; ago
There are many people here.
There is a better way to do this.
There are still problems.
There are no doubts.
He moved here five years ago.
I've been waiting for hours.
I knew there was more to tell.
I thought there was someone still here.
There was never enough proof.
There will be an important meeting tomorrow.

51 – certo
Espero que você esteja certo sobre isso.
Você está no lugar certo.
Isso parece certo para você?
Esse é o momento certo para agir.
Algo não está certo aqui.
Ela está esperando a pessoa certa.
Ela deu a resposta certa.
Eles tomaram a decisão certa.
Ela conhece certos segredos da empresa.
Você tem que dizer as palavras certas.

right, certain
I hope you're right about this.
You are in the right place.
Does this seem right to you?
This is the right time to act.
Something is not right here.
She's waiting for the right person.
She gave the correct answer.
They made the right decision.
She knows certain secrets of the company.
You have to say the right words.

52 – este, esta, estes, estas — this, these (near me)

Eu quero este. — I want this one.
Este é melhor. — This one is better.
Este lugar é incrível! — This place is amazing!
Eu escrevi este livro. — I wrote this book.
Esta cidade é muito bonita. — This city is very beautiful.
Esta é a minha irmã. — This is my sister.
Chegamos esta tarde. — We arrived this afternoon.
Esta é minha ideia. — This is my idea.
Escolha entre estes dois. — Choose between these two.
Estas caixas são mais leves do que parecem. — These boxes are lighter than they look.

53 – senhor, senhora, senhores, senhoras — sir, ma'am, you (formal)

Senhor, sua mesa está pronta. — Sir, your table is ready.
Senhor, você esqueceu de pagar a conta. — Sir, you forgot to pay the bill.
O senhor precisa de ajuda? — Do you need help, sir?
Onde o senhor gostaria de se sentar? — Where would you like to sit?
Senhora, você deixou cair isto. — Ma'am, you dropped this.
Você gostaria de se sentar, senhora? — Would you like to sit down, ma'am?
A senhora está bem? — Are you okay, ma'am?
Fui chamado para cuidar desta senhora. — I was called to look after this lady.
De onde vocês estão vindo, senhoras? — Where are you coming from, ladies?
Senhoras e senhores, bem-vindos ao programa. — Ladies and gentlemen, welcome to the show.

54 – eles, elas — they/them

Eles virão. — They will come.
Eles estão dentro. — They're inside.
Eles estudam na mesma escola. — They study at the same school.
Boa sorte para eles. — Good luck to them.
Nós salvamos todos eles. — We saved all of them.
Elas jantaram juntas. — They ate dinner together.
Elas não precisam de ajuda. — They don't need help.
Eu não entendi o que elas disseram. — I didn't understand what they said.
Elas são minhas amigas, eu as amo. — They are my friends, I love them.
Mandei uma mensagem para elas. — I sent a message to them.

55 – já

Nós já vimos esse filme.
Nós já perdemos metade do jogo.
Eu já tentei falar com elas.
Eles já foram embora.
Já chegamos?
Já estamos quase lá.
Já são dez horas!
Você já pode começar.
Eu já volto!
Até já!

already, ever, now, soon

We've already seen that movie.
We've already missed half of the game.
I've already tried to talk to them.
They have already left.
Are we there yet?
We're almost there.
It's already ten o'clock!
You can start now.
I'll be right back!
See you soon!

56 – dever

Você deve descansar.
A comida deve estar pronta em meia hora.
Ele me deve dinheiro.
Eu deveria estudar agora.
Você deveria ter mais cuidado ao dirigir.
Você deveria ter sabido melhor.
Eu deveria visitar meus avós em breve.
Ela deve ter pensado que eu estava brincando.
Ele devia estar cansado depois do trabalho.
Quando devo voltar?

should, must, owe

You should rest.
The food should be ready in half an hour.
He owes me money.
I should study now.
You should be more careful when driving.
You should have known better.
I should visit my grandparents soon.
She must have thought I was joking.
He must have been tired after work.
When should I come back?

57 – coisa

Ele sempre diz a mesma coisa.
Essa é a coisa mais importante para lembrar.
Você precisa de alguma coisa?
Essa coisa aqui é sua?
Eles não deveriam ter feito tal coisa.
Preciso te contar uma coisa.
Ela cuida dessas coisas para mim.
Ele tem um jeito especial de fazer as coisas.
Eu adoro coisas antigas.
Temos outras coisas em que pensar.

thing

He always says the same thing.
This is the most important thing to remember.
Do you need anything?
Is this thing here yours?
They shouldn't have done such a thing.
I need to tell you something.
She takes care of these things for me.
He has a special way of doing things.
I love old things.
We have other things to think about.

58 – precisar / to need

Eu preciso falar contigo. — I need to talk to you.
Eu preciso de ajuda com meu dever de casa. — I need help with my homework.
Ela precisa de mais tempo para terminar. — She needs more time to finish.
Este trabalho precisa ser feito com cuidado. — This job needs to be done carefully.
Precisamos comprar alimentos para a semana. — We need to buy groceries for the week.
Primeiro, precisamos de algumas informações. — First, we need some information.
Você não precisa se preocupar com isso. — You don't need to worry about that.
Se precisar de ajuda, estou aqui. — If you need help, I'm here.
Eles precisam estudar para a prova. — They need to study for the test.
Vocês dois realmente precisam resolver isso. — You two really need to sort this out.

59 – quem / who, whom

Quem está aí? — Who's there?
Você sabe quem ela é? — Do you know who she is?
Quem vai no seu carro? — Who is going in your car?
Quem vai cuidar do cachorro? — Who will take care of the dog?
Você sabe quem ele é. — You know who he is.
Sou eu quem vai decidir. — I'm the one who's going to decide.
Eu não lembro quem me disse isso. — I don't remember who told me that.
De quem é a vez? — Whose turn is it?
Deixa ele saber quem trabalha para quem. — Let him know who's working for who.
Com quem você falou? — Whom did you talk to?

60 – algum, alguma, alguns, algumas / some, any

Preciso de algum tempo para pensar. — I need some time to think.
Ele encontrou dinheiro na rua. — He found money on the street.
Você teve algum problema para chegar aqui? — Did you have any problem getting here?
Você precisa de alguma ajuda? — Do you need some help?
Tem alguma coisa no meu olho. — There is something in my eye.
Ela tem alguma ideia sobre isso? — Does she have any idea about this?
Coloque alguma roupa. — Put on some clothes.
Alguns deles são meus. — Some of them are mine.
Alguns amigos estão vindo nos visitar. — Some friends are coming to visit us.
Algumas pessoas gostam de viajar sozinhas. — Some people like to travel alone.

61 – nada

Não tenho nada para fazer.
Nada aconteceu.
Não me lembro de nada.
Nós não temos nada a perder.
Ela não se parece em nada com a mãe dela.
Nada dura para sempre.
Não tem nada a ver com você.
Nada mudou desde que você se foi.
Como me sinto? Nada bem.
De nada.

nothing, not at all

I have nothing to do.
Nothing happened.
I don't remember anything.
We have nothing to lose.
She doesn't look like her mother at all.
Nothing lasts forever.
It has nothing to do with you.
Nothing has changed since you left.
How do I feel? Not well.
You're welcome.

62 – dar

Vou te dar uns conselhos.
Queria poder te dar notícias melhores.
Só me dê alguns minutos aqui.
Me dê a sua mão.
Minha mãe não me dá permissão para ir.
Ela sempre dá o melhor de si no trabalho.
Ela deu uma resposta rápida.
Ele me deu um presente de aniversário.
Nós estamos te dando uma escolha.
Eles estão dando tudo de si.

to give

I'm going to give you some advice.
I wish I could give you better news.
Just give me a couple of minutes here.
Give me your hand.
My mom won't give me permission to go.
She always gives her best at work.
She gave a quick response.
He gave me a birthday present.
We're giving you a choice.
They are giving it their all.

63 – onde

Onde você mora?
De onde eles são?
Onde você quer ir jantar?
Onde vamos nos encontrar?
Onde você quer ir nas férias?
Onde seus avós nasceram?
Onde podemos assistir ao jogo?
Onde coloquei meu celular?
Eu sei para onde eles estão indo.
Onde você colocou minha bebida?

where

Where do you live?
Where are they from?
Where do you want to go for dinner?
Where are we going to meet?
Where do you want to go on vacation?
Where were your grandparents born?
Where can we watch the game?
Where did I put my phone?
I know where they're going.
Where did you put my drink?

64 – lá — there, over there

Eu vou lá amanhã. — I am going there tomorrow.
Nós já estivemos lá antes. — We have already been there before.
Lá é muito bonito. — It's very beautiful there.
Lá está ela. — There she is.
Eu consegui chegar lá a tempo. — I managed to get there on time.
Eu tive que ir lá sozinho. — I had to go there by myself.
Não tinha muitas pessoas lá. — There weren't many people there.
O que está acontecendo lá? — What's happening over there?
Olhe para lá! — Look over there!
Vamos lá! — Let's go!

65 – falar — to talk, speak

Pai, preciso falar com você. — Dad, I've got to talk to you.
Eu esperava não falar mais sobre isso. — I was hoping not to talk about it anymore.
Você está falando muito alto. — You are speaking very loudly.
Eu não deveria estar falando nada. — I shouldn't be saying anything.
Ele não fala nenhuma língua que eu conheço. — He doesn't speak any language that I know.
Ela nem fala comigo sobre isso. — She doesn't even talk to me about it.
Ele falou comigo ontem. — He spoke with me yesterday.
Você falou com todas as pessoas da festa. — You spoke with everyone at the party.
Eu falarei com você de manhã. — I'll talk to you in the morning.
Eu falo com meus pais todos os dias. — I speak to my parents every day.

66 – ou — or, either

Ele tem sete ou oito anos de idade. — He is seven or eight years old.
Escolha um ou outro. — Pick one or the other.
Você vai de ônibus ou táxi? — Are you going by bus or taxi?
Voltaremos em uma ou duas semanas. — We'll be back in one or two weeks.
Você quer o vermelho ou o branco? — Do you want the red or the white?
Vamos fazer isso ou não? — Are we going to do this or not?
Esse ou aquele? — That one or that one?
Ou você conta a verdade a ela ou conto eu. — Either you tell her the truth, or I will.
Ou ele vai embora ou eu vou. — Either he leaves or I will.
Ou você vem, ou não. — Either you're coming, or you're not.

67 – vir **to come**
Venha aqui agora! Come here now!
Se tiver algum tempo livre, venha nos visitar. If you have some free time, come visit us.
Meu irmão vem para jantar hoje à noite. My brother is coming for dinner tonight.
Meu pai vem aqui de vez em quando. My father comes here from time to time.
Não sabia que você estava vindo para cá. I didn't know you were coming here.
Um amigo está vindo para jogar. A friend is coming over to play.
Você quer vir com a gente? Do you want to come with us?
Quando você vem me visitar? When are you coming to visit me?
A notícia veio como uma surpresa. The news came as a surprise.
Você veio aqui para me ajudar ou não? Did you come here to help me or not?

68 – ficar **to stay, be**
Ela adora ficar ao ar livre. She loves to be outdoors.
Ele prefere ficar em casa nos finais de semana. He prefers to stay home on weekends.
Eu preciso que você fique aqui esta noite. I need you to stay here tonight.
Fique comigo. Stay with me.
O restaurante fica aberto até meia-noite. The restaurant stays open until midnight.
O cachorro fica em casa sozinho durante o dia. The dog stays home alone during the day.
Eu fico feliz em te ver. I am happy to see you.
Eu fico no trabalho até tarde. I stay at work until late.
Eu fiquei acordado até você chegar em casa. I stayed awake until you got home.
Eu fiquei sem saber o que fazer. I didn't know what to do.

69 – dele, dela; deles, delas **his, her; their, of them**
O sonho dele é viajar pelo mundo. His dream is to travel around the world.
A ideia foi dele. The idea was his.
O aniversário dele é amanhã. His birthday is tomorrow.
Esse carro é dele ou dela? Is this his car or hers?
A decisão final será dela. The final decision will be hers.
Eu gosto da voz dela. I like her voice.
É culpa deles. It's their fault.
Ninguém gosta deles. Nobody likes them.
Muitas delas estão com raiva de você. Many of them are mad at you.
As bolsas delas estão na mesa. Their purses are on the table.

70 – pelo, pela, pelos, pelas   **for the, by the, through the**

Obrigado pelo conselho. — Thanks for the advice.
Eu fiz isso pelo meu filho. — I did this for my son.
Nós caminhamos pelo parque. — We walked through the park.
Ele entrou pela janela. — He came in through the window.
O jogo foi perdido pela equipe. — The game was lost by the team.
Ele faria qualquer coisa pela esposa. — He would do anything for his wife.
As crianças foram ensinadas pelos professores. — The children were taught by the teachers.
As decisões foram tomadas pelos líderes. — The decisions were made by the leaders.
As músicas foram escolhidas pelas crianças. — The songs were chosen by the children.
A comida foi feita pelas avós. — The food was made by the grandmothers.

71 – bom, boa, bons, boas   **good**

Bom dia. — Good morning.
Isso seria bom. — That would be good.
O filme foi bom. — The movie was good.
É bom ver você novamente. — It's good to see you again.
É bom ver que você é bom para alguma coisa. — It's good to see you're good for something.
Boa noite. — Good night.
Ela é uma boa esposa e uma boa mãe. — She's a good wife and good mother.
Esta é uma boa oportunidade para aprender. — This is a good opportunity to learn.
Ela sempre dá bons conselhos. — She always gives good advice.
Com esse médico, você está em boas mãos. — With this doctor you're in good hands.

72 – outro, outra, outros, outras   **another, other**

Você pode me dar outro exemplo? — Can you give me another example?
Eles estão do outro lado. — They are on the other side.
Um dia, ele encontrará outro emprego. — One day, he will find another job.
A professora leu outra história. — The teacher read another story.
Posso ter outra chance? — Can I have another chance?
Gostaria de outra bebida, por favor. — I would like another drink please.
Você tem outros filhos? — Do you have any other children?
Os outros estão fazendo outros planos. — The others are making other plans.
Umas flores são vermelhas, outras são azuis. — Some flowers are red, others are blue.
Talvez existam outras razões. — Maybe there are other reasons.

73 – deixar — to let, leave

Deixe seu casaco aqui. — Leave your coat here.
Deixe-me explicar a situação. — Let me explain the situation.
Me deixe ver. — Let me see.
Vamos deixar isso para ser decidido amanhã. — Let's leave that to be decided tomorrow.
Você pode deixar todas as suas coisas aqui. — You can leave all your stuff here.
Por que você não deixa a gente em paz? — Why don't you leave us alone?
Ele deixou as chaves dele na mesa. — He left his keys on the table.
A notícia deixou todos surpresos. — The news left everyone surprised.
Deixei a janela aberta. — I left the window open.
Eles estavam bem aqui quando os deixei. — They were right here when I left them.

74 – mim — me

Olhe para mim. — Look at me.
Você fez isso por mim? — Did you do this for me?
Ela sempre pensa em mim. — She always thinks of me.
Tudo isso é novo para mim. — All of this is new to me.
Tire as suas mãos de mim. — Take your hands off me.
Isso é sobre mim? — Is this about me?
Eles riram de mim. — They laughed at me.
Isso é muito importante para mim. — This is very important to me.
Por que você não acredita em mim? — Why don't you believe me?
Eu digo a mim mesmo que não me importo. — I tell myself that I don't care.

75 – mesmo, mesma — same; really

O mesmo aconteceu comigo ontem. — The same thing happened to me yesterday.
Você está pensando o mesmo que eu? — Are you thinking the same thing as me?
O resultado é sempre o mesmo. — The result is always the same.
Você acha mesmo que isso vai funcionar? — Do you really think this is going to work?
Ela disse isso mesmo? — Did she really say that?
Estamos indo na mesma direção. — We're going in the same direction.
Estudo na mesma escola que vocês. — I study at the same school as you.
Gostaria que falássemos a mesma língua. — I wish we spoke the same language.
Nós mesmos fizemos isso. — We did it ourselves.
Temos todos os mesmos amigos. — We have all the same friends.

76 – porque

Ela não veio porque estava doente.
Eu fiz isso porque te amo.
Ele chegou cedo porque tinha uma reunião.
Estou aqui porque fiz uma escolha.
Não consigo ver nada porque está escuro.
Não comi isso porque não gosto disso.
Por que você não vem? Porque eu não quero.
Eles se casaram porque se amam.
Eu não posso sair porque tenho muito trabalho.
Vim porque preciso, não porque quero.

because

She didn't come because she was sick.
I did this because I love you.
He arrived early because he had a meeting.
I'm here because I made a choice.
I can't see anything because it's dark.
I didn't eat it because I don't like it.
Why don't you come? Because I don't want to.
They got married because they love each other.
I can't go out because I have a lot of work.
I came because I need to, not because I want to.

77 – nosso, nossa, nossos, nossas

Nosso jantar está quase pronto.
Ele é nosso filho mais novo.
Isso não é dela, é nosso.
Nosso time está cinco pontos à frente.
Nossa, muito obrigado.
Nossa casa é muito antiga.
Todos em nossa pequena cidade se conhecem.
Espero que ninguém se sente na nossa frente.
Nossos amigos estão nos esperando.
Nossas férias este ano foram incríveis.

our, ours; wow

Our dinner is almost ready.
He is our youngest son.
It's not hers, it's ours.
Our team is five points ahead.
Wow, thanks a lot.
Our house is very old.
Everyone in our small town knows each other.
I hope no one sits in front of us.
Our friends are waiting for us.
Our vacation this year was amazing.

78 – o, a, os, as

Eu o vi ontem na loja.
Você o conhece bem?
Nós o esperamos por horas.
Ele a ama muito.
Eu a ouvi falando sobre você.
Você a viu na reunião?
Você os viu na praia?
Eles os escolheram para o time.
Ela as ajudará com o trabalho.
Nós as ouvimos rindo alto.

him, her, them (m., f.) – dir. obj. pron.

I saw him yesterday at the store.
Do you know him well?
We waited for him for hours.
He loves her very much.
I heard her talking about you.
Did you see her at the meeting?
Did you see them at the beach?
They chose them for the team.
She will help them with the work.
We heard them laughing loudly.

79 – sobre
about, over

Eu li um livro sobre história.
I read a book about history.

Ela nunca fala sobre o trabalho dela.
She never talks about her job.

Meu filho gosta de livros sobre animais.
My son likes books about animals.

Vamos conversar sobre o projeto.
Let's talk about the project.

Vou lhe contar sobre o meu pai.
I'll tell you about my father.

Ele pensou sobre isso por um momento.
He thought about it for a moment.

Conte à sua mãe sobre a viagem.
Tell your mother about the trip.

Não sabemos nada sobre eles.
We know nothing about them.

Há uma ponte sobre o rio.
There is a bridge over the river.

O avião voou sobre as montanhas.
The plane flew over the mountains.

80 – esperar
to wait, hope

Espere um momento, por favor.
Wait a moment, please.

Espere até amanhã para decidir.
Wait until tomorrow to decide.

Espero que você goste do presente.
I hope you like the gift.

Espero que eles cheguem em breve.
I hope they arrive soon.

Ela espera uma resposta.
She is waiting for a response.

Ele espera que tudo dê certo.
He hopes that everything will work out.

É importante esperar a sua vez.
It's important to wait your turn.

Eu vou esperar até amanhã para decidir.
I will wait until tomorrow to decide.

Estou esperando o filme começar.
I am waiting for the movie to start.

Ele está esperando o ônibus.
He is waiting for the bus.

81 – lo, la, los, las
it, him, her, them

Eu vi o livro e decidi comprá-lo.
I saw the book and decided to buy it.

Vou ajudá-lo a resolver o problema.
I will help him to solve the problem.

Vou encontrá-lo amanhã.
I will meet him tomorrow.

Quando você acha que vai vê-la?
When do you think that you'll see her?

Não consigo tirá-la da cabeça.
I can't get her out of my head.

Eu não consegui achá-la.
I couldn't find her.

Eu quero conhecê-los.
I want to meet them.

Eu devo avisá-los.
I must warn them.

Precisamos encontrá-las.
We need to find them.

Vou ajudá-las.
I'll help them.

82 – dia / day

Hoje está um lindo dia. — Today is a beautiful day.
Que dia lindo! — What a nice day!
Isso continua acontecendo, dia após dia. — It keeps happening, day after day.
Ele disse que viria no dia seguinte. — He said he would come the next day.
Dia dos Pais é muito especial para mim. — Father's Day is very special to me.
A loja fecha no último dia do mês. — The store closes on the last day of the month.
Ela faz aniversário no mesmo dia que eu. — She has her birthday on the same day as me.
No dia seguinte, tudo voltou ao normal. — The next day, everything returned to normal.
Todos os dias são uma nova oportunidade. — Every day is a new opportunity.
Em dias bonitos, gosto de caminhar no parque. — On nice days, I like to walk in the park.

83 – cara / man, dude, guy; face

Aquele cara é meu amigo. — That guy is my friend.
Cara, você viu isso? — Dude, did you see that?
Beleza, cara? — What's up, dude?
Você conhece aquele cara? — Do you know that guy?
Esse cara está sempre atrasado. — This guy is always late.
Quem é aquele cara ali? — Who is that guy over there?
Cara, isso é incrível! — Dude, that's amazing!
Esse cara sempre me faz rir. — This guy always makes me laugh.
Ele não estava com uma cara feliz naquele dia. — He did not have a happy face that day.
Eu quero ver você cara a cara. — I want to see you face to face.

84 – até / until

Até mais! — See you later!
Até logo. — See you soon.
Até a próxima! — Until next time!
Eu vou ficar aqui até amanhã. — I'll stay here until tomorrow.
Ele trabalha até tarde. — He works until late.
Vou contar até dez. — I will count to ten.
Espere aqui até eu voltar. — Wait here until I return.
Ele correu até ficar cansado. — He ran until he got tired.
Ela esperou até o último minuto. — She waited until the last minute.
Até agora, tudo bem. — So far, so good.

85 – nos

Eles nos viram na festa.
Ninguém nos ouviu.
Nos avisem quando estiverem chegando.
Os cachorros nos seguiram até em casa.
Eles nos pediram ajuda.
A vovó nos escreveu uma carta.
O professor nos deu uma prova difícil.
Eles nos deram um presente surpresa.
Ele sempre nos conta as melhores histórias.
Ninguém nos deu nenhuma informação.

us

They saw us at the party.
Nobody heard us.
Let us know when you're arriving.
The dogs followed us home.
They asked us for help.
Grandma wrote us a letter.
The teacher gave us a difficult test.
They gave us a surprise gift.
He always tells us the best stories.
Nobody gave us any information.

86 – vez

É minha primeira vez aqui.
Vou tentar mais uma vez.
Esta é a última vez que o ajudarei.
Não quero fazer isso outra vez.
Concordamos de vez em quando.
O que você deseja em vez disso?
Eu já disse isso a ele mil vezes.
Eu estive lá muitas vezes.
Nós visitamos eles tantas vezes.
Quantas vezes eu preciso dizer isso a você?

time

It's my first time here.
I will try one more time.
This is the last time I'll help him.
I don't want to do this another time.
We agree from time to time.
What do you want instead?
I've already told him this a thousand times.
I've been there many times.
We visited them so many times.
How many times do I need to tell you?

87 – obrigado, obrigada

Você precisa de ajuda? Sim, obrigado.
Obrigado por acreditar em mim.
Obrigado por me avisar.
Obrigado, isso significa muito para mim.
Não se esqueça de dizer obrigado.
Obrigada por tudo!
Obrigada, mas não posso aceitar.
Obrigada por toda a ajuda.
Obrigada pelo seu tempo.
Eu só vim para dizer obrigada.

thank you (m., f.)

Do you need help? Yes, thank you.
Thank you for believing in me.
Thanks for letting me know.
Thank you, this means a lot to me.
Don't forget to say thank you.
Thank you for everything!
Thank you, but I can't accept.
Thanks for all the help.
Thank you for your time.
I just came by to say thanks.

88 – nunca

Nunca estive aqui.
Eu tento nunca chegar atrasado.
Ela nunca me disse o motivo.
Nunca tive dúvidas sobre isso.
Ela nunca muda sua opinião.
Meu marido nunca fez algo parecido.
Eu nunca tinha ouvido essa música antes.
Nunca esqueça quem você é.
Eu nunca teria pensado nisso.
Nunca se esqueça do quanto te amamos.

never

I've never been here.
I try to never arrive late.
She never told me the reason.
I never had doubts about it.
She never changes her opinion.
My husband has never done anything like this.
I have never heard this song before.
Never forget who you are.
I never would have thought of that.
Never forget how much we love you.

89 – quê

O quê você disse?
Nunca farei isso, não importa o quê.
Não tem de quê.
Tem algo errado com ele ou o quê?
Você foi escolhida para quê?
Posso dizer a você quem fez o quê.
Criamos um rapaz inteligente ou o quê?
Não importa quem começou o quê.
Acho importante tentarmos descobrir o quê.
Conversamos, mas não me lembro sobre o quê.

what, which

What did you say?
I will never do that, no matter what.
You're welcome.
Is something wrong with him or what?
What were you chosen for?
I can tell you who did what.
Did we raise a smart boy or what?
It doesn't matter who started what.
I think it's important for us to try to figure it out.
We spoke, but I don't remember about what.

90 – assim

Acho que é melhor assim.
Assim fica mais fácil.
Não fale comigo assim.
Por que você está agindo assim?
Ele sempre faz as coisas assim.
Algo assim só aconteceria aqui.
Não podemos continuar assim.
Não é assim que se faz.
Não achei que seria assim.
Por que você faria algo assim?

this way, like this

I think it's better this way.
It's easier this way.
Don't talk to me like that.
Why are you acting like this?
He always does things this way.
Something like that would only happen here.
We can't continue like this.
That's not how it's done.
I didn't think it would be like this.
Why would you do something like that?

91 – tempo
O tempo voa.
Eu não posso perder mais tempo.
Quanto tempo levará?
Você tem tempo para um café?
Eu preciso de tempo para pensar.
Isso foi bem depois do nosso tempo.
O tempo está quente hoje.
Como está o tempo aí?
O tempo está mudando.
Vivemos tempos difíceis.

time, weather
Time flies.
I can't waste any more time.
How long will this take?
Do you have time for a coffee?
I need time to think.
That was well after our time.
The weather is hot today.
How is the weather there?
The weather is changing.
We live in difficult times.

92 – algo
Vou comprar algo para comer.
Há algo que eu possa fazer por você?
Se precisar de algo mais, me avise.
Você tem algo para fazer esta tarde?
Eu sempre aprendo algo com você.
Tenho algo que gostaria de dizer.
Eu sinto que esqueci algo.
Tenho algo para te mostrar.
Vamos falar de algo mais interessante.
Você deveria comer algo antes de sair.

something
I'm going to buy something to eat.
Is there something I can do for you?
If you need anything else, let me know.
Do you have anything to do this afternoon?
I always learn something from you.
I have something I'd like to say.
I feel like I forgot something.
I have something to show you.
Let's talk about something more interesting.
You should eat something before leaving.

93 – isto
O que é isto?
Tudo que tenho é isto.
Isto não é tão divertido.
Isto é contra a lei.
Isto é diferente do que eu esperava.
Você pode me explicar isto?
Isto é por sua causa.
Isto não vai acabar bem!
Acredito que isto está errado.
Não podemos deixar isto aqui.

this
What is this?
This is all I have.
This isn't so fun.
This is against the law.
This is different from what I expected.
Can you explain this to me?
This is because of you.
This will not end well!
I believe this is wrong.
We can't leave this here.

94 – casa / home, house

A nova casa deles é linda. — Their new house is lovely.
Eles não estavam em casa ontem. — They weren't at home yesterday.
Casa nova, vida nova. — New house, new life.
Eles decidiram vender a casa e se mudar. — They decided to sell their house and move.
Compramos uma casa há pouco tempo. — We bought a house not too long ago.
Vou para casa logo após o trabalho. — I go home right after work.
Nós realmente precisamos limpar a casa. — We really need to clean the house.
Nossa casa fica bem perto da escola. — Our house is pretty close to the school.
Ninguém mora naquela casa há um ano. — No one has lived in that house for a year.
Várias casas estão à venda nesta área. — Several houses are for sale in this area.

95 – gostar / to like

Eu gosto de viver aqui. — I like living here.
Eu gosto de cozinhar quando tenho tempo. — I like to cook when I have time.
Eu gostaria de tomar uma bebida com você. — I would like to have a drink with you.
Eu gostaria de saber mais sobre isso. — I would like to know more about this.
Ela gosta de acordar cedo, mas ele não. — She likes to wake up early, but he doesn't.
Ele gosta de estudar línguas. — He likes to study languages.
É importante gostar do trabalho que você faz. — It's important to like the work you do.
Talvez da próxima vez eu goste mais. — Maybe next time I'll like it more.
Eu gostei de conhecer seus amigos. — I enjoyed meeting your friends.
Eu nunca gostei daquele cara. — I never liked that guy.

96 – vocês / you (p.)

De onde vocês são? — Where are you from?
O que vocês gostariam de comer? — What would you like to eat?
Vocês me ouvem? — Do you hear me?
Vocês já vieram aqui antes? — Have you been here before?
Vocês gostam desse tipo de música? — Do you like this kind of music?
Vocês sabem quem é aquele? — Do you know who that is?
Como vocês se conheceram? — How did you meet each other?
Se vocês ficarem, nunca mais vão querer sair. — If you stay, you'll never want to leave.
Quando vocês vão voltar? — When are you coming back?
Vocês precisam de alguma coisa? — Do you need anything?

97 – olhar

Olhe o que você fez!
Olhe para mim quando eu falo com você.
Olha só!
O gato olha pela janela o tempo todo.
É divertido olhar fotos antigas.
O garoto fugiu sem olhar para trás.
Eu não estava olhando para você.
Continue olhando.
Olhei o mapa para encontrar o caminho.
Olhei nos olhos dela e vi amor.

to look

Look at what you did!
Look at me when I speak to you.
Look at that! / Check it out!
The cat looks out the window all the time.
It's fun to look at old photos.
The boy ran away without looking back.
I wasn't looking at you.
Keep looking.
I looked at the map to find my way.
I looked in her eyes and saw love.

98 – pensar

Eu pensei em você o dia todo.
Nunca pensei que veria ele lá.
É bom pensar fora da caixa.
Eu tento não pensar muito nisso.
Estamos pensando em ir lá amanhã.
Eu acho que você não está pensando direito.
Não há tantas diferenças quanto você pensa.
Ele pensa que sabe tudo.
Eu não preciso que você pense por mim.
Pense sobre isso.

to think

I thought about you all day.
I never thought I'd see him there.
It's good to think outside the box.
I try not to think about it too much.
We're thinking about going there tomorrow.
I think you aren't thinking straight.
There aren't as many differences as you think.
He thinks he knows everything.
I don't need you to think for me.
Think about that.

99 – ano

Feliz ano novo!
Ano novo, vida nova.
Eu espero que o próximo ano seja melhor.
Eu viajei muito no ano passado.
O ano novo começa à meia-noite.
A escola começa no final do ano.
Este ano, quero viajar novamente.
Ano após ano, a cidade cresce mais.
Ela tem trabalhado aqui por dez anos.
Quantos anos você tem?

year

Happy new year!
New year, new life.
I hope next year will be better.
I traveled a lot last year.
The new year starts at midnight.
School starts at the end of the year.
This year, I want to travel again.
Year after year, the city grows more.
She has been working here for ten years.
How old are you?

100 – voltar

Eu vou te avisar quando eu voltar.
Preciso voltar para casa logo.
Te ligo de volta mais tarde.
Não consigo voltar a dormir.
Volte para terminar o que começou.
Espero que você volte logo.
Depois da viagem, ele voltou cheio de ideias.
Ele voltou para casa tarde ontem à noite.
Volto mais tarde.
Volto para casa todos os dias às seis.

to return, come back

I'll let you know when I get back.
I need to go back home soon.
I'll call you back later.
I can't get back to sleep.
Come back to finish what you started.
I hope you come back soon.
After the trip, he came back full of ideas.
He came back home late last night.
I'll be back later.
I come back home every day at six.

101 – favor

Quero um café, por favor.
Poderia me fazer um favor?
Vou te pedir um grande favor.
Fecha a porta, por favor.
Ela nos fez um favor ao cuidar das crianças.
Um pouco mais alto, por favor.
Ele fez isso como um favor para mim.
Por favor, seja rápido.
Ela nunca me fez um único favor.
Eu lhe pedi um favor, mas ele disse que não.

favor

I'd like a coffee, please.
Could you do me a favor?
I'm going to ask you for a big favor.
Close the door, please.
She did us a favor by looking after the kids.
A little louder, please.
He did that as a favor for me.
Please, be quick.
She never did me a single favor.
I asked him for a favor, but he said no.

102 – conseguir

Ela consegue falar três línguas.
Ele não consegue entender o problema.
Estou cansado, mas não consigo dormir.
Não consigo parar de pensar em você.
Não sei se vou conseguir chegar a tempo.
Como você conseguiu aprender tão rápido?
Ela conseguia falar bem em público.
Ele conseguiu terminar o trabalho a tempo.
Consegui fazer uma nova amiga hoje.
Consegui correr mais que o normal hoje.

to be able to, manage

She can speak three languages.
He can't understand the problem.
I'm tired but I can't go to sleep.
I can't stop thinking about you.
I don't know if I'll be able to arrive on time.
How did you manage to learn so quickly?
She was able to speak well in public.
He managed to finish the work on time.
I managed to make a new friend today.
I was able to run more than usual today.

103 – também — also, too

Você também estava lá? — Were you there too?
Eu também gostaria de viajar pelo mundo. — I would also like to travel around the world.
O tempo está frio aqui também. — The weather is cold here too.
Também estava pensando nisso. — I was thinking about that, too.
Você também é bem-vindo a vir com a gente. — You're welcome to come with us too.
Eu também amo você! — I love you too!
Você também deveria tentar isso. — You should also try this.
Ele é alto, e seu irmão também. — He's tall and so is his brother.
Eu também não. — Me neither.
Você também não quer se casar, não é? — You don't want to get married either, right?

104 – parecer — to seem, look like

Ela parece mais jovem do que realmente é. — She looks younger than she actually is.
Parece que ele está feliz com a notícia. — It seems he's happy with the news.
Parece que foi ontem mesmo. — It seems like only yesterday.
Ele parecia estar sempre à frente de seu tempo. — He always seemed to be ahead of his time.
Ele não parecia muito feliz nesta situação. — He didn't seem very happy in this situation.
Ela faz de tudo para parecer mais jovem. — She does everything to look younger.
É difícil para ele parecer sério. — It's hard for him to look serious.
Eles parecem não saber nada. — They don't seem to know anything.
Bem, algumas pessoas parecem gostar. — Well, some people seem to like it.
Pareço forte, mas também sinto medo. — I seem strong, but I feel fear too.

105 – homem — man

Esse homem é muito velho. — That man is very old.
Ele é o homem mais rico do mundo. — He is the richest man in the world.
Acho que ouvi a voz de um homem. — I think I heard a man's voice.
Não tenho ideia de quem era aquele homem. — I have no idea who that man was.
O homem que você viu ontem é meu tio. — The man you saw yesterday is my uncle.
Ele é um homem no qual pode se confiar. — He's a man you can trust.
Eu não posso trabalhar com um homem assim. — I can't work with a man like that.
Três homens me ajudaram a mudar. — Three men helped me move.
Esses homens são os melhores da equipe. — These men are the best on the team.
Alguns homens preferem o silêncio à conversa. — Some men prefer silence to conversation.

106 – sentir

Eu me sinto feliz hoje.
Não me sinto bem.
Você também se sente assim?
Não consigo imaginar como você se sente.
Estamos chegando mais perto, consigo sentir.
Eu deveria me sentir assim?
Nunca havia me sentido tão triste.
Ela tem sentido saudades de casa.
Senti frio durante a noite toda.
Nunca me senti em perigo.

to feel

I feel happy today.
I don't feel well.
Do you feel that way, too?
I can't imagine how you feel.
We're getting closer, I can feel it.
Should I feel this way?
I had never felt so sad.
She has been feeling homesick.
I felt cold all night long.
I never felt in danger.

107 – ainda

Ele ainda mora com os pais.
Por que você ainda está acordado?
Eles ainda não chegaram.
Ainda temos muito trabalho a fazer.
Ainda não terminei meu dever de casa.
Seu pai ainda está no trabalho?
Ainda não decidi o que fazer.
Ela ainda se lembra de mim?
Ainda sinto o gosto daquela comida incrível.
Ela ainda pensa nele de vez em quando.

still, yet

He still lives with his parents.
Why are you still awake?
They haven't arrived yet.
We still have a lot of work to do.
I haven't finished my homework yet.
Is your father still at work?
I haven't decided what to do yet.
Does she still remember me?
I can still taste that amazing food.
She still thinks about him from time to time.

108 – noite

A cidade é linda à noite.
Acordei várias vezes durante a noite.
Trabalhamos dia e noite.
Olha, desculpe pela noite passada.
Ele trabalha à noite e dorme de dia.
Trabalharemos dia e noite para terminar.
Eu tive uma ótima noite.
O que vocês estavam fazendo noite passada?
Eu não quero fazer nada hoje à noite.
As noites estão ficando mais frias.

night

The city is beautiful at night.
I woke up several times during the night.
We worked day and night.
Look, I'm sorry about last night.
He works at night and sleeps during the day.
We will work day and night to finish.
I had a great night.
What were you guys up to last night?
I don't want to do anything tonight.
The nights are getting colder.

109 – pessoa

Quem é aquela pessoa ali?
Ele é a pessoa certa para o trabalho.
Conheci uma pessoa interessante ontem.
Uma pessoa pode fazer a diferença.
Eles são boas pessoas.
Existem pessoas de todos os tipos.
As pessoas fazem isso toda hora.
O que aconteceu com aquelas pessoas?
Quem são aquelas pessoas da foto?
Muitas pessoas têm medo deles.

person

Who is that person over there?
He's the right person for the job.
I met an interesting person yesterday.
One person can make a difference.
They're good people.
There are all kinds of people.
People do this all the time.
What happened to those people?
Who are those people in the photo?
Many people are afraid of them.

110 – tão

Este livro é tão interessante.
Eu estava tão cansado ontem.
Eles são tão diferentes um do outro.
Ele estava tão feliz que até chorou.
Eu me sinto tão sozinho.
Não é tão simples.
Nunca conheci uma pessoa tão boa.
Está um dia tão bonito.
O filme não foi tão bom quanto o livro.
Ele é tão alto quanto seu irmão.

so, such, as

This book is so interesting.
I was so tired yesterday.
They are so different from each other.
He was so happy that he even cried.
I feel so alone.
It's not so simple.
I've never met such a good person.
It's such a beautiful day.
The movie wasn't as good as the book.
He is as tall as his brother.

111 – sair

Eu não quero sair ainda.
Deveríamos sair hoje à noite.
Não quero que ninguém saia vivo.
Peço que não saia sem me avisar.
Ela saiu para jantar com amigas.
Ele saiu para caminhar pela manhã.
Ela sai para correr a cada dois dias.
Saia do caminho.
Estou saindo de casa agora.
Por que você está saindo do país?

to leave, go out

I don't want to leave yet.
We should go out tonight.
I don't want anyone to get out alive.
I ask you not to leave without letting me know.
She went out to dinner with friends.
He went out for a walk in the morning.
She goes out for a run every other day.
Get out of the way.
I'm leaving home now.
Why are you leaving the country?

112 – sem / without

Ele fez o trabalho sem ajuda.
Saí de casa sem o celular.
Sem você, tudo é diferente.
Não se pode viver muito tempo sem água.
Ela está brava sem motivo.
O que seria eu sem meus professores?
Sem dúvida, essa é a melhor escolha.
É estranho estar em casa sem meus filhos.
Ele saiu sem me dizer aonde ia.
Estou sem dinheiro no momento.

He did the work without help.
I left home without my cellphone.
Without you, everything is different.
You can't live without water for long.
She's angry for no reason.
What would I be without my teachers?
Without a doubt, this is the best choice.
It's strange being at home without my kids.
He left without telling me where he was going.
I have no money at the moment.

113 – melhor / best, better

Ela é a minha melhor amiga.
Ele fez o melhor que pôde.
O melhor ainda está por vir.
É melhor você ir agora.
Este é melhor do que aquele.
Você fez o seu melhor?
Espero que você se sinta melhor amanhã.
Melhor tarde do que nunca.
Apenas faça o melhor que puder.
Vocês são os melhores dos melhores.

She's my best friend.
He did the best he could.
The best is yet to come.
You'd better go now.
This one is better than that one.
Did you do your best?
I hope you feel better tomorrow.
Better late than never.
Just do the best you can.
You are the best of the best.

114 – filho, filha / son, daughter

Seu filho gosta de ler?
Seu filho já voltou para casa?
Eles levaram seu filho pequeno ao parque.
Não sabia que você também tinha um filho.
Como vai sua filha?
A filha deles é médica.
Minha filha trabalha muito.
Quantos filhos você tem?
Tenho dois filhos e duas filhas.
Alguma de suas filhas já é casada?

Does your son like to read?
Has your son come home yet?
They took their little boy to the park.
I didn't know that you had a son, too.
How is your daughter doing?
Their daughter is a doctor.
My daughter works a lot.
How many children do you have?
I have two sons and two daughters.
Are any of your daughters married yet?

115 – olá, oi
hello, hi

Eu tive que vir e dizer olá.
I had to come and say hello.

Olá, que bom ver você!
Hello, good to see you!

Olá, quanto tempo! Como tem passado?
Hello, it's been a while! How have you been?

Por favor, diga olá a ele por mim.
Please say hello to him for me.

Diga olá para sua mãe por mim.
Say hello to your mother for me.

Olá, gostaria de fazer um pedido.
Hello, I would like to place an order.

Você deve dizer oi quando vir seus amigos.
You should say hi when you see your friends.

Oi, posso sentar aqui?
Hi, may I sit here?

Oi, você é amiga da minha irmã, certo?
Hi, you're my sister's friend, right?

Oi, como você está?
Hi, how are you?

116 – talvez
maybe, perhaps

Talvez ela nem venha.
Maybe she won't come at all.

Talvez você esteja certo.
Perhaps you're right.

Talvez seja melhor assim.
Maybe it's better this way.

Talvez eu devesse falar com ele.
Maybe I should talk to him.

Talvez você devesse contar a verdade a ela.
Maybe you should tell her the truth.

Talvez eu compre um novo.
Maybe I'll buy a new one.

Talvez alguém lá possa nos ajudar.
Maybe someone over there can help us.

Talvez você tenha que esperar um pouco.
You might have to wait a bit.

Talvez eu não vá na festa hoje à noite.
Maybe I won't go to the party tonight.

Sinto que talvez possamos fazer negócio.
I feel like maybe we can do business.

117 – acontecer
to happen

Isso nunca aconteceu antes.
This has never happened before.

Não diga nada do que aconteceu aqui.
Don't say anything about what happened here.

O que está acontecendo aqui?
What is happening here?

Como é que isso pode estar acontecendo?
How can this be happening?

Posso fazer isso acontecer para você.
I can make that happen for you.

Pode acontecer a qualquer um.
It can happen to anyone.

Acontece com todo mundo, não se preocupe.
It happens to everyone, don't worry.

Se acontecer alguma coisa, me ligue.
If anything happens, call me.

Peço que isso não aconteça novamente.
I ask that this not happen again.

Não deixaremos que isso aconteça.
We won't let that happen.

118 – pai
Meu pai cozinha muito bem.
Você entenderá quando for pai.
Meu pai não é tão inteligente quanto parece.
Meu pai é muito paciente comigo.
Ele é mais alto que o pai dele.
Meu pai está com raiva de mim.
Todo mundo tem pai e mãe.
Não sei onde moram os pais dela.
Não conte a seus pais o que fizemos.
Eles são como pais para mim.

father, dad, parent
My father cooks very well.
You'll understand when you're a parent.
My dad isn't as smart as he looks.
My father is very patient with me.
He is taller than his father.
My father is angry with me.
Everyone has a father and a mother.
I don't know where her parents live.
Don't tell your parents what we did.
They are like parents to me.

119 – novo, nova, novos, novas
Não precisamos de um carro novo ainda.
Um novo ano sempre traz esperança.
Eu ligo de novo mais tarde.
Desejo a vocês um feliz ano novo.
Ela tem uma amiga nova na escola.
Você é nova aqui, não é?
Eles se mudaram para começar uma vida nova.
Finalmente compramos uma televisão nova.
Meu filho gosta dos sapatos novos dele.
Ela precisa mesmo de roupas novas.

new
We don't need a new car yet.
A new year always brings hope.
I'll call again later.
I wish you all a happy new year.
She has a new friend at school.
You're new here, aren't you?
They moved to start a new life.
We finally bought a new television.
My son likes his new shoes.
She really needs new clothes.

120 – alguém
Há alguém na porta.
Alguém deixou isso para você.
Alguém disse meu nome?
Eu esperava que alguém estivesse lá.
Alguém deixou as janelas abertas.
Alguém viu minhas chaves?
Alguém precisa tomar uma decisão.
Você acha que há alguém nos vendo?
Você conhece alguém aqui?
Alguém sabe que você está aqui?

somebody, someone, anyone
There's someone at the door.
Someone left this for you.
Did someone say my name?
I was hoping someone would be there.
Someone left the windows open.
Has anyone seen my keys?
Someone needs to make a decision.
Do you think anyone is watching us?
Do you know anyone here?
Does anyone know you're here?

121 – amigo

Vou ao cinema com um amigo.
Meu amigo e eu estamos indo à praia.
Meu melhor amigo se mudou para longe.
Tenho um amigo que mora bem ali.
Essa mulher é sua amiga?
Minha amiga fala três línguas.
A maioria de meus amigos não têm dinheiro.
Vamos conversar como amigos.
Amigos não se tratam assim.
Pensei que elas fossem minhas amigas.

friend

I'm going to the movies with a friend.
My friend and I are going to the beach.
My best friend moved far away.
I have a friend who lives right over there.
Is this woman your friend?
My friend speaks three languages.
Most of my friends don't have any money.
Let's talk as friends.
Friends don't treat each other like that.
I thought they were my friends.

122 – vida

A vida é bela.
A vida é cheia de surpresas.
A vida passa rápido.
O que é a vida sem amor?
Ela é o amor de minha vida.
Eu não posso imaginar a vida sem você.
Quanto vale a vida de uma pessoa?
Você está jogando sua vida inteira fora.
Vamos passar nossas vidas juntos.
Dizem que os gatos têm nove vidas.

life

Life is beautiful.
Life is full of surprises.
Life goes by fast.
What is life without love?
She is the love of my life.
I can't imagine life without you.
How much is a person's life worth?
You're throwing your whole life away.
Let's spend our lives together.
They say that cats have nine lives.

123 – mãe

Eu amo minha mãe.
Isso era da sua mãe.
Ligo para minha mãe quase todos os dias.
Mãe, por favor, leia outro livro para mim.
Minha mãe vai me buscar mais tarde.
Quase todo mundo ama sua própria mãe.
Mãe, não quero ir para a escola amanhã.
Minha mãe pôs a mesa para o jantar.
Minha mãe cuida de mim quando estou doente.
Eu nunca soube onde minha mãe nasceu.

mother, mom

I love my mother.
That was your mother's.
I call my mom almost every day.
Mom, please read me another book.
My mom will pick me up later.
Almost everyone loves their own mother.
Mom, I don't want to go to school tomorrow.
My mother set the table for dinner.
My mother takes care of me when I'm sick.
I never knew where my mother was born.

124 – ouvir — to hear, listen

Tentamos ouvir o que eles diziam. — We tried to listen to what they were saying.
Ele tem medo de ouvir a verdade. — He is afraid to hear the truth.
Eu ouvi algumas coisas sobre ela. — I've heard a few things about her.
Ouvi dizer que você estava me procurando. — I heard you were looking for me.
Ouça, há algo que devo te contar. — Listen, there's something I should tell you.
Espero que você ouça meu conselho. — I hope you listen to my advice.
Ninguém nunca me ouviu pedir desculpas. — No one has ever heard me apologize.
Ela chorou quando ouviu a notícia terrível. — She cried when she heard the terrible news.
Está ouvindo sua música favorita? — Are you listening to your favorite music?
Estou te ouvindo. — I'm listening to you.

125 – sempre — always

A vida nem sempre é fácil. — Life isn't always easy.
Você nem sempre está certo. — You're not always right.
Eu sempre acordo antes de todo mundo. — I always wake up before everyone else.
Devemos sempre estudar juntos. — We should always study together.
Sempre leio antes de dormir. — I always read before going to sleep.
Meu cachorro sempre quer estar comigo. — My dog always wants to be with me.
Eu sempre escuto música enquanto trabalho. — I always listen to music while I work.
Ele sempre volta para casa antes do jantar. — He always comes back home before dinner.
Os filhos deles sempre agradecem. — Their kids always say thank you.
Nada é para sempre. — Nothing lasts forever.

126 – verdade — truth, true

Estou falando a verdade. — I'm telling the truth.
Ela está à procura da verdade. — She is in search of the truth.
Eu vou te contar a verdade. — I'm going to tell you the truth.
A verdade está lá fora. — The truth is out there.
A verdade é que eu não sei. — The truth is that I don't know.
Muita gente não gosta da verdade. — Many people don't like the truth.
Você não pode ir embora até dizer a verdade. — You can't leave until you tell the truth.
É verdade que você acabou de se casar? — Is it true that you just got married?
A verdade dói às vezes. — The truth hurts sometimes.
Não acredito que isso seja verdade. — I don't believe that's true.

127 – pegar — to take, pick up, catch

Talvez possamos pegar um táxi na estação. — Maybe we could catch a taxi at the station.
Você pode pegar aquela caixa para mim? — Can you get that box for me?
Pegue suas coisas, estamos de saída. — Grab your things, we're leaving.
Pegue a segunda à esquerda. — Take the second left.
Você pegou o dinheiro que deixei na mesa? — Did you take the money I left on the table?
Ele pegou o último pedaço. — He took the last piece.
Peguei um táxi para chegar mais rápido. — I took a taxi to get there faster.
Peguei o caminho errado e me perdi. — I took the wrong path and got lost.
Ela pega o trem cedo, às seis e meia. — She catches the train early, at half past six.
O cachorro pega a bola quando eu jogo. — The dog catches the ball when I throw it.

128 – aí — there

Está tudo bem por aí? — Is everything okay over there?
Está frio aí fora? — Is it cold out there?
Sei que você está aí. — I know you're there.
Não deixe o cachorro entrar aí. — Don't let the dog go in there.
Deixe isso aí, eu cuido depois. — Leave that there, I'll take care of it later.
Nós não sabíamos que você estava aí. — We didn't know you were there.
Chego aí em menos de dez minutos. — I'll arrive there in less than ten minutes.
Quem está aí com você? — Who is there with you?
Não fique aí parado. — Don't just stand there.
E aí? — What's up?

129 – pouco — little

Entendo um pouco. — I understand a little bit.
Posso falar um pouco, mas entendo mais. — I can speak a little, but I understand more.
Ele comeu muito pouco porque estava doente. — He ate very little because he was sick.
Fale um pouco mais devagar, por favor. — Speak a little slower, please.
Vamos esperar mais um pouco. — Let's wait a little longer.
Este quarto tem muito pouco espaço. — This room has very little space.
Ela sabe um pouco sobre muitas coisas. — She knows a little about many things.
Temos muito pouco tempo, então vamos lá. — We have very little time, so let's go.
Eu percebi isso pouco a pouco. — I figured it out little by little.
Poucas pessoas me visitam hoje em dia. — Few people visit me these days.

130 – ajudar
Você vai me ajudar ou não?
É dever dos filhos ajudar os pais.
Ajuda!
Quem ajuda os outros, ajuda a si mesmo.
Ajude sua irmã com o dever de casa.
Ajude os outros sempre que puder.
Ele ajudou muitas pessoas.
Ninguém precisa saber que você nos ajudou.
Estou ajudando meu pai na cozinha.
Eles estão ajudando os pais a limpar a casa.

to help
Are you going to help me or not?
It's the duty of children to help their parents.
Help!
Whoever helps others, helps themselves.
Help your sister with her homework.
Help others whenever you can.
He helped many people.
No one needs to know that you helped us.
I'm helping my father in the kitchen.
They're helping their parents clean the house.

131 – nem
Eu nem sei o que dizer.
Nem eu consigo entender isso.
Nem consigo imaginar como é.
Você nem sabe quem eu sou.
Não sei nem como responder a isso.
Ela não veio, nem ligou.
Não vi nem ouvi nada.
Minha casa não é grande nem pequena.
Nem todo mundo gosta das mesmas comidas.
Nem todos os dias são bons.

not even, neither, not
I don't even know what to say.
Even I can't understand this.
I can't even imagine what it's like.
You don't even know who I am.
I don't even know how to respond to that.
She neither came nor called.
I didn't see or hear anything.
My house is neither big nor small.
Not everyone likes the same foods.
Not every day is good.

132 – levar
Vou levar você ao médico.
Gosto de levar meus filhos à escola.
Não leve as coisas tão a sério.
Por favor, leve isso para a vovó.
Ela levou coisas demais com ela.
Ele levou muito tempo para responder.
Ela me leva para os lugares mais legais.
Você me leva para assistir um filme?
Onde você está me levando?
Ela está levando muito tempo para se arrumar.

to take
I will take you to the doctor.
I like to take my kids to school.
Don't take things so seriously.
Please take this to grandma.
She took too many things with her.
He took a long time to reply.
She takes me to the coolest places.
Will you take me to watch a movie?
Where are you taking me?
She's taking a long time to get ready.

133 – hora — time, hour

Hora de acordar. — Time to wake up.
Hora de ir para a cama. — Time to go to bed.
Agora não é uma boa hora. — Now is not a good time.
Nos falamos há uma hora. — We spoke an hour ago.
O que está fazendo a esta hora? — What are you doing at this hour?
Ele trabalha por hora. — He works by the hour.
Que horas são? — What time is it?
A que horas você chega? — What time will you arrive?
Trabalho oito horas por dia. — I work eight hours a day.
Isso vai levar algumas horas. — This is going to take a few hours.

134 – chegar — to arrive, reach

Quando você vai chegar? — When are you going to arrive?
Acabei de chegar em casa. — I just got home.
Minha família chegou ontem. — My family arrived yesterday.
Ela chegou cedo para a reunião. — She arrived early for the meeting.
Estamos chegando ao final do projeto. — We are reaching the end of the project.
O trem está chegando. — The train is arriving.
Só soube disso quando cheguei lá. — I only found out about it when I got there.
Chegamos bem perto de ganhar o jogo. — We got very close to winning the game.
As crianças chegaram da escola com fome. — The kids came home from school hungry.
Os convidados chegaram antes do esperado. — The guests arrived earlier than expected.

135 – depois — after, later

Ele chegou logo depois de você. — He arrived just after you.
Vamos jantar depois do filme? — Shall we have dinner after the movie?
Depois de você, sou o próximo. — After you, I'm next.
Ela saiu cinco minutos depois de ter chegado. — She left five minutes after having arrived.
Farei isso depois que voltar. — I'll do that after I get back.
Depois daquele dia, tudo mudou. — After that day, everything changed.
Ela lê depois do jantar. — She reads after dinner.
Vou te contar um segredo depois. — I'll tell you a secret later.
Temos que guardar isto para depois. — We have to save this for later.
Podemos decidir isso depois. — We can decide that later.

136 – encontrar — to find, meet

Espero encontrar você lá.
I hope to meet you there.
Podemos nos encontrar depois do trabalho?
Can we meet after work?
Sempre encontro tempo para ler.
I always find time to read.
Sempre encontro algo novo aqui.
I always find something new here.
Esta foi a primeira que encontrei.
This was the first one I found.
Ontem encontrei um amigo na cidade.
Yesterday I met a friend in the city.
Ela encontrou as respostas que procurava.
She found the answers she was looking for.
O cachorro encontrou o caminho de casa.
The dog found its way home.
Nos encontramos por acidente.
We met up by accident.
Direi a ele que não encontramos nada.
I'll tell him we didn't find anything.

137 – entender — to understand

Agora entendo o que você quer.
Now I understand what you want.
Entendo o que você está dizendo.
I understand what you're saying.
Você não entende como tem sido.
You don't understand what it's been like.
Mas você também não entende isso.
But you don't understand it either.
Ela entendeu a piada e riu.
She understood the joke and laughed.
Gostaria de saber se você realmente entendeu.
I'd like to know if you've really understood.
É importante entender as regras.
It's important to understand the rules.
Você vai entender quando for mais velho.
You'll understand when you're older.
Não tenho certeza se entendi tudo.
I'm not sure if I understood everything.
Não entendi sua mensagem.
I didn't understand your message.

138 – claro — of course, sure; clear, bright

Claro que estou interessado.
Of course I'm interested.
Claro, eu posso te ajudar.
Sure, I can help you.
Claro, você pode vir a qualquer hora.
Of course, you can come anytime.
Claro que entendo seu ponto de vista.
Of course, I understand your point of view.
Mas é claro que isso foi há muito tempo.
But of course that was a long time ago.
Claro eu lembro de você!
Of course I remember you!
A resposta parece clara para mim.
The answer seems clear to me.
O céu está muito claro hoje.
The sky is very clear today.
Você pode falar mais claro?
Can you speak more clearly?
A água é tão clara.
The water is so clear.

139 – antes before
Antes de dormir, eu leio um livro. Before sleeping, I read a book.
Fale comigo antes de decidir. Talk to me before deciding.
Ele não vai aparecer antes do meio-dia. He won't show up before noon.
Você se lembra do que eu te disse antes? Do you remember what I told you before?
Nunca passei muito tempo aqui antes. I've never spent much time here before.
Não venho mais aqui tanto quanto antes. I don't come here as much as before.
Pense bem antes de agir. Think carefully before acting.
Lave as mãos antes de comer. Wash your hands before eating.
Eu nunca os conheci antes. I've never met them before.
Você pensa antes de falar? Do you think before speaking?

140 – aquele, aquela, aqueles, aquelas that, those
Quem é aquele homem ali? Who is that man over there?
Esse carro é dele e aquele é meu. That car is his, and that one is mine.
Você poderia comprar aquele para mim? Could you buy that one for me?
Ela odeia aquele lugar. She hates that place.
Olhe aquela vista! Look at that view!
Estou procurando aquela lista que escrevi. I'm looking for that list I wrote.
Eu compraria aquela casa se tivesse o dinheiro. I would buy that house if I had the money.
Você não pôde me dizer por todos aqueles anos. You couldn't tell me for all those years.
Você viu aqueles meninos jogando futebol? Did you see those boys playing soccer?
Eu não deveria ter te mostrado aquelas fotos. I shouldn't have shown you those photos.

141 – passar to spend (time), pass
Ele adora passar tempo com os amigos dele. He loves to spend time with his friends.
Vou deixar passar, filho. I'll let it pass, son.
As duas semanas passaram rápido. The two weeks passed by quickly.
O tempo passado com a família é importante. Time spent with the family is important.
Ele passou oito anos estudando. He spent eight years studying.
Ela passou pelo parque a caminho de casa. She went through the park on her way home.
Ela passa a maior parte do dia trabalhando. She spends most of the day working.
Como você passa seu tempo livre? How do you spend your free time?
Passei na prova depois de estudar muito. I passed the test after studying a lot.
Passei por muitas mudanças este ano. I went through many changes this year.

142 – garoto, garota — boy, girl, kid

Vamos dar uma chance ao garoto. — Let's give the boy a chance.
Impossível ter feito isso quando garoto. — It's impossible to have done that as a kid.
Fizemos todo o possível por aquele garoto. — We did everything possible for that boy.
Essa garota é realmente inteligente. — That girl is really smart.
Você tem uma garota para cuidar. — You have a girl to look after.
Eu conheço a garota que mora aqui. — I know the girl who lives here.
Não aja como aqueles garotos. — Don't act like those kids.
Eu saía com vários daqueles garotos. — I went out with several of those boys.
Essas garotas são grandes amigas. — These girls are great friends.
Gosto de garotas da minha idade. — I like girls my own age.

143 – quanto, quanta, quantos, quantas — how much, how many

Quanto custa? — How much does it cost?
Fale para ela o quanto você a ama. — Tell her how much you love her.
Quanto devo a você? — How much do I owe you?
Quanto devo levar comigo? — How much should I take with me?
Bom, não sei quanto descanso tive. — Well, I don't know how much rest I got.
Quanta comida devemos preparar? — How much food should we prepare?
Quantos países você já visitou? — How many countries have you visited?
Quantas pessoas você espera? — How many people do you expect?
Quantas vezes você já viu esse filme? — How many times have you seen this movie?
Quantas línguas você fala? — How many languages do you speak?

144 – qual, quais — which, which one

Qual é o melhor? — Which one is best?
Qual é a diferença entre eles? — What is the difference between them?
Qual é a idade da sua filha? — How old is your daughter?
Nunca entendi qual era o problema. — I never understood what the problem was.
Não consigo decidir qual comprar. — I can't decide which one to buy.
Qual é o mais caro dos dois? — Which is the more expensive of the two?
Eu gostaria de saber de qual ela gosta. — I'd like to know which she likes.
Não sei qual escolher. — I don't know which to choose.
Não importa qual você escolher. — It doesn't matter which one you choose.
Quais línguas você fala? — Which languages do you speak?

145 - contar — to tell, count

Eu quero te contar o que aconteceu. — I want to tell you what happened.
Minha filha já sabe contar até dez. — My daughter already knows how to count to ten.
Ela nunca me contou nada sobre você. — She never told me anything about you.
Ele contou com a ajuda de seus amigos. — He relied on the help of his friends.
Bem, não conte a ninguém. — Well, don't tell anyone.
Não conte comigo para nada. — Don't count on me for anything.
Tem muitas coisas que nunca contei a você. — There are many things I never told you.
Ele ficou muito orgulhoso quando lhe contei. — He was very proud when I told him.
Por que você está me contando isso? — Why are you telling me this?
Acredite, estou contando os dias. — Believe me, I am counting the days.

146 - tentar — to try

Estou tentando aprender uma nova língua. — I'm trying to learn a new language.
Estou tentando terminar o livro. — I'm trying to finish the book.
É importante tentar manter a calma. — It's important to try to stay calm.
Vamos tentar chegar mais cedo. — Let's try to arrive earlier.
É importante que você tente entender. — It's important that you try to understand.
Esperamos que você tente novamente. — We hope you try again.
Tentei ligar para você ontem. — I tried to call you yesterday.
Tentei fugir deles. — I tried to get away from them.
Ele tentou resolver o problema sozinho. — He tried to solve the problem by himself.
Você já tentou fazer aquilo? — Have you ever tried to do that?

147 - lugar — place, spot, space, job

Ela guardou um lugar para você. — She saved a spot for you.
Vamos procurar um lugar para sentar. — Let's look for a place to sit.
Preciso encontrar um lugar para morar. — I need to find a place to live.
Você conhece um bom lugar para comer? — Do you know a good place to eat?
Não encontro meu celular em lugar nenhum. — I can't find my cell phone anywhere.
Se estivesse em seu lugar, eu o ajudaria. — If I were in your place, I would help him.
Estávamos no lugar certo e na hora certa. — We were in the right place at the right time.
Acharei um lugar melhor para trabalhar. — I'll find a better place to work.
Ela não vai a lugar nenhum com você. — She's not going anywhere with you.
Gostamos de viajar e conhecer lugares novos. — We like to travel and to experience new places.

148 - fora / outside, out

Vamos comer fora hoje à noite. / Let's eat out tonight.
Está muito quente lá fora. / It's very hot outside.
Eles querem você fora daqui agora. / They want you out of here now.
Fique fora disto! / Stay out of this!
Ela jogou fora as roupas velhas. / She threw out the old clothes.
Esses garotos estão fora de controle. / These kids are out of control.
Eles querem vocês fora daqui. / They want you out of here.
O chefe ficará fora pelo resto do dia. / The boss will be out for the rest of the day.
Deixe as crianças fora disso. / Leave the kids out of this.
Eles viajaram para fora do país. / They traveled abroad.

149 - apenas / only, just

Chegamos apenas ontem. / We arrived only yesterday.
Faço apenas o que preciso fazer. / I only do what I have to do.
Tenho apenas um irmão. / I have only one brother.
Apenas tente fazer o seu melhor. / Just try to do your best.
Nós apenas temos que sair e fazer isso. / We just have to go out and do it.
Ela apenas começou a entender o problema. / She just started to understand the problem.
Trabalho apenas nos finais de semana. / I only work weekends.
Apenas fale a verdade. / Just tell the truth.
Eu uso o carro apenas para ir ao trabalho. / I use the car just to go to work.
Eu fiz isso apenas por você. / I did it just for you.

150 – acabar / to end, finish

Acabou. / It's over.
A aula acabou mais cedo hoje. / The class finished earlier today.
Não quero acabar como você. / I don't want to end up like you.
Eu sabia que isso ia acabar mal. / I knew it would end badly.
Acabei. / I'm done.
De qualquer forma, acabei tendo razão. / Anyway, I turned out to be right.
O filme acaba em dez minutos. / The movie finishes in ten minutes.
A aula acaba às três da tarde. / The class ends at three in the afternoon.
Acabamos comendo fora. / We ended up eating out.
Esqueci onde acabamos comendo. / I forgot where we ended up eating.

151 – problema

Isso não é problema meu.
Não vejo problema em ajudar.
Isto não devia ser problema seu.
Se você tem algum problema comigo, diga.
Esse é o menor de meus problemas.
Não faça disso um problema.
Vim ver se havia algum problema.
Problemas de saúde podem ser sérios.
Eles têm problemas em se entender.
Que tipos de problemas você está tendo?

problem

That's not my problem.
I see no problem in helping.
This shouldn't be your problem.
If you have a problem with me, say so.
That's the least of my problems.
Don't make this a problem.
I came to see if there was any problem.
Health problems can be serious.
They have problems understanding each other.
What kinds of problems are you having?

152 – ninguém

Ninguém respondeu à pergunta.
Ninguém sabe a resposta.
Ninguém viu o que aconteceu.
Ninguém é melhor do que ninguém.
Não diga nada a ninguém sobre isso.
Ninguém vai acreditar em você.
Ninguém é velho demais para aprender.
Por que você não pediu ajuda a ninguém?
Ninguém foi deixado para trás.
Por que ninguém está aqui?

nobody, no one

Nobody answered the question.
No one knows the answer.
Nobody saw what happened.
No one is better than anyone else.
Don't tell anyone anything about this.
No one is going to believe you.
Nobody is too old to learn.
Why didn't you ask anyone for help?
Nobody was left behind.
Why isn't anyone here?

153 – conhecer

Ela conhece sua mãe muito bem.
Você não conhece esse homem como eu.
Conheço um bom lugar para ver o pôr do sol.
Conheço muitas pessoas aqui.
Seria bom conhecer a família.
Prazer em conhecer você!
Foi aqui que conheci sua mãe.
Pai, conheci uma garota muito legal hoje.
Já nos conhecemos antes, não se lembra?
Não conhecemos ninguém aqui.

to know, meet

She knows your mother very well.
You don't know this man like I do.
I know a great spot to watch the sunset.
I know many people here.
It would be good to meet the family.
Pleased to meet you!
This is where I met your mother.
Dad, I met a really nice girl today.
We've met before, don't you remember?
We don't know anyone here.

154 – disso — of this, about this

Precisamos falar disso agora. — We need to talk about this now.
Não me lembro disso. — I don't remember this.
O que você acha disso? — What do you think of this?
Ela não gostou disso. — She didn't like this.
Não sei disso. — I don't know about that.
Você está certo disso? — Are you sure of this?
Ele vive falando disso. — He's always talking about that.
Não entendo nada disso. — I don't understand any of this.
Ela sabe tudo disso, pode perguntar a ela. — She knows all about this, you can ask her.
Quero mais disso. — I want more of this.

155 – parar — to stop

Não pare. — Don't stop.
Pare de se preocupar com isso. — Stop worrying about that.
Precisamos parar e pensar. — We need to stop and think.
Ele decidiu parar de trabalhar tão tarde. — He decided to stop working so late.
Muito bem, parem, vocês dois. — Alright, stop, both of you.
Se vocês querem viver, parem de fazer isso. — If you want to live, stop doing that.
Ela para de trabalhar às seis. — She stops working at six.
Pare de fazer isso. — Stop doing that.
Eu deveria ter parado quando você me disse. — I should have stopped when you told me.
Foi bom termos parado para jantar. — It was good that we stopped for dinner.

156 – grande — big, large

Ela tem uma grande família. — She has a big family.
Há casas grandes nessa rua. — There are big houses on this street.
Minha avó é uma grande mulher. — My grandmother is a great woman.
Hoje é o grande dia! — Today is the big day!
Vivemos em uma cidade grande. — We live in a big city.
Este é um grande momento para nós. — This is a big moment for us.
Ela teve uma grande ideia. — She had a great idea.
Dê um grande beijo na vovó. — Give grandma a big kiss.
Tenho medo de cachorros grandes. — I'm afraid of big dogs.
Tivemos grandes momentos juntos. — We had great times together.

157 – preciso / precise, accurate

O que você disse não é preciso.	What you said isn't accurate.
Este relógio é muito preciso.	This clock is very accurate.
Ele tem um olho preciso para detalhes.	He has a precise eye for details.
O relatório precisa ser mais preciso.	The report needs to be more accurate.
Você terá que ser duas vezes mais preciso.	You'll have to be twice as accurate.
Teremos que esperar por resultados precisos.	We will have to wait for accurate results.
A tradução deve ser precisa.	The translation should be precise.
Fomos rápidos, calmos e precisos.	We were quick, calm, and precise.
Estou procurando informações precisas.	I'm looking for accurate information.
Há regras muito precisas para esse trabalho.	There are very precise rules for this job.

158 – trabalho / work, job

Bom trabalho.	Good job.
Estou procurando trabalho.	I'm looking for work.
Ela conseguiu um novo trabalho.	She got a new job.
O trabalho está quase terminado.	The work is almost finished.
Meu trabalho aqui está feito.	My work here is done.
Minha esposa é excelente no trabalho dela.	My wife is great at her job.
O trabalho em equipe é importante.	Teamwork is important.
Você gosta de seu trabalho?	Do you like your job?
Isso é parte do trabalho.	That's part of the job.
Vou deixar você voltar ao trabalho.	I'll let you get back to work.

159 – nome / name

Qual é o seu nome?	What's your name?
Meu nome é …	My name is …
Ele me perguntou qual era meu nome.	He asked me what my name was.
Não posso chamá-lo pelo primeiro nome.	I can't call him by his first name.
Eu não estou vendo seu nome na lista.	I'm not seeing your name on the list.
O nome da minha avó era o mesmo que o meu.	My grandmother's name was the same as mine.
Não acredito que esqueci o nome dela.	I can't believe that I forgot her name.
O professor chamou todos pelo nome.	The teacher called everyone by name.
Por que seu nome está escrito em tudo?	Why is your name written on everything?
Quais são os nomes delas?	What are their names?

160 – comigo **with me, to me**
Venha comigo. — Come with me.
Fale comigo. — Talk to me.
O mesmo aconteceu comigo. — The same thing happened to me.
Não trouxe nenhum dinheiro comigo. — I didn't bring any money with me.
Você pode se sentar comigo, se quiser. — You can sit with me if you want.
Ele não vai chegar tarde porque está comigo. — He won't be late because he's with me.
Você quer sair comigo? — Do you want to go out with me?
Eu gostaria que você estudasse comigo. — I would like you to study with me.
Por favor, caminhe comigo até em casa. — Please walk home with me.
Não se preocupe comigo. — Don't worry about me.

161 – comer **to eat**
Estou doente e não consigo comer nada. — I'm sick and can't eat anything.
Não me deixe comer mais nada. — Don't let me eat any more.
Quando estou preocupado, como sem parar. — When I'm worried, I eat non-stop.
Como rápido quando estou com fome. — I eat fast when I'm hungry.
Não coma tão rápido. — Don't eat so fast.
Coma o quanto quiser. — Eat as much as you want.
Minha filha come devagar. — My daughter eats slowly.
Meu irmão come muito no jantar. — My brother eats a lot at dinner.
Ela está comendo sozinha no quarto. — She is eating alone in her room.
Eles foram pegos comendo escondido. — They were caught eating secretly.

162 – mulher **woman, wife**
A sua mulher parece uma grande mulher. — Your wife seems like a great woman.
Minha irmã é uma mulher muito inteligente. — My sister is a very intelligent woman.
Não conheço nenhuma mulher como você. — I don't know any woman like you.
Ajude a mulher a se levantar. — Help the woman up.
Aquela mulher é minha mãe. — That woman is my mother.
É como se ela fosse uma mulher diferente. — It's like she's a different woman.
Eu sou uma mulher e você é um homem. — I'm a woman, and you are a man.
A maioria de nossos membros são mulheres. — Most of our members are women.
Você deve ter esse efeito sobre as mulheres. — You must have this effect on women.
Mulheres e homens devem ter direitos iguais. — Women and men should have equal rights.

163 – começar

Agora é a hora de começar.
Talvez possamos começar de novo.
Volte para onde você começou.
Ele começou a chorar como um bebê.
Adoro quando você começa algo novo.
É quando começa o verdadeiro trabalho.
Estou começando a aprender uma nova língua.
Estou começando a me sentir melhor.
Nos primeiros dias, comece devagar.
Comece agora mesmo.

to start, begin

Now is the time to start.
Maybe we can start over.
Go back to where you started.
He started to cry like a baby.
I love it when you start something new.
This is when the real work begins.
I'm starting to learn a new language.
I am starting to feel better.
For the first few days, start slowly.
Start right now.

164 – primeiro

Quem quer ir primeiro?
Meu primeiro carro era muito antigo.
O primeiro passo é sempre o mais difícil.
Tenho de fazer algumas coisas aqui primeiro.
Esta é a primeira vez que faço isso.
Minha primeira visita ao médico foi hoje.
A primeira semana de trabalho foi ótima.
Na primeira oportunidade, vamos procurá-la.
Eu fui um dos primeiros a encontrá-los.
É uma das minhas primeiras memórias.

first

Who wants to go first?
My first car was very old.
The first step is always the hardest.
I have to do some things here first.
This is the first time I've done this.
My first visit to the doctor was today.
The first week of work was great.
At the first opportunity, we'll look for her.
I was one of the first to find them.
It's one of my first memories.

165 – acreditar

Não acredito.
Não sei se acredito em você.
Você precisa ver isso para acreditar.
Eu não consigo acreditar no que estou vendo.
Ela acredita que ele pode mudar o mundo.
Você acredita em vida após a morte?
Acredite no poder do amor.
Acredite em si mesmo!
Não somos os únicos que acreditam.
Eles acreditam em um futuro melhor.

to believe

I don't believe it.
I don't know if I believe you.
You've got to see this to believe it.
I can't believe what I'm seeing.
She believes he can change the world.
Do you believe in life after death?
Believe in the power of love.
Believe in yourself!
We're not the only ones who believe.
They believe in a better future.

166 – mundo

Há muitas pessoas legais no mundo.
O mundo é um lugar grande.
Todos queremos fazer a diferença no mundo.
Esse emprego me leva para o mundo todo.
As crianças são o futuro do nosso mundo.
A paz no mundo é o que todos desejamos.
Temos amigos em todo o mundo.
Água é a melhor bebida do mundo.
Todo mundo já foi para casa.
Todo mundo está aqui.

world

There are many nice people in the world.
The world is a big place.
We all want to make a difference in the world.
This job takes me all over the world.
Children are the future of our world.
World peace is what we all desire.
We have friends all over the world.
Water is the best drink in the world.
Everyone has already gone home.
Everyone is here.

167 – desculpar

Desculpe, estamos fechados.
Desculpe, eu estava errado.
Desculpe, eu estava pensando em outra coisa.
Desculpe, você está bem?
Desculpem pessoal, é tudo por hoje.
Peço que me desculpem, meus amigos.
Você deve se desculpar com ela.
Suponho que eu deva me desculpar.
Por que eu deveria me desculpar com você?
É importante aprender a desculpar os outros.

to say sorry, apologize, forgive

Sorry, we are closed.
Sorry, I was wrong.
Sorry, I was thinking about something else.
Sorry, are you okay?
Sorry folks, that's all for today.
I ask you to forgive me, my friends.
You should apologize to her.
I suppose I should apologize.
Why should I apologize to you?
It's important to learn to forgive others.

168 – morrer

Ele tem medo de morrer sozinho.
Ninguém sabe quando eles vão morrer.
Nosso cachorro morreu no mês passado.
Ela morreu em um acidente.
Não queremos ele morrendo em nossa porta.
Essas pessoas estão morrendo de fome.
Sem liberdade, a alma morre.
A flor morre sem água.
Eles morreram jovens porque beberam demais.
Ela fugiu quando nossos pais morreram.

to die

He is afraid of dying alone.
Nobody knows when they will die.
Our dog died last month.
She died in an accident.
We don't want him dying on our doorstep.
Those people are dying of hunger.
Without freedom, the soul dies.
The flower dies without water.
They died young because they drank too much.
She ran away when our parents died.

169 – hoje / today

Hoje foi divertido. — Today was fun.
Hoje não tenho planos. — I have no plans today.
Você parece muito melhor hoje. — You seem much better today.
Veja o que encontrei hoje! — Look what I found today!
O que você aprendeu hoje na escola? — What did you learn at school today?
Precisamos nos encontrar mais tarde hoje. — We need to meet later today.
Hoje estou trabalhando em casa. — Today I'm working from home.
Onde você esteve hoje? — Where have you been today?
Vamos limpar a casa hoje. — Let's clean the house today.
Não sabia que você estaria aqui hoje. — I didn't know you would be here today.

170 – chamar / to call

Não sei exatamente como se chama. — I don't know exactly what it's called.
Só meu marido me chama assim. — Only my husband calls me that.
Eu vou chamar quando estivermos prontos. — I'll call when we're ready.
Devemos chamar um médico? — Should we call a doctor?
Como é chamado esse lugar? — What is this place called?
Desculpe por ter te chamado assim. — I'm sorry for having called you like this.
Quer que eu chame a polícia? — Do you want me to call the police?
Chame seus irmãos para jantar. — Call your siblings for dinner.
Ela chamou meu nome, mas eu não ouvi. — She called my name, but I didn't hear.
Me chamo Humberto. — My name is Humberto.

171 – dinheiro / money

Ela ganha muito dinheiro. — She earns a lot of money.
Meu dinheiro foi roubado. — My money was stolen.
Se eu tivesse dinheiro, compraria um carro. — If I had money, I would buy a car.
Não tenho nenhum dinheiro comigo. — I don't have any money on me.
Tempo é dinheiro. — Time is money.
O dinheiro acabou rápido. — The money ran out quickly.
Comprei isso com meu próprio dinheiro. — I bought this with my own money.
Não faço isso pelo dinheiro. — I don't do it for the money.
Quanto dinheiro você tem com você? — How much money do you have with you?
Ele tem dinheiro, mas não é feliz. — He has money, but he's not happy.

172 – tirar

Deveríamos tirar uma foto.
Preciso tirar férias.
Tire o seu casaco.
Tire seu nome da lista.
Não tiro uma foto há meses.
Sempre tiro um tempo para ler.
Ele tira o lixo.
Tire os sapatos antes de entrar.
Quero saber quem tirou aquela foto.
Ela tirou a roupa.

to take, take off

We should take a picture.
I need to take a vacation.
Take off your coat.
Take your name off the list.
I haven't taken a picture in months.
I always make time to read.
He takes out the garbage.
Take off your shoes before entering.
I want to know who took that picture.
She took off her clothes.

173 – pedir

Ele tem medo de pedir ajuda.
Podemos pedir que entreguem em casa?
Ela pediu que ele parasse.
Ela pediu um favor à amiga dela.
Não me peça dinheiro.
Peça ajuda se precisar.
Pedi permissão para sair mais cedo.
Pedi ajuda quando me perdi.
Peço que mantenham a calma.
Peço perdão.

to ask, request

He is afraid to ask for help.
Can we ask for home delivery?
She asked him to stop.
She asked her friend for a favor.
Don't ask me for money.
Ask for help if you need it.
I asked for permission to leave early.
I asked for help when I got lost.
I ask you to keep calm.
I beg your pardon.

174 – qualquer

Você pode me ligar a qualquer momento.
Ele faz amigos em qualquer lugar.
Eu leio qualquer tipo de livro.
Ela aceitaria qualquer trabalho agora.
Qualquer resultado é possível neste jogo.
Você pode escolher qualquer cor que quiser.
Eles poderiam chegar a qualquer momento.
Ele come qualquer coisa.
Qualquer pessoa poderia ter feito isso.
Ela trabalha mais do que qualquer outra pessoa.

any, anything

You can call me anytime.
He makes friends anywhere.
I read any kind of book.
She would accept any job now.
Any result is possible in this game.
You can choose any color you want.
They could arrive at any time.
He eats anything.
Anyone could have done that.
She works harder than anyone else.

175 – perder / to lose, miss

Não queremos perder esta oportunidade. / We don't want to miss this opportunity.
Nós dois temos muito a perder. / We both have a lot to lose.
Você perdeu a hora hoje de manhã? / Did you oversleep this morning?
Meu irmão perdeu o emprego. / My brother lost his job.
Também perdi alguém importante para mim. / I also lost someone important to me.
Perdi meu voo. / I missed my flight.
Perdemos muito tempo com isso. / We wasted a lot of time on this.
Não acredito que perdemos o trem. / I can't believe we missed the train.
Você está perdendo para eles dois. / You're losing to both of them.
Estamos perdendo a luz do dia. / We're losing daylight.

176 – viver / to live

Como é viver em outro país? / What is it like to live in another country?
Eles dizem que desejam viver juntos. / They say they want to live together.
Eu vivo com meus pais. / I live with my parents.
Vivo feliz com as escolhas que fiz. / I live happily with the choices I made.
Viva como se fosse seu último dia! / Live as if it were your last day!
Viva e deixe viver! / Live and let live!
Ele ainda vive lá. / He still lives there.
Ele vive sozinho desde o ano passado. / He has lived alone since last year.
Estamos vivendo uma situação difícil. / We're living in a difficult situation.
Estamos vivendo em tempos perigosos. / We're living in dangerous times.

177 – querido, querida / darling, sweetie, dear

Querido, vamos jantar fora hoje? / Darling, shall we dine out tonight?
Meu querido avô conta as melhores histórias. / My dear grandfather tells the best stories.
Meu querido filho, estou orgulhoso de você. / My dear son, I'm proud of you.
Ela é uma amiga muito querida. / She is a very dear friend.
Querida, cheguei! / Honey, I'm home!
A sua filha é uma querida. / Your daughter is a sweetie.
Essa casa é muito querida por todos nós. / This house is very dear to all of us.
Não se preocupe, minha querida. / Don't worry, my dear.
Boa noite, queridos! / Good evening, sweeties!
Queridas tias, sentimos sua falta. / Dear aunts, we miss you.

178 – ligar / to call, turn on, connect

Eu preciso ligar para minha mãe. — I need to call my mom.
Você pode ligar a luz, por favor? — Can you turn on the light, please?
Se houver algum problema, me ligue. — If there is any problem, call me.
Ligue para mim quando terminar. — Call me when you're done.
Se passaram cinco minutos desde que ele ligou. — It's been five minutes since he called.
Você nunca me ligou para falar sobre isso. — You never called to talk to me about it.
Ligo para você assim que terminar aqui. — I'll call you as soon as I finish here.
Ligo para meus pais duas vezes por semana. — I call my parents twice a week.
Ele liga a televisão para assistir ao futebol. — He turns on the television to watch soccer.
Ela liga a luz do quarto antes de ler. — She turns on the bedroom light before reading.

179 – nenhum, nenhuma / none, not any

Nenhum de nós sabia a resposta. — None of us knew the answer.
Não quero mais nenhum problema contigo. — I don't want any more trouble with you.
Nenhum dos meus amigos mora perto. — None of my friends live nearby.
Nenhum deles se ofereceu para ajudar. — None of them offered to help.
Não há nenhum sinal de vida aqui. — There is no sign of life here.
Não encontrei nenhum problema com o carro. — I didn't find any problems with the car.
Não recebi nenhuma mensagem dela. — I haven't received any messages from her.
Você não tem prova nenhuma disso. — You have no proof of this.
Não faça nenhuma loucura. — Don't do anything crazy.
Nenhuma das janelas estava aberta. — None of the windows were open.

180 – amar / to love

Eu te amo mais do que tudo. — I love you more than anything.
Amo passar tempo com minha família. — I love spending time with my family.
A gente se ama. — We love each other.
Quem ela mais ama? — Who does she love the most?
É fácil amar aqueles que nos tratam bem. — It's easy to love those who treat us well.
Amar e ser amado traz um sentido à vida. — To love and be loved brings meaning to life.
Não sabia que ela me amava. — I didn't know she loved me.
Ele disse a ela que a amava. — He told her he loved her.
Eu nunca amei outra mulher. — I've never loved another woman.
Ele é o único homem que já amei. — He's the only man I've ever loved.

181 – lembrar — to remember

Essa música me lembra dela. — This song reminds me of her.
Livre-se de tudo que te lembra dele. — Get rid of everything that reminds you of him.
Agora me lembro. — Now I remember.
Não me lembro nada daquela história. — I don't remember anything about that story.
Devo lembrar de ligar para minha mãe. — I must remember to call my mom.
Não consigo lembrar o nome dele. — I can't remember his name.
Lembre-se de que nunca estarei longe. — Remember that I'll never be far away.
Talvez quando ele acordar, não se lembre. — Maybe when he wakes up, he won't remember.
Peço que todos se lembrem disso. — I ask everyone to remember that.
Me lembrem de não fazer isso de novo. — Remind me not to do that again.

182 – irmão, irmã — brother, sister

Meu irmão é muito engraçado. — My brother is very funny.
O irmão dela é meu melhor amigo. — Her brother is my best friend.
Seu irmão ainda mora com você? — Does your brother still live with you?
O irmão deles é médico. — Their brother is a doctor.
Hoje eu vou jantar com a minha irmã. — Today I'm having dinner with my sister.
Ele era casado com a irmã dela. — He was married to her sister.
Peça ajuda à sua irmã. — Ask your sister for help.
A irmã dele é linda. — His sister is beautiful.
Quantos irmãos você tem? — How many brothers do you have?
Aquelas garotas são irmãs. — Those girls are sisters.

183 – ótimo — great

Ela fez um ótimo trabalho. — She did a great job.
É ótimo ver tantas pessoas aqui. — It's great to see so many people here.
Ele disse que estava se sentindo ótimo. — He said he was feeling great.
Foi ótimo vocês dois terem vindo. — It was great of you two to come.
Foi um ótimo jantar. — It was a great dinner.
Eu acho que esta é uma ótima ideia. — I think this is a great idea.
A comida estava ótima. — The food was great.
Que ótima notícia! — What great news!
Eles levantaram ótimos pontos na reunião. — They raised great points in the meeting.
Ele fez ótimas coisas pela nossa cidade. — He did great things for our city.

184 – certeza

Você tem certeza disso?
Não tenho certeza.
Ele falou com tanta certeza.
Me ligue quando tiver certeza.
Ela é a única que sabe com certeza.
Com certeza, essa é a escolha certa.
Tenha certeza de que está tudo certo.
Tenho certeza de que eles estão a caminho.
Não tenho certeza do que esperar.
Com certeza ele é o melhor no que faz.

certainty, sure

Are you sure about that?
I'm not sure.
He spoke with such certainty.
Call me when you're sure.
She's the only one who knows for sure.
Surely, this is the right choice.
Make sure everything is okay.
I'm sure they're on their way.
I'm not sure of what to expect.
He's definitely the best at what he does.

185 – trabalhar

Estou tentando trabalhar menos.
Encontrei um lugar melhor para trabalhar.
Eu trabalho das nove às cinco.
Eu trabalho perto de casa.
Estamos trabalhando sem parar.
Eu disse que estou trabalhando nisso.
Ela trabalha com vendas.
Meu pai trabalha demais.
Minha mãe trabalhava muito tarde.
Eu conhecia alguém que trabalhava lá.

to work

I'm trying to work less.
I found a better place to work.
I work from nine to five.
I work close to home.
We are working non-stop.
I said I'm working on it.
She works in sales.
My dad works too much.
My mother used to work very late.
I knew someone who used to work there.

186 – carro

Entre no carro.
Seu carro é bem rápido.
Você poderia abrir a janela do carro?
O carro está quebrado.
Tenho um carro azul e um carro vermelho.
Acabamos de comprar um carro novo.
Estaremos no carro quando você estiver pronto.
Eles estão nos esperando no carro.
Cuide do meu carro enquanto eu estiver fora.
Tem muitos carros na rua hoje à noite.

car

Get in the car.
Your car is pretty fast.
Could you open the car window?
The car is broken down.
I have a blue car and a red car.
We just bought a new car.
We'll be in the car when you're ready.
They're waiting for us in the car.
Take care of my car while I'm gone.
There are many cars on the street tonight.

187 – daqui — from here, of here

Saia daqui!	Get out of here!
Ela é daqui?	Is she from here?
Vou sair daqui em dez minutos.	I'll leave here in ten minutes.
Quanto tempo até chegarmos lá a partir daqui?	How long until we get there from here?
Certo, vamos te tirar daqui.	Alright, let's get you out of here.
A estação de trem fica longe daqui?	Is the train station far from here?
Por favor, tirem essas pessoas daqui.	Please get these people out of here.
Essa estrela fica a oito anos-luz daqui.	That star is eight light-years from here.
Daqui a pouco é a minha vez.	It'll be my turn soon.
Eu deveria ter parado naquela última estação.	I should have stopped at that last station.

188 – entrar — to go in, enter

Quem deixou o cachorro entrar?	Who let the dog in?
Nós só queríamos entrar por um minuto.	We just wanted to come in for a minute.
A porta se abriu e um homem entrou.	The door opened and a man walked in.
Ele entrou na sala e todos ficaram em silêncio.	He entered the room and everyone fell silent.
A água entra por esse buraco.	The water enters through this hole.
Ele sempre entra em casa sem bater.	He always enters the house without knocking.
Eu peço que entrem sem fazer barulho.	I ask that they come in without making noise.
Por favor, entrem no carro.	Please get into the car.
Estou entrando na casa.	I'm going into the house.
Por que ela está entrando na loja?	Why is she going into the store?

189 – desse, dessa, desses, dessas — of this/that, of these/those

O que você acha desse plano?	What do you think of this plan?
Eu não gosto desse tipo de filme.	I don't like this kind of movie.
Desse jeito, nunca vamos terminar a tempo.	This way, we'll never finish on time.
Dessa distância, você não consegue ver direito.	From this distance, you can't see clearly.
O que te faz pensar dessa maneira?	What makes you think that way?
Precisamos falar dessa situação.	We need to talk about this situation.
Eu preciso de um desses para minha casa.	I need one of these for my house.
Quantos desses você quer?	How many of these do you want?
Eu não tenho uma dessas coisas.	I don't have one of those things.
Eu recebo cinco dessas cartas por ano.	I receive five of these letters a year.

190 – jogar
Eu jogo futebol quase todo dia.
Eu jogo esse jogo o tempo todo.
Eu gosto de jogar cartas com meu avô.
Eles sabiam que eu podia jogar melhor.
Estamos jogando por dinheiro?
Estou jogando fora as coisas que não uso mais.
Ele joga o lixo fora toda noite.
Minha irmã joga futebol na praia.
Jogue com tudo que você tem.
Jogue a bola para mim.

to play, throw
I play soccer/football almost every day.
I play this game all the time.
I like to play cards with my grandpa.
They knew I could play better.
Are we playing for money?
I'm throwing away the things I no longer use.
He takes out the trash every night.
My sister plays soccer at the beach.
Play with everything you've got.
Throw the ball to me.

191 – morto
Ele caiu morto no chão.
Procurado vivo ou morto.
O animal foi encontrado morto na estrada.
O centro da cidade fica morto à noite.
Ela estava morta antes de chegar ao hospital.
A cidade parece morta esta noite.
Quando cheguei, ela já estava morta.
Os olhos dela pareciam mortos.
Os mortos não podem falar.
As duas senhoras estão mortas.

dead
He dropped dead on the floor.
Wanted dead or alive.
The animal was found dead on the road.
The city center is dead at night.
She was dead before she got to the hospital.
The city seems dead tonight.
When I arrived, she was already dead.
Her eyes looked dead.
The dead cannot speak.
Both ladies are dead.

192 – usar
Qual devo usar?
Você ainda vai usar esses livros?
Você está usando isso?
Olhem o que estou usando, pessoal.
Use o que você quiser.
Não use o trabalho como desculpa.
Ela usou um mapa para encontrar o caminho.
Agora eu sei por que você usou esse vestido.
Eu uso sapatos muito bons.
Eu quase nunca uso meu celular.

to use, wear
Which should I use?
Are you still going to use these books?
Are you using this?
Check out what I'm wearing, guys.
Use whatever you want.
Don't use work as an excuse.
She used a map to find the way.
Now I know why you wore that dress.
I wear very good shoes.
I almost never use my cell phone.

193 – trazer — to bring (from somewhere to here)

Ele me trouxe flores. — He brought me flowers.
Eu trouxe a comida que você pediu. — I brought you the food you asked for.
Droga, esqueci de trazer algo. — Dang it, I forgot to bring something.
Você não vai trazer isso para cá. — You're not bringing that here.
Traga aqui, por favor. — Bring it here, please.
Rápido, me traga algo para beber. — Quick, bring me something to drink.
O que o traz aqui tão cedo? — What brings you here so early?
A vovó traz presentes quando nos visita. — Grandma brings presents when she visits us.
Trago boas ideias para a reunião de hoje. — I'm bringing good ideas to today's meeting.
Eu sempre trago algo para as crianças. — I always bring something for the kids.

194 – menos — less, fewer

Eu preciso beber menos café. — I need to drink less coffee.
Ele trabalhou menos horas essa semana. — He worked fewer hours this week.
Fale menos e ouça mais. — Talk less and listen more.
Menos é mais. — Less is more.
Meus filhos têm menos de dez anos. — My kids are less than ten years old.
Comemos menos do que ontem. — We ate less than yesterday.
Eu tenho menos tempo hoje. — I have less time today.
Meu relógio é menos caro que o seu. — My watch is less expensive than yours.
Você pode pelo menos ficar feliz por mim? — Can't you at least be happy for me?
Deveríamos pelo menos tentar. — We should at least try.

195 – num, numa *(em+um/uma)* — in a

Ele se machucou num jogo de futebol. — He got hurt in a soccer/football game.
Encontrei um erro num relatório. — I found an error in a report.
Ela sentiu uma dor num braço. — She felt a pain in one arm.
Eu moro sozinho numa cidade grande. — I live alone in a big city.
Ele se sentou num banco do parque. — He sat down on a bench in the park.
Ela escreveu seu nome num pedaço de papel. — She wrote her name on a piece of paper.
Eu compro minhas roupas numa loja local. — I buy my clothes at a local store.
Ela viu um pássaro numa árvore. — She saw a bird in a tree.
Ele mora numa casa grande sozinho. — He lives in a big house by himself.
Ela viu uma estrela numa noite clara. — She saw a star on a clear night.

196 – último
Ele chegou em último lugar.
Este é seu último aviso.
Talvez você possa me fazer um último favor.
Ela foi a última pessoa a chegar.
A última aula foi muito interessante.
Ela fez a última pergunta.
A última prova foi a mais difícil.
Fomos os últimos a saber.
Eles foram os últimos a sair.
Quais foram as últimas palavras dela?

last, latest
He came in last place.
This is your last warning.
Perhaps you can do me one last favor.
She was the last person to arrive.
The last class was very interesting.
She asked the last question.
The last test was the hardest.
We were the last to know.
They were the last to leave.
What were her last words?

197 – tipo
Ele é o tipo de pessoa que sempre ajuda.
Que tipo de flor é essa?
Isso parece um tipo de piada para você?
Vamos sair, tipo, às oito da noite?
Existe algum tipo de regra para isso?
Isso é um tipo de acordo entre nós.
Ela falou algo tipo 'não se preocupe com isso'.
Eu estava, tipo, isso realmente aconteceu?
Foi, tipo, a melhor noite da minha vida.
Eu não confio naqueles tipos.

type, kind; like (slang)
He is the kind of person who always helps.
What type of flower is this?
Does this seem like some kind of joke to you?
Shall we go out around, like, eight at night?
Is there some kind of rule for this?
This is a kind of agreement between us.
She said something like, 'don't worry about it'.
I was, like, did that really happen?
It was, like, the best night of my life.
I don't trust those types.

198 – minuto
Espere um minuto, por favor.
Ele olha o celular a cada minuto.
Precisamos de mais um minuto para terminar.
Eu cheguei apenas cinco minutos atrasado.
O jogo termina em quatro minutos.
Eu vou precisar de mais dez minutos.
Ela falou com ele por alguns minutos.
Consegue me encontrar lá em cinco minutos?
Contei os minutos até o fim da aula.
Eu posso fazer isso em menos de dez minutos.

minute
Wait a minute, please.
He checks his cell phone every minute.
We need one more minute to finish.
I arrived only five minutes late.
The game ends in four minutes.
I'm going to need ten more minutes.
She talked to him for a few minutes.
Can you meet me there in five minutes?
I counted the minutes until the end of class.
I can do it in less than ten minutes.

199 – meio — half, middle; means

Eu estou no meio da rua. — I'm in the middle of the street.
Ele chegou no meio da reunião. — He arrived in the middle of the meeting.
Ela terminou o trabalho em meio dia. — She finished the work in half a day.
Estou meio cansado. — I'm kind of tired.
Precisamos encontrar um meio de resolver isso. — We need to find a way to solve this.
Eu só vi meio filme. — I only saw half the movie.
É quase meia-noite. — It's almost midnight.
Ainda tenho uma semana e meia. — I've still got a week and a half.
São sete e meia da manhã. — It's half past seven in the morning.
São seis e meia da tarde. — It's 6:30 in the evening.

200 – criança — child, kid

A criança acordou no meio da noite. — The child woke up in the middle of the night.
Ele ainda age como criança. — He still acts like a child.
Ela leu uma história para a criança dormir. — She read a story to put the child to sleep.
Não me trate como criança. — Don't treat me like a child.
Crianças adoram brincar ao ar livre. — Children love to play outdoors.
Crianças de até dez anos não pagam. — Children up to ten years old don't pay.
Ela é muito gentil com as crianças. — She's very kind to children.
Crianças precisam de amor e atenção. — Children need love and attention.
Crianças, hora de jantar! — Children, time for dinner!
As crianças estão crescendo tão rápido! — The children are growing up so fast!

201 – pronto — ready

O jantar está pronto. — Dinner is ready.
Você está pronto para assistir ao filme? — Are you ready to watch the movie?
Você tem certeza de que você está pronto? — Are you sure you're ready?
O café da manhã está pronto, venha comer. — Breakfast is ready, come eat.
Me ligue quando estiver pronto. — Call me when you're ready.
Ela se sente pronta para morar sozinha. — She feels ready to live alone.
A sua resposta está pronta? — Is your answer ready?
Diga ao professor que vocês não estão prontos. — Tell the teacher you're not ready.
Nós o avisaremos quando estivermos prontos. — We'll let you know when we're ready.
As equipes estão prontas para começar o jogo. — The teams are ready to start the game.

202 – atrás — behind, back, ago

Tem um parque atrás da nossa casa. — There's a park behind our house.
Eu sei que você está aí atrás. — I know you're back there.
Ela chegou uma hora atrás. — She arrived an hour ago.
Olhe atrás de você! — Look behind you!
O menino se escondeu atrás da mãe. — The boy hid behind his mom.
Eles se conheceram anos atrás. — They met years ago.
Há um parque atrás da nossa casa. — There is a park behind our house.
Esqueci meu celular atrás no carro. — I forgot my cellphone in the back of the car.
Posso me sentar atrás? — Can I sit in the back?
Eu estive no Brasil dois anos atrás. — I was in Brazil two years ago.

203 – procurar — to look for

Estou procurando minhas chaves. — I'm looking for my keys.
Ele está procurando um novo emprego. — He's looking for a new job.
Eles vão nos procurar aqui? — Are they going to look for us here?
Vamos procurar um lugar para comer. — Let's look for a place to eat.
Ele procura a verdade por trás da história. — He looks for the truth behind the story.
A polícia está à procura dele. — The police are looking for him.
Procure mais informações antes de decidir. — Look for more information before deciding.
Procuro oportunidades para viajar mais. — I look for opportunities to travel more.
Procuramos uma escola boa para nossos filhos. — We're looking for a good school for our children.
Procurei meu nome na lista. — I looked for my name on the list.

204 – tanto — so much, so many; such

Eu amo tanto você. — I love you so much.
Por que você se preocupa tanto? — Why do you worry so much?
Nós esperamos tanto por este momento. — We've waited so long for this moment.
Ela trabalha tanto durante a semana. — She works so much during the week.
Eles confiam tanto um no outro. — They trust each other so much.
Eu nunca vi você sofrer tanto. — I've never seen you suffer so much.
As crianças têm tanta energia pela manhã. — Kids have so much energy in the morning.
Ela sentiu tanta saudade de casa. — She felt so homesick.
Ele fez tantos amigos na viagem. — He made so many friends on the trip.
Por que você tem tantas dúvidas? — Why do you have so many doubts?

205 – sério — serious, really, indeed

Sério? — Seriously?
Precisamos conversar, isto é sério. — We need to talk, this is serious.
Você está falando sério? — Are you serious?
Ele nunca leva nada a sério. — He never takes anything seriously.
Estou falando sério, precisamos decidir agora. — I'm serious, we need to decide now.
Eu não sei dizer se você está falando sério. — I can't tell if you're being serious.
Você tem que ser mais sério na escola. — You have to be more serious at school.
Se isso ficar sério, haverá problemas. — If this gets serious, there will be problems.
Estou falando sério sobre o que disse. — I'm serious about what I said.
Esta é uma situação séria. — This is a serious situation.

206 – entre — between, among

Isso é um segredo entre nós dois. — It's a secret between the two of us.
A menina se senta entre a mãe e o pai. — The girl sits between her mom and dad.
Cá entre nós, eu não gosto mais dele. — Between us, I don't like him anymore.
O gato se escondeu entre as árvores. — The cat hid among the trees.
A escolha entre essas opções é difícil. — The choice between these options is difficult.
O que está acontecendo entre você e ele? — What's going on between you and him?
O segredo fica apenas entre nós. — The secret stays just between us.
Vamos manter isto entre nós por enquanto. — Let's keep this between us for the time being.
Entre um livro e um filme, prefiro um livro. — Between a book and a movie, I prefer a book.
Entre amigos, não há segredos. — Among friends, there are no secrets.

207 – realmente — really, actually

Ela realmente fez um bom trabalho. — She really did a good job.
Eu realmente gostei daquele filme. — I really enjoyed that movie.
Você realmente sabe como me fazer rir. — You really know how to make me laugh.
Eles realmente não farão isso, não é? — They won't really do that, will they?
Há algumas ideias realmente ótimas aqui. — There are some really great ideas here.
Eu realmente não esperava isso de você. — I really didn't expect that from you.
Vocês dois realmente precisam resolver isso. — You two really need to sort this out.
Eu nunca acreditei realmente no que ela disse. — I never really believed what she said.
Isso realmente me pegou de surpresa. — That really took me by surprise.
Nós realmente tivemos um bom tempo juntos. — We really had a good time together.

208 – embora / away; although

Quando você vai embora? — When are you leaving?
Eu vou embora agora. — I'm leaving now.
Ela decidiu ir embora do país. — She decided to leave the country.
Você pode ir embora, já terminamos aqui. — You can go, we're done here.
Vá embora e não volte nunca mais. — Go away and never come back.
Queria que você não fosse embora. — I wish you wouldn't leave.
Embora seja caro, vale a pena. — Although it's expensive, it's worth it.
Embora fosse difícil, ele conseguiu. — Although it was difficult, he succeeded.
Embora pareça estranho, faz sentido. — Although it seems strange, it makes sense.
Você luta bem, embora seja pequeno. — You fight well, even though you're small.

209 – parte / part

Eu li apenas uma parte do livro. — I only read a part of the book.
Essa é a melhor parte do filme. — This is the best part of the movie.
Essa é a parte que eu mais gosto. — This is the part I like the most.
Cada um de nós é parte da equipe. — Each of us is part of the team.
Vou te mostrar a parte mais antiga da cidade. — I'll show you the oldest part of the city.
Ele explicou parte por parte. — He explained part by part.
Eu chorei naquela parte do livro. — I cried at that part of the book.
A parte mais difícil já passou. — The hardest part is already over.
Por parte da mãe, ela é brasileira. — On her mother's side, she's Brazilian.
Moramos em partes diferentes da cidade. — We live in different parts of the city.

210 – único / only, unique

Esse é o único jeito de fazer isso. — This is the only way to do this.
O único motivo de eu estar aqui é você. — The only reason I'm here is you.
Ela tem um olhar único sobre o mundo. — She has a unique outlook on the world.
A única coisa que importa é a verdade. — The only thing that matters is the truth.
Ela é a única pessoa em quem confio. — She is the only person I trust.
A única saída é pela porta da frente. — The only exit is through the front door.
Essa é a única maneira de resolver isso. — This is the only way to solve this.
Ela é a única que pode nos ajudar. — She is the only one who can help us.
Podemos ser os únicos ainda vivos. — We might be the only ones still alive.
As únicas vezes que o vi, ele estava triste. — The only times I saw him, he was sad.

211 – tomar — to take, drink

Eles vão tomar conta das crianças. — They're going to take care of the kids.
Eu vou tomar um café antes de sair. — I'm going to have a coffee before leaving.
Eu vou tomar mais cuidado da próxima vez. — I will be more careful next time.
Tome um copo de água, vai te fazer bem. — Drink a glass of water, it will do you good.
Tome um tempo para pensar sobre isso. — Take some time to think about it.
Tome isso, é para você. — Take this, it's for you.
Ela tomou um banho rápido. — She took a quick shower.
Ele tomou o ônibus para ir ao trabalho. — He took the bus to go to work.
Ela tomou café da manhã sozinha. — She had breakfast alone.
Eu tomei a decisão de mudar de emprego. — I made the decision to change jobs.

212 – segundo — second

Ela mora no segundo andar. — She lives on the second floor.
Ele terminou em segundo lugar. — He finished in second place.
Isso foi meu segundo erro. — That was my second mistake.
Ele olhou para o relógio por um segundo. — He looked at the clock for a second.
Ela é a segunda filha da família. — She's the second daughter in the family.
É novo ou de segunda mão? — Is it new or second-hand?
A segunda metade do jogo foi incrível. — The second half of the game was amazing.
Nós estaremos lá em alguns segundos. — We'll be there in a few seconds.
Descobriremos em cerca de dez segundos. — We'll find out in about ten seconds.
A vida está cheia de segundas chances. — Life is full of second chances.

213 – importar — to matter

O que mais importa é sua saúde. — What matters most is your health.
Isso não importa. — That doesn't matter.
Me importo muito com os meus amigos. — I care a lot about my friends.
Já nem me importo muito com isso. — I don't even care much about that anymore.
Você não pareceu se importar muito. — You didn't seem to care much.
O que vai importar no final são suas ações. — What will matter in the end are your actions.
Ela se importaria se eu usasse o carro dela? — Would she mind if I used her car?
Você se importaria de fechar a porta? — Would you mind closing the door?
As opiniões dos outros não me importam. — Other people's opinions don't matter to me.
As pequenas coisas são as que mais importam. — It's the little things that matter most.

214 – família / family

Família é o que realmente importa.
Family is what really matters.

Eu amo passar tempo com minha família.
I love spending time with my family.

Ele é o irmão mais velho da família.
He is the oldest brother in the family.

Eu não vejo a hora de visitar minha família.
I can't wait to visit my family.

Eles têm uma grande família com cinco filhos.
They have a big family with five kids.

Todos na minha família gostam de futebol.
Everyone in my family likes soccer.

Precisamos cuidar da nossa família.
We need to take care of our family.

Eu prefiro ficar em casa com a minha família.
I prefer to stay at home with my family.

Sou de uma família de médicos.
I'm from a family of doctors.

Eu quero poder dizer às famílias o porquê.
I want to be able to tell the families why.

215 – cabeça / head

Eu não consigo tirar isso da minha cabeça.
I can't get this out of my head.

Mãos na cabeça!
Hands on your head!

Ele é muito cabeça dura.
He is very hard-headed.

Você perdeu a cabeça?
Have you lost your mind?

Vovô é o cabeça da família.
Grandpa is the head of the family.

Proteja sua cabeça do sol.
Protect your head from the sun.

Pare de colocar ideias na minha cabeça.
Stop putting ideas in my head.

Ele era tão perfeito na minha cabeça.
He was so perfect in my head.

Não fui eu, isso veio da cabeça dele.
It wasn't me, that was his idea.

Minha cabeça está a mil.
My mind is racing.

216 – semana / week

Esta semana estou muito ocupado.
This week I am very busy.

A semana está voando, não é?
The week is flying by, isn't it?

Foi uma semana calma, acreditem em mim.
It was a quiet week, believe me.

Esta semana vou viajar a trabalho.
This week I'll travel for work.

Meu pai cozinha uma vez por semana.
My father cooks once a week.

Nos vemos no próximo fim de semana.
See you next weekend.

Mais um dia de semana chegando ao fim.
Another weekday is coming to an end.

Há semanas que não vejo minha melhor amiga.
It's been weeks since I've seen my best friend.

Ele viaja a trabalho todas as semanas.
He travels for work every week.

Temos saído juntos há algumas semanas.
We've been going out together for a few weeks.

217 – amor / love

Eu sinto muito amor por você. — I feel a lot of love for you.
Ele mostra amor e respeito a ela. — He shows her love and respect.
O seu amor vive no meu coração para sempre. — Your love lives in my heart forever.
Foi amor à primeira vista. — It was love at first sight.
Nosso amor um pelo outro só cresce. — Our love for each other just keeps growing.
Este bolo foi feito com muito amor. — This cake was made with a lot of love.
O amor deles é um exemplo para todos. — Their love is an example for everyone.
Amor verdadeiro nunca morre. — True love never dies.
Conheci o amor da minha vida em uma viagem. — I met the love of my life on a trip.
Ela escolheu acreditar no amor novamente. — She chose to believe in love again.

218 – dormir / to sleep

Ela não conseguiu dormir bem ontem à noite. — She couldn't sleep well last night.
Ele vai dormir na casa de um amigo hoje. — He's going to sleep over at a friend's house today.
A criança está dormindo agora. — The child is sleeping now.
A professora o viu dormindo durante a aula. — The teacher saw him sleeping during class.
Ela dormiu no ônibus e passou do ponto. — She fell asleep on the bus and missed her stop.
O cachorro dormiu ao pé da cama. — The dog slept at the foot of the bed.
Ela dorme tarde nos finais de semana. — She sleeps late on weekends.
Ele dorme durante as viagens de carro. — He sleeps during car trips.
Espero que você durma bem esta noite. — I hope you sleep well tonight.
Eu dormi mal por causa do barulho. — I slept poorly because of the noise.

219 – dentro / inside, within

Todos já estão dentro? — Is everyone already inside?
Vamos para dentro. — Let's go inside.
Eu coloquei as chaves dentro da bolsa. — I put the keys inside the bag.
Vamos conversar dentro do carro. — Let's talk inside the car.
Está na hora de comer, então vá para dentro. — It's time to eat, so go inside.
Você sabe o que tem dentro da caixa? — Do you know what's inside the box?
Meus amigos estão me esperando lá dentro. — My friends are waiting for me inside.
Velho por fora, mas novo por dentro. — Old on the outside, but young at heart.
Estarei de volta dentro de duas semanas. — I'll be back within two weeks.
Eu sei que você está aí dentro. — I know you're in there.

220 – nesse, nessa, nesses, nessas — in/on that

Nesse dia, tudo pareceu dar errado.
On that day, everything seemed to go wrong.
Nesse caminho, vamos acabar nos perdendo.
On this path, we'll end up getting lost.
Nesse caso, acho melhor esperar.
In this case, I think it's better to wait.
Tudo nesse arquivo é do passado.
Everything in this file is from the past.
É sempre quente nessa época do ano.
It's always hot at this time of the year.
Quantas pessoas moram nessa casa?
How many people live in this house?
Os professores são sérios nessa escola.
The teachers are serious in this school.
Nessa casa, todos são bem-vindos.
In this house, everyone is welcome.
Muitas coisas aconteceram nesses cinco anos.
Many things happened in these five years.
Não gosto de me envolver nessas situações.
I don't like to get involved in these situations.

221 – mandar — to send, instruct, be in charge, order

Minha mãe mandou eu limpar meu quarto.
My mother ordered me to clean my room.
Ele mandou um presente surpresa para ela.
He sent her a surprise gift.
Podemos mandar entregar na sua casa.
We can have it delivered to your house.
Eu quero mandar flores para minha mãe.
I want to send flowers to my mother.
Mande a conta para o meu escritório.
Send the bill to my office.
Vamos mostrar quem é que manda aqui.
Let's show who's in charge here.
Nos mande as fotos.
Send us the photos.
Ele manda chamar você quando estiver pronto.
He'll send for you when he's ready.
Mandei fazer uma nova chave para a casa.
I had a new house key made.
Mandei uma mensagem assim que soube.
I sent a message as soon as I knew.

222 – gente — people, guys (slang)

Tem muita gente aqui hoje.
There are a lot of people here today.
Essa festa está cheia de gente.
This party is full of people.
Por que tem tanta gente aqui?
Why are there so many people here?
Gente, olha isso!
Guys, look at this!
Essa gente não para de falar.
These people don't stop talking.
Tem gente que não entende.
There are people who don't understand.
Gente, vocês estão prontos?
Guys, are you ready?
Muita gente está visitando hoje.
Many people are visiting today.
Eu não conheço gente assim.
I don't know people like that.
Essa gente não sabe dirigir.
These people don't know how to drive.

223 – frente
Ela se sentou à frente na sala de aula.
Ele ficou na minha frente.
Eu encontro você na frente do escritório.
Ele mora na casa em frente.
Não podemos ir pela frente.
Use a porta da frente.
O que eu quero é seguir em frente.
Ela tem muito trabalho pela frente.
A loja fica em frente ao parque.
Vamos seguir em frente.

front
She sat at the front in the classroom.
He stood in front of me.
I'll meet you in front of the office.
He lives in the house across the street.
We can't go through the front.
Use the front door.
What I want is to move forward.
She has a lot of work ahead of her.
The store is across from the park.
Let's move forward.

224 – continuar
É importante continuar aprendendo.
Você não precisa continuar me ajudando.
Continue assim e você vai longe.
Espero que você continue sendo feliz.
Ela continua esperando por uma resposta.
Ele continua trabalhando na mesma empresa.
Vocês continuem trabalhando.
Continuem fazendo um excelente trabalho.
Eu continuo pensando em você.
Eu continuo preferindo café a chá.

to continue
It's important to keep learning.
You don't need to continue helping me.
Keep it up and you'll go far.
I hope you stay happy.
She is still waiting for an answer.
He's still working at the same company.
You guys keep working.
Keep up the excellent work.
I keep thinking about you.
I still prefer coffee to tea.

225 – droga
Essa droga de carro não quer pegar.
Muitos países têm fortes leis contra as drogas.
Droga, estou atrasado de novo!
A festa estava uma droga.
Você já usou drogas?
Droga, perdi o ônibus de novo.
Isso é como droga para mim.
Que droga.
As drogas podem destruir vidas.
Eu não uso drogas.

drug, medicine; darn, shoot
This darn car won't start.
Many countries have strict laws against drugs.
Darn, I'm late again!
The party was terrible
Have you ever used drugs?
Darn, I missed the bus again.
This is like drug for me.
What a bummer.
Drugs can destroy lives.
I don't use drugs.

226 – mudar
Para mudar o mundo, comece por si mesmo.
Nunca é tarde demais para mudar.
Minha vida mudou de tantas maneiras.
Ela se mudou no ano passado.
Nada disso muda quem você realmente é.
Isso não muda nada.
O mundo está mudando cada vez mais rápido.
Por que estamos nos mudando de novo?
Mudei de ideia.
Eu me mudei para cá quando era criança.

to change, move
To change the world, start with yourself.
It's never too late to change.
My life has changed in so many ways.
She moved last year.
None of that changes who you really are.
That doesn't change anything.
The world is changing more and more quickly.
Why are we moving again?
I changed my mind.
I moved here when I was a child.

227 – feliz
Ser feliz é o que realmente importa.
Há um final feliz para essa história?
Ela se sente feliz quando está dançando.
Estou muito feliz com os resultados.
Ela estava feliz em ver seus amigos novamente.
Eu não acho que ela esteja feliz.
Estou feliz que decidimos viajar juntos.
Fazer o que amo me deixa feliz.
Ver você feliz me faz feliz.
Eles viveram felizes para sempre.

happy
Being happy is what really matters.
Is there a happy ending to this story?
She feels happy when she is dancing.
I am very happy with the results.
She was happy to see her friends again.
I don't think she is happy.
I'm happy that we decided to travel together.
Doing what I love makes me feel happy.
Seeing you happy makes me happy.
They lived happily ever after.

228 – escutar
Escute com atenção o que estou dizendo.
Não escute essa gente.
Quem escuta aprende muito.
Ele sempre escuta música enquanto trabalha.
Vou escutar o que você tem a dizer.
Você precisa escutar mais e falar menos.
Escutem o que cada um tem a dizer.
Esperem, me escutem.
Você está me escutando?
Se eu tivesse escutado meus pais!

to listen
Listen carefully to what I'm saying.
Don't listen to these people.
Whoever listens learns a lot.
He always listens to music while working.
I will listen to what you have to say.
You need to listen more and talk less.
Listen to what each one has to say.
Wait, listen to me.
Are you listening to me?
If only I had listened to my parents!

229 – esquecer — to forget

Não esqueça de fechar a porta ao sair. — Don't forget to close the door when you leave.
Não esqueça de se cuidar e descansar. — Don't forget to take care of yourself and rest.
É fácil esquecer as chaves em casa. — It's easy to forget the keys at home.
Eu fiz tanta força para esquecer aquele lugar. — I made so much effort to forget that place.
Esqueci o nome daquela música. — I forgot the name of that song.
Esqueci de te ligar ontem à noite. — I forgot to call you last night.
O que você esqueceu? — What did you forget?
Ele esqueceu de me ligar como prometeu. — He forgot to call me as he promised.
Minha avó sempre se esquece das coisas. — My grandmother always forgets things.
Ela esquece que já me contou essa história. — She forgets that she already told me that story.

230 – lado — side

Fique ao meu lado sempre. — Always stay by my side.
Ele se sente feliz ao lado dela. — He feels happy by her side.
Deixe o livro do lado da cama. — Leave the book by the side of the bed.
Vamos sentar um do lado do outro. — Let's sit next to each other.
Eles se sentaram lado a lado. — They sat side by side.
Meu pai mora na casa ao lado. — My father lives in the house next door.
Você não quer ouvir meu lado da história? — Don't you want to hear my side of the story?
Lutamos lado a lado durante anos. — We fought side by side for years.
Ela sentou ao lado dele no cinema. — She sat next to him at the cinema.
Vocês não precisam escolher lados. — You don't need to choose sides.

231 – perguntar — to ask

Ele tem medo de perguntar. — He is afraid to ask.
Não custa nada perguntar. — It doesn't hurt to ask.
Quando não entende, ele pergunta novamente. — When he doesn't understand, he asks again.
Meu filho pergunta de tudo. — My son asks about everything.
Pergunte a ela como ela está se sentindo. — Ask her how she's feeling.
Pergunte tudo o que quiser. — Ask whatever you want.
Ela perguntou o meu nome. — She asked my name.
Ela perguntou se eu estava me sentindo bem. — She asked if I was feeling okay.
Perguntei se ele precisava de ajuda. — I asked if he needed help.
Perguntei onde era o banheiro. — I asked where the bathroom was.

232 – mal   bad, badly, hardly, harm

Eu me sinto mal hoje.	I feel unwell today.
Ela dormiu mal ontem à noite.	She slept poorly last night.
Não vou à praia; estou me sentindo mal.	I'm not going to the beach; I'm not feeling well.
Ela me fez muito mal.	She did me a lot of harm.
Ele é responsável por tanto mal.	He is responsible for so much evil.
Esse é um exemplo de poder usado para o mal.	This is an example of power being used for evil.
Eu nunca o ouvi falar mal dos outros.	I've never heard him speak ill of others.
Ela mal pode acreditar no que viu.	She can barely believe what she saw.
Eu mal posso esperar para ver você.	I can hardly wait to see you.
Mal acreditei no que ouvi.	I could hardly believe what I heard.

233 – andar   to walk, progress

Não consigo andar, estou muito cansado.	I can't walk, I'm too tired.
A criança começou a andar com um ano de idade.	The child started walking at one year old.
Como anda o seu novo trabalho?	How's your new job going?
Todo carro é bom, desde que ele ande.	Any car is good as long as it runs.
Ela anda até a escola com os amigos.	She walks to school with her friends.
Por que você está andando tão rápido?	Why are you walking so fast?
Não ande no parque à noite.	Don't walk in the park at night.
Eu quero que você ande ao meu lado sempre.	I want you to walk by my side always.
Você andou por muito tempo?	Did you walk for a long time?
A criança andou sozinha pela primeira vez.	The child walked alone for the first time.

234 – legal   cool, nice

Que legal!	How cool!
Ele é um cara muito legal.	He's such a cool guy.
Ele é uma pessoa muito legal.	He's a very nice person.
Sua ideia para o projeto é muito legal.	Your idea for the project is really cool.
Eles têm uma vida tão legal.	They have such a cool life.
Foi legal da sua parte ajudar.	It was nice of you to help.
A maneira como você explicou foi muito legal.	The way you explained it was really nice.
É legal ter amigos com quem você pode contar.	It's nice to have friends you can count on.
Encontrar dinheiro na rua foi legal.	Finding money on the street was nice.
Ela sempre conta histórias legais.	She always tells cool stories.

235 – cidade — city, town

Essa parte da cidade é segura? — Is this part of the city safe?
Eu moro na cidade desde que nasci. — I've lived in the city since I was born.
Qual é a maior cidade do Brasil? — What is the largest city in Brazil?
Ela não conhecia essa parte da cidade. — She didn't know that part of the city.
Eles querem se mudar para outra cidade. — They want to move to another city.
Você e eu somos da mesma cidade. — You and I are from the same city.
Há quanto tempo você está na cidade? — How long have you been in the city?
A cidade fica mais bonita à noite. — The city is more beautiful at night.
Vamos sair para conhecer a cidade. — Let's go out to get to know the city.
Em quantas cidades diferentes você já morou? — How many different cities have you lived in?

236 – porta — door

Ele bateu na porta antes de entrar. — He knocked on the door before entering.
Eu ouvi alguém batendo na porta. — I heard someone knocking on the door.
Deixe a porta aberta, por favor. — Leave the door open, please.
Tem alguém na porta esperando por você. — There's someone at the door waiting for you.
A porta do quarto não fecha direito. — The bedroom door doesn't shut properly.
A porta do escritório estava aberta. — The office door was open.
Não deixe que ninguém feche esta porta. — Don't let anyone close this door.
Não consigo abrir esta porta. — I can't open this door.
Bata na porta antes de entrar, por favor. — Knock on the door before entering, please.
Nossa casa tem duas portas. — Our house has two doors.

237 – preocupar — to worry

Não se preocupe, tudo vai dar certo. — Don't worry, everything will be alright.
Diga a ele para não se preocupar tanto. — Tell him not to worry so much.
Não deveríamos nos preocupar com eles. — We shouldn't worry about them.
Não é nada com o que se preocupar. — It's nothing to worry about.
Estou preocupado com você. — I'm worried about you.
Meu pai está preocupado com o trabalho. — My father is worried about work.
Isso me preocupa muito. — That worries me a lot.
O que mais te preocupa nessa situação? — What worries you the most in this situation?
Eu me preocupo com sua saúde. — I worry about your health.
Eu me preocupo em chegar na hora. — I worry about arriving on time.

238 – doutor / doctor

O doutor está atrasado hoje.	The doctor is running late today.
O doutor chegou agora.	The doctor just arrived.
Gostaria de ver o doutor em breve.	I would like to see the doctor soon.
Esse doutor é novo aqui.	This doctor is new here.
Quero uma segunda opinião de outro doutor.	I want a second opinion from another doctor.
O doutor está de férias.	The doctor is on vacation.
O doutor vai me ligar mais tarde.	The doctor will call me later.
Doutor, estou me sentindo mal.	Doctor, I'm feeling ill.
Preciso dos resultados para mostrar ao doutor.	I need the results to show to the doctor.
Os doutores não conseguiram salvar a vida dela.	The doctors couldn't save her life.

239 – velho / old

Meu avô é um homem muito velho.	My grandfather is a very old man.
O carro velho do meu pai quebrou na estrada.	My father's old car broke down on the road.
Ele tem um cachorro velho que adora dormir.	He has an old dog who loves to sleep.
Todo o meu corpo dói, porque sou velho.	My whole body hurts because I'm old.
Ficar velho não é divertido.	Getting old isn't fun.
Meus avós são bem velhos.	My grandparents are quite old.
Vocês vão entender quando ficarem velhos.	You'll understand when you get older.
A senhora velha caminhava devagar pela rua.	The old lady walked slowly down the street.
A televisão velha não funciona mais.	The old television doesn't work anymore.
Ele continua contando piadas velhas.	He keeps telling old jokes.

240 – junto, juntos / together, close

O menino quer ficar junto de você.	The boy wants to stay close to you.
Ela gosta de estar junto da família.	She likes being together with her family.
Ela está sempre junto de seus amigos.	She is always with her friends.
Somos um grupo que cresceu junto.	We're a group that grew up together.
Vamos juntos?	Are we going together?
Vamos caminhar juntos na praia.	Let's walk together on the beach.
Eles estudaram juntos para a prova.	They studied together for the test.
Assistimos filmes juntos todo fim de semana.	We watch movies together every weekend.
Eles decidiram morar juntos.	They decided to live together.
Nós deveríamos ir juntos.	We should go together.

241 – tarde

Boa tarde!
Eu vou estar de volta esta tarde.
Fiquei acordado até tarde.
Nunca é tarde demais para se desculpar.
Te vejo mais tarde.
Achei que era tarde demais para ligar para você.
Estudei a tarde inteira.
É tarde demais para voltar.
O que você vai fazer à tarde?
Cedo ou tarde, todos morrem.

late, afternoon

Good afternoon!
I'll be back this afternoon.
I stayed up late.
It's never too late to apologize.
See you later.
I thought it was too late to call you.
I studied the whole afternoon.
It's already too late to go back.
What are you going to do in the afternoon?
Sooner or later, everyone dies.

242 – colocar

Você pode colocar isso aí?
Você pode colocar a mesa para o jantar?
Onde você quer que eu coloque sua mala?
Coloque a cadeira perto da janela, por favor.
Quem colocou você no comando?
Ele colocou a culpa no irmão dele.
Eu a coloquei de volta em seu lugar.
Coloquei seu nome na lista de convidados.
Ela coloca a criança na cama antes das oito.
Ela coloca muito amor em tudo que faz.

to put, set

Can you put that there?
Can you set the table for dinner?
Where do you want me to put your suitcase?
Put the chair near the window, please.
Who put you in charge?
He put the blame on his brother.
I put it back in its place.
I put your name on the guest list.
She puts the child to bed before eight.
She puts a lot of love into everything she does.

243 – pequeno

Meu irmão é pequeno, mas é forte.
Ele fez um pequeno favor para mim.
Por favor, dê um pequeno passo para trás.
A criança fez um pequeno corte no dedo.
Ela é pequena para a idade.
Temos uma pequena casa próxima à praia.
Eu moro em uma pequena cidade.
Os meninos pequenos brincavam no parque.
Ele tem dois cachorros pequenos em casa.
São as pequenas coisas que são importantes.

small, little

My brother is small but strong.
He did me a small favor.
Please take a small step back.
The child got a small cut on his finger.
She is small for her age.
We have a small house near the beach.
I live in a small town.
The little boys were playing in the park.
He has two small dogs at home.
It's the little things that are important.

244 – neste (em + este)

in/at this

Nós temos apenas um hospital nesta área.
We only have one hospital in this area.
Neste restaurante, a espera vale a pena.
At this restaurant, the wait is worth it.
Isso é tudo que posso dizer neste momento.
That's all I can say at this moment.
O que você está fazendo neste momento?
What are you doing at this moment?
Neste fim de semana, vamos à praia.
This weekend, we're going to the beach.
Neste momento, eu prefiro ficar em casa.
At this moment, I prefer to stay at home.
A água nesta área não é boa.
The water in this area isn't good.
Ela virá nesta tarde.
She will come this afternoon.
Eu nasci nesta mesa, nesta sala.
I was born on this table, in this room.
Nesta noite, um amigo meu está vindo.
Tonight, a friend of mine is coming over.

245 – próximo

next, near, close

O próximo trem chega em cinco minutos.
The next train arrives in five minutes.
Meu aniversário é no próximo mês.
My birthday is next month.
Estamos no próximo nível do jogo.
We are on the next level of the game.
Precisamos pensar no próximo passo.
We need to think about the next step.
Ele é o próximo na lista de espera.
He is next on the waiting list.
A minha casa fica próxima à escola.
My house is close to the school.
Ela será a próxima a falar na reunião.
She will be the next to speak at the meeting.
Vire à próxima esquerda.
Take the next left.
Estamos próximos do final do ano.
We are near the end of the year.
Somos amigas próximas.
We're close friends.

246 – pagar

to pay

Eu preciso pagar a conta de luz hoje.
I need to pay the electricity bill today.
Nós vamos pagar caro por esse erro.
We are going to pay dearly for this mistake.
Eu sempre pago minhas contas em dia.
I always pay my bills on time.
Eu pago um pouco mais por esse serviço.
I pay a bit more for this service.
Meu trabalho não paga bem.
My job doesn't pay well.
Meu pai paga pelo meu plano de celular.
My father pays for my cell phone plan.
Você sabe quanto ela pagou por isso?
Do you know how much she paid for that?
Quanto você pagou pelo carro?
How much did you pay for the car?
Fui eu quem acabou pagando o jantar.
I'm the one who ended up paying for dinner.
Ele está pagando o preço por não estudar.
He is paying the price for not studying.

247 – logo — soon, at once; later on; therefore, so

A reunião começará logo. — The meeting will start soon.
Logo que cheguei, liguei para você. — As soon as I arrived, I called you.
Eles vão chegar aqui logo. — They'll be here soon.
Logo percebi que algo estava errado. — I soon realized something was wrong.
O jantar estará pronto logo. — Dinner will be ready soon.
Eles logo se tornaram amigos. — They soon became friends.
Espero que passemos por isso logo. — I hope we get through this soon.
Será a sua vez logo. — It will be your turn soon.
Espero que isso termine logo. — I hope this ends soon.
Vamos logo, só temos dez minutos. — Let's hurry, we only have ten minutes.

248 – feito — done, made

Tudo feito. — All done.
Do que isso é feito? — What's this made from?
O anel é feito de ouro. — The ring is made of gold.
Você fez o que precisava ser feito. — You did what needed to be done.
Preciso saber assim que estiver feito. — I need to know as soon as it's done.
O que você teria feito no lugar dele? — What would you have done in his place?
Ninguém poderia ter feito isso sozinho. — Nobody could have done this alone.
De que é feita essa cadeira? — What is this chair made of?
Essa coisa foi feita no Brasil. — This thing was made in Brazil.
Essas roupas são feitas à mão? — Are these clothes handmade?

249 – deste — of/from this

O preço deste livro é muito alto. — The price of this book is very high.
Eu gosto deste país e vou viver aqui. — I like this country, and I'm going to live here.
Com certeza eu terei saudades deste lugar. — I'll miss this place for sure.
Eu não vejo a hora de sair deste lugar. — I can't wait to leave this place.
Ela gosta desta cor. — She likes this color.
Como podemos sair desta situação? — How can we get out of this situation?
A vista desta janela é incrível. — The view from this window is incredible.
Não temos a chave desta porta. — We don't have the key to this door.
Nós vamos à praia um dia destes. — We'll go to the beach one of these days.
Eu devo comprar uma destas. — I should buy one of these.

250 – abrir

Abra a porta, está muito quente aqui dentro.
Abra a janela para entrar um pouco de ar.
Posso confiar que você não vai abrir isso?
Vamos abrir nossos presentes ao mesmo tempo.
A loja abre às nove da manhã.
A porta da frente não abre.
Crianças, não abram nada até que eu volte.
Abram seus presentes ao mesmo tempo.
Meu filho abriu a porta do carro para mim.
Quando o novo restaurante abriu?

to open

Open the door, it's very hot in here.
Open the window to let in a little air.
Can I trust you not to open this?
Let's open our presents at the same time.
The store opens at nine in the morning.
The front door won't open.
Kids, don't open anything until I get back.
Open your gifts at the same time.
My son opened the car door for me.
When did the new restaurant open?

251 – rápido

O tempo passa rápido demais.
Fale mais rápido, por favor.
A luz viaja mais rápido do que o som.
Venha para cá o mais rápido que puder.
Eu não dirijo tão rápido quanto meu marido.
Por favor, não ande tão rápido.
Achei que o final do filme foi rápido.
Nossa, você fez isso muito rápido, não foi?
Ela é rápida em tomar decisões.
A mão é mais rápida que o olho?

fast, quick

Time goes by too fast.
Speak faster, please.
Light travels faster than sound.
Come here as fast as you can.
I don't drive as fast as my husband.
Please don't walk so fast.
I thought the ending of the movie was rushed.
Wow, you did that really quickly, didn't you?
She is quick to make decisions.
Is the hand faster than the eye?

252 – amanhã

Amanhã será um novo dia.
O que você vai fazer amanhã?
Estamos pensando em ir lá amanhã.
Podemos nos encontrar amanhã?
Espero que amanhã seja um dia melhor.
Tenho que acordar bem cedo amanhã.
Nosso time tem um jogo amanhã.
Ficaremos até depois de amanhã.
Trarei isso de volta amanhã, está bem?
Eu deveria terminar de ler esse livro amanhã.

tomorrow

Tomorrow will be a new day.
What are you going to do tomorrow?
We're thinking of going there tomorrow.
Can we meet tomorrow?
I hope tomorrow is a better day.
I have to wake up pretty early tomorrow.
Our team has a game tomorrow.
We'll stay until the day after tomorrow.
I'll bring this back tomorrow, alright?
I should finish reading this book tomorrow.

253 – momento

Este não é o momento nem o lugar.
No momento, estou ocupado.
Agora é o momento, agora ou nunca.
Meu pai não está em casa neste momento.
Estávamos apenas tendo um momento.
Por um momento, pensei que tivesse perdido.
Vamos precisar de um momento de silêncio.
Eu gostaria de ficar sozinho no momento.
Agora seria um bom momento para começar.
É importante lembrar os bons momentos.

moment, occasion

This is neither the time nor the place.
At the moment, I'm busy.
Now is the time, now or never.
My dad is not home at this moment.
We were just having a moment.
For a moment, I thought I had lost.
We'll need a moment of silence.
I would like to be alone at the moment.
Now would be a good time to start.
It's important to remember the good times.

254 – errado

Talvez eu esteja errado.
Não apenas você está errado, mas eu também.
Peguei o ônibus errado e me perdi.
Esse é o jeito errado de fazer isso.
Você acha que eu estou errado sobre isso?
Ela escolheu o dia errado para visitar.
Você entendeu errado o que eu disse.
Ele deu a resposta errada na prova.
A resposta está errada.
Estávamos errados sobre esse cara.

wrong, mistaken

Maybe I'm wrong.
Not only are you wrong, but I am too.
I took the wrong bus and got lost.
This is the wrong way to do this.
Do you think I'm wrong about this?
She chose the wrong day to visit.
You misunderstood what I said.
He gave the wrong answer on the test.
The answer is wrong.
We were wrong about that guy.

255 – medo

Não precisa ter medo de mim.
Do que você tem medo?
Não tenho medo.
Minha filha tem medo da morte.
Eu nunca tive medo de trabalhar duro.
Ele deixou o medo tomar conta de sua vida.
Como se chama o medo de ficar sozinho?
Não estou com medo nenhum.
Quais são os seus maiores medos?
Ela conhece meus medos melhor que ninguém.

fear

You don't need to be afraid of me.
What are you afraid of?
I'm not afraid.
My daughter is afraid of death.
I've never been afraid of hard work.
He let fear take over his life.
What's the fear of being alone called?
I'm not scared at all.
What are your greatest fears?
She knows my fears better than anyone.

256 – história — story, history, tale

Esse seria o primeiro caso na história.
It would be the first case in history.

Essa é a história da minha vida.
This is the story of my life.

Eu amo ler histórias antes de dormir.
I love reading stories before going to sleep.

Conte outra história, eu já conheço essa.
Tell another story, I already know this one.

Cada lugar tem sua própria história para contar.
Every place has its own story to tell.

Você precisa conhecer a história do seu país.
You need to know the history of your country.

Essa história é tão antiga quanto o mundo.
This story is as old as the world.

Minha aula favorita é de História.
My favorite class is history.

Gosto de histórias com finais felizes.
I like stories with happy endings.

Eu adoro ouvir histórias dos meus avós.
I love hearing stories from my grandparents.

257 – caso — case, affair

Estou aqui, caso precise de ajuda.
I'm here in case you need help.

No caso dela, a situação é diferente.
In her case, the situation is different.

Em caso de dúvida, pergunte ao professor.
In case of doubt, ask the teacher.

Esse caso mudou a lei.
This case changed the law.

Cada caso é diferente.
Each case is different.

Ele é um caso perdido.
He's a lost cause.

Esse não é o caso.
That's not the case.

Eles tiveram um caso juntos.
They had an affair together.

Caso resolvido!
Case solved!

Não tenho nada a ver com nenhum desses casos.
I have nothing to do with any of these cases.

258 – sozinho — alone, lonely

Ele morou sozinho por um tempo.
He lived alone for a while.

Ficar sozinho às vezes é bom.
Being alone sometimes is good.

Ele decidiu viajar sozinho.
He decided to travel alone.

Às vezes, prefiro trabalhar sozinho.
Sometimes, I prefer to work alone.

Ele aprendeu a cozinhar sozinho.
He learned to cook by himself.

Minha mãe acha que pode fazer tudo sozinha.
My mom thinks she can do everything herself.

Ela gosta de caminhar sozinha pela praia.
She likes to walk alone on the beach.

Me escute, você não está sozinha.
Listen to me, you're not alone.

Os gatos estão sozinhos, mas não se importam.
The cats are alone, but they don't mind.

As crianças não devem ficar sozinhas em casa.
Children should not be left alone at home.

259 – desde / since

Não o vejo desde o mês passado. — I haven't seen him since last month.
Ele mora ali desde que nasceu. — He has lived there since he was born.
Ela é minha amiga desde a faculdade. — She has been my friend since college.
Ele adora futebol desde que era criança. — He's loved soccer since he was a kid.
Eu te amo desde o momento em que te vi. — I've loved you from the moment I saw you.
Ninguém passou por aqui desde hoje de manhã. — No one has passed by here since this morning.
Ela ficou sozinha no quarto o dia todo. — She stayed alone in her room all day.
Não temos notícias dele desde o ano passado. — We haven't heard from him since last year.
Estamos esperando desde as três horas. — We've been waiting since three o'clock.
Sou mais feliz desde que me mudei. — I've been happier since I moved.

260 – ali / there

Por favor, espere por mim ali. — Please wait for me over there.
Vamos nos encontrar ali às cinco. — Let's meet there at five.
Deixe os livros ali na mesa. — Leave the books there on the table.
Ela disse que nos esperaria ali. — She said she would wait for us there.
Sempre paro ali para comprar café. — I always stop there to buy coffee.
Ele deixou uma nota ali para você. — He left a note there for you.
Ela mora ali, naquela casa azul. — She lives there, in that blue house.
Eu vejo flores crescendo aqui e ali. — I see flowers growing here and there.
Vamos sentar ali. — Let's sit over there.
Você pode ficar ali? — Can you stay over there?

261 – jeito / way, manner

De jeito nenhum! — No way!
Eu gosto do jeito que ela olha para mim. — I like the way she looks at me.
Minha irmã tem jeito com crianças. — My sister has a way with children.
Não sei o jeito certo de fazer isso. — I don't know the right way to do this.
Vou encontrar um jeito de te ajudar. — I'll find a way to help you.
Meu pai só faz as coisas do jeito dele. — My dad only does things his way.
O jeito como ele explica é muito claro. — The way he explains is very clear.
Esse não é o jeito de falar com as pessoas. — That's not the way to talk to people.
Não se preocupe, daremos um jeito. — Don't worry, we'll find a way.
Eu fico sem jeito quando falo com mulheres. — I get awkward when talking to women.

262 – mostrar
Eu posso mostrar a você como se faz.
Eles querem mostrar que estão certos.
Me mostre como você resolveu esse problema.
Mostre aos outros como ser gentil.
Ele mostra interesse pela história local.
Isso mostra que você não quer esconder nada.
Ele mostrou seu novo carro para a família.
Ela mostrou que era tão boa quanto eu.
Eu só estou te mostrando como usar.
Ela está mostrando muito interesse pela música.

to show
I can show you how it's done.
They want to show they are right.
Show me how you solved this problem.
Show others how to be kind.
He shows interest in local history.
This shows that you don't want to hide anything.
He showed his new car to the family.
She showed that she was as good as me.
I'm just showing you how to use it.
She is showing a lot of interest in music.

263 – cada
Eu visito meus avós a cada semana.
Cada resposta certa vale um ponto.
Meus filhos crescem a cada dia.
Cada pessoa tem sua própria história.
Cada rua nesta cidade tem sua história.
Cada momento com você é especial.
A situação está ficando cada vez mais séria.
Cada palavra que ela disse era verdadeira.
Por favor, me dê dois de cada tipo.
Cada vez que te vejo, eu fico feliz.

each, every
I visit my grandparents every week.
Each correct answer is worth a point.
My children are growing up every day.
Each person has their own story.
Every street in this city has its own story.
Every moment with you is special.
The situation is getting more and more serious.
Every word she said was true.
Please give me two of each kind.
Every time I see you, I am happy.

264 – pessoal
Boa noite, pessoal!
Pessoal, é hora de eu ir embora.
O pessoal do escritório vai sair para jantar.
Isso está ficando pessoal demais.
Sabemos muito pouco sobre a vida pessoal dele.
É uma decisão muito pessoal.
A reunião de pessoal será amanhã.
Isso não foi pessoal.
Tenho alguns assuntos pessoais para resolver.
Tenho motivos pessoais para fazer isso.

personal; staff, folks, guys
Good evening, folks!
Guys, it's time for me to go.
The office staff is going out for dinner.
This is getting too personal.
We know very little about his personal life.
It's a very personal decision.
The staff meeting will be tomorrow.
It wasn't personal.
I have some personal matters to take care of.
I have personal reasons for doing this.

265 – enquanto

while, whereas, as

Estudei enquanto eles assistiam TV.
I studied while they watched TV.
Ela lê enquanto viaja de ônibus.
She reads while traveling by bus.
Eu canto enquanto trabalho.
I sing while I work.
Vou estudar enquanto você dorme.
I'll study while you sleep.
Mãe passou por aqui enquanto você estava fora.
Mom stopped by while you were out.
Tente não quebrar nada enquanto eu resolvo isso.
Try not to break anything while I sort this out.
Eu gosto de ouvir música enquanto dirijo.
I like to listen to music while driving.
Enquanto conversávamos, o tempo voou.
As we were talking, time flew by.
Enquanto eu prefiro café, ela gosta de chá.
Whereas I prefer coffee, she likes tea.
Enquanto eu lia, o telefone tocou.
As I was reading, the phone rang.

266 – conta

check, bill, count, account

Por favor, traga a conta.
Please bring the check.
Quanto deu a conta?
How much was the bill?
Você já pediu a conta?
Have you asked for the check?
Não se preocupe, eu cuido da conta.
Don't worry, I'll take care of the bill.
Perdi a conta de quantas vezes te avisei.
I lost count of how many times I warned you.
Não consigo entrar na minha conta.
I can't log into my account.
Eu criei uma nova conta.
I created a new account.
Precisamos pagar as contas de luz e água.
We need to pay the electricity and water bills.
Perdemos as contas de quantas vezes tentamos.
We lost count of how many times we tried.
Vamos acertar as contas hoje.
Let's settle up today.

267 – conversar

to talk, chat

Não está fácil conversar com você hoje.
It's not easy to talk to you today.
Precisamos conversar sobre nossos planos.
We need to talk about our plans.
Vou conversar com o professor amanhã.
I will talk to the teacher tomorrow.
Vamos conversar sobre isso mais tarde.
Let's talk about it later.
Ele conversa com seus amigos todos os dias.
He talks to his friends every day.
Conversamos e chegamos a um acordo.
We talked and reached an agreement.
Conversamos por mais de duas horas.
We talked for more than two hours.
Eles foram vistos conversando no parque.
They were seen talking in the park.
Ele está ali conversando com algumas pessoas.
He's over there talking to some people.
Meus filhos conversam o tempo todo.
My kids talk all the time.

268 – quase — almost
Ela quase perdeu o ônibus. — She almost missed the bus.
Nós quase ganhamos o jogo. — We almost won the game.
Eu quase esqueci. — I almost forgot.
São quase duas horas. — It's almost two o'clock.
A comida está quase pronta. — The food is almost ready.
Nós não vemos um ao outro há quase dois anos. — We haven't seen each other in nearly two years.
Eu quase nunca assisto televisão. — I hardly ever watch TV.
Eles quase sempre chegam atrasados. — They almost always arrive late.
O tempo está quase sempre bom aqui. — The weather is almost always good here.
Isso quase valeu a pena. — It was almost worth it.

269 – demais — too, too much, too many
Ele é quase gentil demais com as pessoas. — He is almost too kind to people.
Meu marido trabalha demais. — My husband works too much.
Ele comeu demais no jantar. — He ate too much for dinner.
Essa bebida está doce demais. — This drink is too sweet.
Já falamos demais sobre isso. — We've talked too much about this.
Você se sentirá mal se comer demais. — You will feel bad if you eat too much.
Estou cansado demais para sair hoje à noite. — I'm too tired to go out tonight.
Você me deu dinheiro demais. — You gave me too much money.
Estamos ocupados demais para ir. — We are too busy to go.
O restaurante fica longe demais para ir a pé. — The restaurant is too far to walk to.

270 – estranho — strange; stranger
Tive um sonho estranho na noite passada. — I had a strange dream last night.
O que foi aquele barulho estranho? — What was that strange noise?
Não me trate como um estranho. — Don't treat me like a stranger.
O homem à porta era um estranho. — The man at the door was a stranger.
Ela encontrou um objeto estranho na praia. — She found a strange object on the beach.
Esta tem sido uma noite estranha. — This has been a strange night.
Eu me vi em uma situação estranha. — I found myself in a strange situation.
Ela é uma estranha nesta cidade. — She's a stranger in this city.
Meus filhos não falam com estranhos. — My children don't talk to strangers.
Ontem começamos a notar coisas estranhas. — We started to notice strange things yesterday.

271 – ideia

Eu não faço ideia.
Aquela foi uma ideia muito inteligente.
Ela teve uma ótima ideia.
Eu tenho uma ideia para o projeto.
Não tenho ideia do que aconteceu.
Você tem uma boa ideia?
Eu não fazia ideia de que você queria ir para lá.
Aquela foi uma ideia maluca.
As ideias dele são sempre fora do comum.
Estou aberto a ouvir novas ideias.

idea

I have no idea.
That was a very smart idea.
She had a great idea.
I have an idea for the project.
I have no idea what happened.
Do you have a good idea?
I had no idea you wanted to go there.
That was a crazy idea.
His ideas are always out of the ordinary.
I'm open to hearing new ideas.

272 – perto

O parque é perto da minha casa.
Meus pais moram perto.
A praia fica perto do hotel.
O mercado mais próximo fica perto daqui.
Eu gostaria de morar perto da praia.
Ligue quando estiver perto.
A casa do meu amigo fica perto da minha.
Vamos chegar o mais perto possível.
As crianças estão perto umas das outras.
Eu gostaria de uma mesa perto da janela.

close, near, nearby

The park is close to my house.
My parents live nearby.
The beach is close to the hotel.
The nearest market is close to here.
I'd like to live near the beach.
Call when you're close.
My friend's house is near mine.
Let's get as close as possible.
The children are close to each other.
I'd like a table near the window.

273 – mês

Este mês está muito quente.
Eu vou me mudar no mês que vem.
Qual é o mês mais frio do ano aqui?
Ela viajará por um mês.
Eles estarão fora por três meses.
Eu não o vejo há seis meses.
Ela só tem seis meses de vida.
Há meses esperamos por esta notícia.
Ficamos no Brasil por dois meses.
Eles se conheceram há apenas dois meses.

month

This month is very hot.
I'm moving next month.
What is the coldest month of the year here?
She will travel for a month.
They will be away for three months.
I haven't seen him in six months.
She has only six months to live.
We've been waiting for this news for months.
We stayed in Brazil for two months.
They met just two months ago.

274 – caminhar

Eu caminho todos os dias pela manhã.
Você caminha rápido demais para mim.
Vamos caminhar em vez de pegar o ônibus.
Caminhar me ajuda a pensar.
Eles caminharam lado a lado, em silêncio.
Eles caminham para manter a forma.
Meu avô caminha de uma maneira estranha.
Eu caminhei, porque precisei.
Caminhamos por horas sem perceber.
Eu caminharia mais se tivesse tempo.

to walk

I walk every morning.
You walk too fast for me.
Let's walk instead of taking the bus.
Walking helps me think.
They walked side by side, in silence.
They walk to stay in shape.
My grandpa walks in a strange way.
I walked because I had to.
We walked for hours without realizing it.
I would walk more if I had time.

275 – razão

Acho que eles têm razão.
Você tem razão sobre isso.
Por alguma razão, ele não veio.
Eu dou razão a ela; ela estava certa.
Qual é a sua razão de viver?
Encontrei a razão do problema.
A razão do sucesso dele é o trabalho duro.
Ela teve razão em todos os pontos.
Estou fazendo isso por razões pessoais.
Ele me deu todas as razões para confiar nele.

reason

I think they're right.
You're right about that.
For some reason, he didn't come.
I agree with her; she was right.
What is your reason for living?
I found the reason for the problem.
The reason for his success is hard work.
She was right on every point.
I am doing this for personal reasons.
He gave me every reason to trust him.

276 – próprio

Ela preparou seu próprio café da manhã.
Consegui o meu próprio escritório.
Estou fazendo isso pelo seu próprio bem.
Eu tenho um amigo que corta o próprio cabelo.
Você deve ter sua própria opinião.
O menino fazia sua própria comida.
Eu faço minha própria cama.
Ele criou sua própria música.
Pessoas assim são seus próprios inimigos.
As crianças escolheram suas próprias roupas.

own

She made her own breakfast.
I got my own office.
I'm doing this for your own good.
I have a friend who cuts his own hair.
You should have your own opinion.
The boy made his own food.
I make my own bed.
He created his own music.
People like that are their own worst enemies.
The children chose their own clothes.

277 – pergunta / question

Essa é uma boa pergunta. — That's a good question.
Qual é a sua pergunta? — What's your question?
Desculpe, não entendi a pergunta. — Sorry, I didn't understand the question.
Essa pergunta é para mim? — Is that question for me?
Então pessoal, alguma pergunta? — So guys, any questions?
Deixe eu te fazer uma pergunta. — Let me ask you a question.
Ela fez várias perguntas interessantes. — She asked several interesting questions.
Não tenho respostas para as suas perguntas. — I don't have answers to your questions.
Você tem mais perguntas? — Do you have more questions?
Algumas perguntas ficaram sem resposta. — Some questions remained unanswered.

278 – papai / daddy, dad, papa

Cadê o papai? — Where's daddy?
Vou ao parque com o papai. — I'm going to the park with daddy.
Hoje é o aniversário do papai. — Today is daddy's birthday.
Eu amo meu papai. — I love my daddy.
Papai sempre me leva à escola. — Daddy always takes me to school.
Agora diga boa noite para o papai. — Now say goodnight to daddy.
Eu tentei tanto fazer o papai entender. — I tried so hard to make dad understand.
Papai, quando poderemos brincar juntos? — Daddy, when can we play together?
Meu papai não tem cabelo na cabeça. — My dad has no hair on his head.
Papai vai trabalhar cedo todos os dias. — Daddy goes to work early every day.

279 – vivo / alive, live, living, lively

Vovô está vivo e bem. — Grandpa is alive and well.
Ele ainda está vivo após o acidente. — He is still alive after the accident.
Eles assistiram ao jogo ao vivo. — They watched the game live.
A música ao vivo é sempre melhor. — Live music is always better.
Minha avó ainda está viva. — My grandmother is still alive.
Ela é uma pessoa muito viva. — She's a very lively person.
Esta cidade é muito viva à noite. — This city is very lively at night.
Sou a última pessoa viva da minha família. — I'm the last living person in my family.
Estou feliz em saber que eles ainda estão vivos. — I'm happy to know that they're still alive.
Minhas avós ainda estão vivas. — My grandmothers are still alive.

280 – lindo — lovely, beautiful

O céu está lindo hoje.	The sky is beautiful today.
Esse bebê é tão lindo!	This baby is so beautiful!
Que pássaro lindo.	What a beautiful bird.
Você está linda nesse vestido!	You look lovely in that dress!
A música que ele toca é linda.	The music he plays is beautiful.
A forma como ele trata os animais é linda.	The way he treats animals is beautiful.
Aquele filme tem uma história linda.	That movie has a beautiful story.
Tenho uma esposa e um filho, que são lindos.	I have a wife and son, who are beautiful.
Eu recebi flores lindas.	I received beautiful flowers.
Ela é mãe de três crianças lindas.	She's the mother of three lovely children.

281 – contra — against, opposed to

Não tenho nada contra você.	I have nothing against you.
O que ele está fazendo é contra a lei.	What he's doing is against the law.
Eu sou contra a ideia de mudar agora.	I'm against the idea of moving now.
Lutaremos contra nossos inimigos.	We will fight against our enemies.
Você está a favor ou contra a ideia dela?	Are you for or against her idea?
Fui trazido para cá contra a minha vontade.	I was brought here against my will.
Quem não está do nosso lado está contra nós.	Whoever isn't with us is against us.
Eles estão contra a mudança de regras.	They are opposed to the change of rules.
Muitas pessoas são contra a ideia.	Many people are opposed to the idea.
Ela é contra a ideia de casar jovem.	She is against the idea of marrying young.

282 – sorte — luck, chance, destiny, fate

Boa sorte.	Good luck.
Tive muita sorte.	I was very lucky.
Você acredita em sorte?	Do you believe in luck?
Vamos precisar de muita sorte.	We're going to need a lot of luck.
A sorte não estava do meu lado hoje.	Luck was not on my side today.
Sua sorte vai mudar, você vai ver.	Your luck will change, you'll see.
Que sorte encontrar você aqui!	What luck to find you here!
Tenho sorte de ter um emprego.	I'm lucky to have have a job.
Eu desejo a você muita sorte e sucesso.	I wish you lots of luck and success.
Com um pouco de sorte, tudo dará certo.	With a little luck, everything will work out.

283 – cima — above, top

Rápido, olhe para cima! — Quick, look up!
Você está em cima ou embaixo? — Are you upstairs or downstairs?
Olhe para cima e veja as estrelas. — Look up and see the stars.
A bola ficou presa em cima da árvore. — The ball got stuck up in the tree.
Seu celular está em cima da mesa. — Your cell phone is on the table.
O barulho vinha de cima de nós. — The noise was coming from above us.
Estarei lá em cima se você precisar de mim. — I'll be upstairs if you need me.
Não vi você chegando, estava olhando para cima. — I didn't see you coming, I was looking up.
Os cachorros estão em cima da cama. — The dogs are on the bed.
O gato gosta de dormir em cima da cadeira. — The cat likes to sleep on the chair.

284 – nisso *(em + isso)* — in/about this

Por favor, pense nisso. — Please think about it.
Ela trabalha nisso há anos. — She has been working on this for years.
O que há de errado nisso? — What's wrong with that?
Estou realmente interessado nisso. — I'm really interested in this.
Eu estou preso nisso. — I'm stuck on this.
Quem te ajudou nisso? — Who helped you with this?
Há alguma verdade nisso. — There's some truth in this.
O que há de tão engraçado nisso? — What's so funny about this?
Eu trabalho nisso todos os dias. — I work on this every day.
Eu me pergunto quantas pessoas acreditam nisso. — I wonder how many people believe that.

285 – morte — death

A morte é o fim da vida. — Death is the end of life.
A morte é certa. — Death is certain.
Ninguém escapa da morte. — Nobody escapes death.
Não é preciso ter medo da morte. — There's no need to be afraid of death.
Estou preparado para a morte. — I'm prepared for death.
Alguns acreditam na vida após a morte. — Some believe in life after death.
A morte dele deixou todos tristes. — His death made everyone sad.
Qual foi a hora da morte? — What was the time of death?
O amor é mais forte do que a morte. — Love is stronger than death.
Sua morte será sem dor. — Your death will be painless.

286 – caminho

Qual é o caminho certo para chegar lá?
Você conhece um caminho mais rápido?
Conheço o caminho de volta para casa.
Escolha o caminho que faz você feliz.
Você está no caminho certo para o sucesso.
Ele perdeu o caminho de volta para casa.
Este é o caminho mais seguro?
Conhecemos o caminho para a praia.
Qual caminho nós devemos seguir agora?
Deveríamos seguir caminhos diferentes.

way, path

What's the right way to get there?
Do you know a faster way?
I know the way back home.
Choose the path that makes you happy.
You are on the right path to success.
He lost his way back home.
Is this the safest way?
We know the way to the beach.
Which way should we go now?
We should follow different paths.

287 – polícia

Chame a polícia!
Alguém contou à polícia sobre nós.
A polícia encontrou algumas pistas.
A polícia demorou muito para chegar aqui.
A polícia está procurando por ele.
A polícia chegou à cena do crime.
Você precisa enviar uma mensagem à polícia.
Sem saber o que fazer, ligamos para a polícia.
A polícia tem alguma ideia de quem roubou isso?
A polícia encontrou drogas no apartamento dele.

police

Call the police!
Someone told the police about us.
The police found a few clues.
The police took too long to get here.
The police are looking for him.
The police arrived at the scene of the crime.
You need to send a message to the police.
Unsure of what to do, we called the police.
Do the police have any idea who stole it?
The police found drugs in his apartment.

288 – ganhar

Você tem pouco a ganhar e muito a perder.
Podemos ganhar se ninguém mais aparecer.
Não faço ideia de quem ganhou o jogo.
Meu irmão ganhou peso durante as férias.
Quanto você acha que ela ganha?
Vamos jogar para ver quem ganha.
Nunca ganhei muito dinheiro fazendo isso.
Ganhei um novo amigo na viagem.
É a primeira vez que ganho algo.
Ganharei na próxima vez.

to win, earn

You have little to gain and a lot to lose.
We can win if no one else shows up.
I have no idea who won the game.
My brother gained weight during the vacation.
How much do you think she earns?
Let's play to see who wins.
I never made much money doing this.
I made a new friend on the trip.
It's the first time I've won anything.
I'll win next time.

289 – teu

Eu vi o teu nome na lista.
Acho que conheço o teu irmão.
Como foi o teu dia?
Teu trabalho tem sido excelente.
Quero ouvir a tua opinião.
Tua família sabe disso?
Serei tua amiga.
Senti tua falta!
Teus pais sabem que estás aqui?
Tuas piadas sempre me fazem rir.

your, yours

I saw your name on the list.
I think I know your brother.
How was your day?
Your work has been excellent.
I want to hear your opinion.
Does your family know about this?
I'll be your friend.
I missed you!
Do your parents know you're here?
Your jokes always make me laugh.

290 – manhã

Vejo você pela manhã.
Eu gosto de correr na manhã.
Vamos tomar café da manhã juntos.
Amanhã de manhã estarei ocupado.
Que horas você acorda de manhã?
Nossa, que manhã fria.
Quero isso na minha mesa de manhã.
As flores se abrem com o sol da manhã.
Ele começou o dia com um bom café da manhã.
Darei uma olhada nisso logo de manhã.

morning

See you in the morning.
I like to run in the morning.
Let's have breakfast together.
Tomorrow morning I will be busy.
What time do you wake up in the morning?
Wow, what a cold morning.
I want this on my desk in the morning.
The flowers open up with the morning sun.
He started the day with a good breakfast.
I'll take a look at it first thing in the morning.

291 – nele, nela *(em + ele, ela)*

Eu confio nele.
Não pensei nele dessa forma.
Eu coloquei minha fé nele.
Você acredita nele?
O que você gosta nela?
Ele passou o dia todo pensando nela.
O que há de tão especial nela?
Este vestido fica muito bem nela.
Coloquei minhas esperanças neles.
Ela não está interessada nelas no momento.

in/on him/her

I trust him.
I didn't think of him that way.
I put my faith in him.
Do you believe him?
What do you like about her?
He spent the whole day thinking about her.
What's so special about her?
This dress looks very good on her.
I put my hopes in them.
She's not interested in them at the moment.

292 – quarto — room, bedroom; fourth
Minha filha está no quarto dela agora. — My daughter is in her bedroom now.
Meu quarto fica no segundo andar. — My room is on the second floor.
Eu posso usar seu quarto para estudar? — Can I use your room to study?
Eu vou ao quarto trocar de roupa. — I'm going to the room to change clothes.
Qual é a cor das paredes de seu quarto? — What color are your bedroom walls?
A casa tem três quartos. — The house has three bedrooms.
Permita-me mostrar o seu quarto, senhora. — Allow me to show you your room, ma'am.
Todos os quartos ficam no andar de cima. — All the bedrooms are upstairs.
Ele foi o quarto a chegar. — He was the fourth to arrive.
Este é o quarto livro da série. — This is the fourth book in the series.

293 – direito — right, right side; law
Entendi isso direito? — Did I understand that right?
Estou sentindo uma dor no lado direito. — I'm feeling a pain on the right side.
Não temos que fazer as coisas direito. — We don't have to do things properly.
Minhas costas doem muito no lado direito. — My back really hurts on the right side.
Meu filho decidiu estudar Direito. — My son decided to study law.
Vire à direita. — Turn right.
Minha perna direita está doendo. — My right leg hurts.
Passe a bola para a direita. — Pass the ball to the right.
Conheço bem os meus direitos. — I know my rights well.
Sem nossos direitos, não temos muito. — Without our rights, we don't have much.

294 – forma — shape, way, form
Ele está fora de forma. — He's out of shape.
Ela está em ótima forma. — She's in great shape.
Nunca pensei nisso dessa forma. — I never thought of it in that way.
De certa forma, eu já esperava isso. — In a way, I already expected this.
Você tem que ver as coisas de outra forma. — You have to see things in another way.
Eu não concordo com isso de forma alguma. — I don't agree with this at all.
Isso mudou a forma como vejo o mundo. — That changed the way I see the world.
Eu gosto da forma como você fez isso. — I like the way you did that.
A forma como você diz as coisas importa. — The way you say things matters.
A criança está aprendendo sobre formas simples. — The child is learning about simple shapes.

295 – palavra / word

Você não ouviu a última palavra. — You didn't hear the last word.
Quanto vale a sua palavra? — How much is your word worth?
Ele sempre mantém sua palavra. — He always keeps his word.
Qual é a palavra do dia? — What's the word of the day?
Você sabe o significado desta palavra? — Do you know the meaning of this word?
Existe uma palavra para homens assim. — There's a word for men like that.
Ele é um homem de poucas palavras. — He's a man of few words.
Não use palavras assim. — Don't use words like that.
Estou sem palavras. — I'm speechless.
Não coloque palavras na minha cabeça. — Don't put words in my head.

296 – sentar / to sit, sit down

Vou sentar aqui, se você não se importa. — I'm going to sit here if you don't mind.
Ele pediu para ela se sentar e esperar. — He asked her to sit down and wait.
Vamos sentar naquela mesa ao ar livre. — Let's sit at that outdoor table.
Por favor, sente-se, a reunião vai começar. — Please sit down, the meeting is about to start.
Ela está sentada no banco do parque. — She is sitting on the park bench.
O menino estava sentado no chão. — The boy was sitting on the floor.
Sente-se aqui que eu te mostro as fotos. — Sit here and I'll show you the photos.
Sente-se direito para não machucar as costas. — Sit up straight so you don't hurt your back.
Eu quero que você se sente aqui. — I want you to sit here.
Cada um de nós se sentou em uma cadeira. — Each of us sat in a chair.

297 – jogo / game

Como se joga esse jogo? — How do you play this game?
Eu não jogo mais esse jogo. — I don't play that game anymore.
Nossa filha tem um jogo de futebol hoje. — Our daughter has a soccer/football game today.
Quando começa o jogo? — When does the game start?
Ele perdeu o jogo, mas não perdeu a esperança. — He lost the game, but he didn't lose hope.
Minha família gosta desse jogo de cartas. — My family likes this card game.
O jogo virou no segundo tempo. — The game turned around in the second half.
Ele sempre traz um novo jogo para as festas. — He always brings a new game to parties.
Eu não gosto desses tipos de jogos. — I don't like these kinds of games.
Os jogos na praia são sempre divertidos. — The games on the beach are always fun.

298 – cuidado — **careful; care, caution**

Nós precisamos ter mais cuidado. — We need to be more careful.
Cuidado com as palavras que você usa. — Be careful with the words you use.
Abra a porta com cuidado. — Open the door carefully.
Agradecemos por ter cuidado do nosso filho. — We thank you for taking care of our son.
Se eu fosse você, tomaria muito cuidado. — If I were you, I'd be very careful.
Tome cuidado com o que você diz aos outros. — Be careful with what you say to others.
Ele fez o trabalho com cuidado. — He did the work carefully.
Ela trata todos com muito cuidado. — She treats everyone with great care.
Cuidado com o cachorro! — Beware of the dog!
Ela está sob meus cuidados. — She is under my care.

299 – manter — **to keep, maintain**

Você não precisa manter segredo. — You don't have to keep it a secret.
Precisamos manter a cidade limpa. — We need to keep the city clean.
Mantenha a calma durante a prova. — Keep calm during the exam.
Por favor, mantenha a porta fechada. — Please, keep the door closed.
Ela mantém contato com os amigos. — She keeps in touch with friends.
Este café é tão forte que me mantém acordado. — This coffee is so strong it keeps me awake.
Por favor, mantenham-se em silêncio. — Please keep quiet.
Mantenha seus olhos fechados. — Keep your eyes closed.
Mantenha a ordem mantendo a calma. — Maintain order by keeping calm.
Eles estão mantendo a esperança viva. — They are keeping hope alive.

300 – descobrir — **to discover, find out**

Isso é para você descobrir por conta própria. — That is for you to discover on your own.
Quando você vai descobrir o resultado? — When will you find out the result?
Ele descobriu seu verdadeiro propósito. — He discovered his true purpose.
Ela descobriu que gosta de correr. — She discovered that she likes to run.
Descobri um novo restaurante na cidade. — I discovered a new restaurant in town.
Descobri que a vida é cheia de surpresas. — I found out that life is full of surprises.
Espero que você descubra a verdade. — I hope you discover the truth.
Descubra o que te faz feliz. — Find out what makes you happy.
Descobrimos que estávamos errados. — We found out we were wrong.
Descobrimos que ela vai se casar. — We found out she's getting married.

301 – causar / to cause

O novo livro causou muita raiva. — The new book caused a lot of anger.
Só espero que eles não nos causem problemas. — I just hope they don't cause us trouble.
Não cause problemas. — Don't cause problems.
Não cause uma cena. — Don't cause a scene.
É difícil saber o que vai causar essa mudança. — It's hard to know what will cause that change.
Beber demais pode causar a morte. — Drinking too much can cause death.
Mentir só vai causar mais problemas. — Lying will only cause more problems.
Eu causei isso e devo me desculpar. — I caused this, and I should apologize.
Quem causou o acidente? — Who caused the accident?
A empresa causou uma mudança no mercado. — The company caused a change in the market.

302 – ler / to read

Você pode ler isso para mim? — Can you read this for me?
Eu aprendi a ler quando tinha cinco anos. — I learned to read when I was five.
Quando li isso, eu fiquei muito interessado. — When I read this, I got very interested.
Eu li o contrato com cuidado. — I read the contract carefully.
Leia este livro, você vai gostar. — Read this book, you'll like it.
Espero que ele leia a carta. — I hope he reads the letter.
Quem leu a notícia esta manhã? — Who read the news this morning?
Você já leu esse livro? — Have you read this book yet?
Ele está lendo o jornal agora. — He is reading the newspaper now.
Ela lê muito rápido. — She reads very fast.

303 – corpo / body

Ele sentiu uma dor forte no corpo. — He felt a sharp pain in his body.
Ela sente o vento batendo no corpo. — She feels the wind hitting her body.
Escute seu corpo. — Listen to your body.
Cada corpo é único e especial. — Each body is unique and special.
Tenho vergonha do meu corpo. — I'm ashamed of my body.
A música faz meu corpo querer dançar. — The music makes my body want to dance.
Ele cuida bem do seu corpo. — He takes good care of his body.
Há muitos tipos de corpos. — There are many types of bodies.
Eles encontraram corpos no local do acidente. — They found bodies at the accident site.
Encontramos dois corpos nas últimas semanas. — We found two bodies in the last few weeks.

304 – louco / crazy

Você está louco? — Are you crazy?
Ele é louco por carros. — He's crazy about cars.
Está todo mundo louco nessa casa? — Is everyone in this house crazy?
Ele está louco por você. — He's crazy about you.
Aquela festa foi louca. — That party was crazy.
Ela ficou louca quando perdeu as chaves. — She went crazy when she lost her keys.
A ideia parece louca, mas pode funcionar. — The idea seems crazy, but it might work.
Aqueles caras são completamente loucos. — Those guys are completely crazy.
Meus amigos estão loucos para viajar. — My friends are dying to travel.
As crianças ficam loucas com doces. — The kids go wild for candy.

305 – mão / hand

Mamãe, segure a minha mão. — Mommy, hold my hand.
Dê uma mão aqui, por favor. — Give me a hand here, please.
Só tenho quatro dedos nessa mão. — I only have four fingers on this hand.
Coloque uma mão aqui e a outra mão ali. — Put one hand here and the other hand there.
Coloque sua mão sobre o coração. — Put your hand over your heart.
Todos, dêem as mãos. — Everyone, hold hands.
As mãos dela estavam cheias de presentes. — Her hands were full of gifts.
Deixo isso em suas mãos. — I leave this in your hands.
Estou segurando em minhas mãos. — I'm holding it in my hands.
Esse trabalho não caiu em minhas mãos. — This job didn't fall into my hands.

306 – lhe, lhes / to him, to her, to you, to them

Conte a ela o que ele lhe disse. — Tell her what he told you.
Eu lhe dei o livro ontem. — I gave him the book yesterday.
Por que ele não lhe respondeu? — Why didn't he reply to you?
Eu posso lhe explicar como funciona. — I can explain to you how it works.
Eu lhe disse a verdade. — I told her the truth.
Não vou lhe perguntar mais nada hoje. — I won't ask her anything else today.
Ele lhe ofereceu ajuda com o trabalho. — He offered you help with the work.
A professora lhes explicou a lição com calma. — The teacher explained the lesson to them calmly.
Eu lhes devo o café da manhã. — I owe them breakfast.
Eu lhes prometi que voltaria. — I promised them that I would return.

307 – comprar — to buy

Precisamos comprar mais café para a casa. — We need to buy more coffee for the house.
Ela quer comprar um vestido novo para a festa. — She wants to buy a new dress for the party.
Você comprou hoje ou ontem? — Did you buy it today or yesterday?
Onde ela comprou todas essas coisas? — Where did she buy all this stuff?
Comprei um livro interessante ontem. — I bought an interesting book yesterday.
Eu comprei o último. — I bought the last one.
Ninguém compra nada nessa loja. — No one buys anything at this store.
Compramos esta casa no ano passado. — We bought this house last year.
Compre algo para ela beber. — Buy her something to drink.
Rápido, compre antes que acabe! — Hurry, buy it before it's gone!

308 – importante — important

Para mim, a família é o mais importante. — For me, family is the most important.
É importante beber água todos os dias. — It's important to drink water every day.
Ela disse algo muito importante. — She said something very important.
É importante aprender com os erros. — It's important to learn from mistakes.
Esse é um momento importante da minha vida. — This is an important moment in my life.
Você acha que é importante aprender isso? — Do you think it's important to learn this?
Sei que isso é importante para todos nós. — I know this is important for all of us.
É importante manter a calma agora. — It's important to stay calm now.
Saber ouvir é tão importante quanto falar. — Knowing how to listen is as important as talking.
É difícil entender como somos importantes. — It's hard to understand how important we are.

309 – casar — to marry, get married

Quando vocês dois se casaram? — When did you two get married?
Meus pais se casaram bem jovens. — My parents got married quite young.
Eles vão casar no próximo ano. — They're getting married next year.
Quero casar na praia. — I want to get married on the beach.
Ela não quer se casar. — She doesn't want to get married.
Eu já fui casado uma vez. — I've already been married once.
Eu me casei jovem, aos vinte anos. — I married young, at twenty.
Quando me casei, mudei para outra cidade. — When I got married, I moved to another city.
Ela se casou no Brasil. — She got married in Brazil.
Ela usou branco quando se casou. — She wore white when she got married.

310 – chefe / boss

Ele é meu chefe. / He is my boss.
O chefe me chamou na sala dele. / The boss called me into his office.
Sou meu próprio chefe. / I'm my own boss.
Quem é o chefe por aqui? / Who's the boss around here?
Precisamos ter uma reunião com o chefe. / We need to have a meeting with the boss.
Não concorde com tudo que o chefe diz. / Don't agree with everything the boss says.
O chefe sempre chega cedo ao escritório. / The boss always arrives early at the office.
O chefe me pediu para ficar até mais tarde. / The boss asked me to stay late.
Muitas vezes parece que tenho mais de um chefe. / It often seems like I have more than one boss.
Estamos nos tornando os chefes que odiamos. / We're turning into the bosses we hate.

311 – olho / eye

Há algo em meu olho. / There is something in my eye.
Fique de olho nessas crianças. / Keep an eye on those kids.
Olho por olho, dente por dente. / An eye for an eye, a tooth for a tooth.
Feche os olhos e faça um pedido. / Close your eyes and make a wish.
Abra os seus olhos. / Open your eyes.
Qual é a cor dos seus olhos? / What color are your eyes?
Olhe bem nos olhos dele. / Look right into his eyes.
Ela tem os olhos no futuro. / She's got her eyes on the future.
Meus olhos estão cansados de tanto ler. / My eyes are tired from reading so much.
Ele não tirava os olhos dela durante toda a noite. / He couldn't take his eyes off her all night.

312 – seguir / to follow, go with, continue, keep on

Vou seguir seu conselho e tentar novamente. / I'll follow your advice and try again.
Siga esta rua até chegar ao parque. / Follow this street until you reach the park.
Quero que você siga seu próprio sonho. / I want you to follow your own dream.
Continue seguindo seus sonhos. / Keep following your dreams.
Você está seguindo o conselho que eu te dei? / Are you following the advice I gave you?
Não sei por que os segui em vez de você. / I don't know why I followed them instead of you.
Segui o som de sua voz. / I followed the sound of your voice.
Sigam os passos de dança com atenção. / Follow the dance steps carefully.
A reunião segue até as cinco. / The meeting goes until five.
Ela segue sendo a melhor em sua área. / She continues to be the best in her field.

313 – difícil

Acordar cedo é difícil para muitos.
Ficar longe da família é difícil.
A decisão foi difícil, mas necessária.
A vida pode ser difícil às vezes.
Isso foi mais difícil do que eu pensava.
É difícil acreditar no que aconteceu.
Este é um momento difícil para todos.
A situação é difícil, mas não impossível.
A prova foi mais difícil do que esperávamos.
Momentos difíceis sempre passam.

difficult, hard

Waking up early is difficult for many.
Being away from family is hard.
The decision was difficult, but necessary.
Life can be difficult at times.
That was harder than I thought.
It's difficult to believe what happened.
This is a difficult time for everyone.
The situation is difficult, but not impossible.
The test was harder than we expected.
Difficult moments always pass.

314 – rapaz

Aquele rapaz trabalha comigo.
Não quis te assustar, meu rapaz.
Rapaz, você viu isso?
Você conhece o rapaz novo na escola?
Esse rapaz tem um futuro brilhante.
Muitos rapazes moram por aqui.
Vão direto para os fundos, rapazes.
Por favor, parem a música, rapazes.
Realmente me sinto como um dos rapazes agora.
Esses rapazes trabalham juntos em um projeto.

boy, guy, dude

That young man works with me.
I didn't mean to scare you, my boy.
Dude, did you see that?
Do you know the new boy at school?
That boy has a bright future.
Lots of boys live around here.
Go straight to the back, guys.
Please stop the music, guys.
I really feel like one of the boys now.
These young men work together on a project.

315 – bonito

Ela escolheu um nome bonito para o bebê.
Que música bonita! Quem está cantando?
O pôr do sol na praia foi bonito.
Nossa, seu pai é muito bonito.
Minha esposa é a mulher mais bonita.
Ela tem uma voz bonita.
Que cor bonita.
Você tem uma família tão bonita.
Seus olhos são bonitos.
Essas são duas das ruas mais bonitas.

beautiful

She chose a beautiful name for the baby.
What a beautiful song! Who is singing?
The sunset on the beach was beautiful.
Wow, your dad is really handsome.
My wife is the most beautiful woman.
She has a beautiful voice.
What a beautiful color.
You have such a beautiful family.
Your eyes are beautiful.
These are two of the most beautiful streets.

316 – significar — **to mean, signify**
Isso não significa que ele está certo. — That doesn't mean he is right.
O que essa palavra significa? — What does this word mean?
O que isso significa? — What does that mean?
Para ela, família significa tudo. — For her, family means everything.
Significa muito que você tenha vindo. — It means a lot that you came.
O que mais poderia significar? — What else could it mean?
As pequenas coisas significam muito. — Little things mean a lot.
A vida sem amor não tem significado. — Life without love has no meaning.
Eu não sei o que isso significava. — I don't know what that meant.
Isso não significava nada para mim. — That meant nothing to me.

317 – maior — **bigger, biggest, greater, greatest**
Essa é a maior árvore do parque. — This is the biggest tree in the park.
O maior sonho dele é viajar pelo mundo. — His biggest dream is to travel the world.
Meu maior medo é perder minha família. — My biggest fear is losing my family.
O maior erro é não tentar. — The biggest mistake is not trying.
Eu acredito na maior parte do que ela disse. — I believe most of what she said.
Nenhum amor é maior que o amor de uma mãe. — No love is greater than the love of a mother.
Quanto maior o desejo, maior o problema. — The bigger the wish, the bigger the trouble.
A maior parte do trabalho já foi feita. — Most of the work has already been done.
Temos problemas maiores para lidar. — We have bigger problems to deal with.
É uma das nossas maiores fontes de energia. — It is one of our biggest sources of energy.

318 – existir — **to exist, be**
É incrível que pessoas possam existir assim. — It's incredible that people can exist like this.
Pessoas perfeitas não existem. — Perfect people don't exist.
Vocês existem em um mundo à parte. — You exist in a world apart.
Nós existimos um para o outro. — We exist for each other.
Essa pessoa não existe. — That person doesn't exist.
Ele falava como se o lugar ainda existisse. — He spoke as if the place still existed.
Eu espero que um dia a paz exista em todo lugar. — I hope that one day peace exists everywhere.
Ele vive como se o amanhã não existisse. — He lives as if tomorrow doesn't exist.
É como se nós não existíssemos para eles. — It's as if we don't exist for them.
Vocês existirão em nossas memórias. — You will exist in our memories.

319 – fim

Tudo tem um fim.
Este é o fim da linha para nós.
Qual é o fim dessa história?
Eles lutaram até o fim.
O fim está próximo.
Eles moram naquela casa ao fim da rua.
Estamos quase no fim do livro.
Isso não tem fim!
No fim de tudo, o que realmente importa?
O que você gosta de fazer nos fins de semana?

end

Everything has an end.
This is the end of the line for us.
What is the end of this story?
They fought until the end.
The end is near.
They live in that house at the end of the street.
We're almost at the end of the book.
This is endless!
At the end of it all, what really matters?
What do you like to do on weekends?

320 – mamãe

Sua primeira palavra foi "mamãe".
Mamãe, onde está o papai?
Mamãe, posso sair para brincar?
Vou pedir à mamãe para nos ajudar.
Como você e a mamãe se conheceram?
Eu ainda chamo minha mãe de mamãe.
Não chore, mamãe vai voltar logo.
Quando a mamãe volta para a casa?
A mamãe vai ficar orgulhosa de você.
Papai é mais velho que mamãe.

mommy, mama

Your first word was "mama".
Mommy, where is daddy?
Mommy, can I go out to play?
I'll ask mama to help us.
How did you and mommy meet?
I still call my mother Mama.
Don't cry, mommy will come back soon.
When is mama coming home?
Mommy is going to be proud of you.
Daddy is older than mommy.

321 – número

Qual é o seu número de telefone?
Esse é o número errado.
Escolha um número entre um e dez.
Sete é meu número favorito.
Qual é o número do seu quarto?
Você lembra o número do voo?
Você conseguiu o nome e o número dela?
Há um grande número de escolas nessa cidade.
Ela é boa com números.
Acho que você me deu os números errados.

number

What's your phone number?
That's the wrong number.
Choose a number between one and ten.
Seven is my favorite number.
What's your room number?
Do you remember the flight number?
Did you get her name and number?
There are a great number of schools in this city.
She is good with numbers.
I think you gave me the wrong numbers.

322 – salvar — **to save**
Vou salvar seu número no meu celular. — I'll save your number in my phone.
Eu sempre salvo as melhores fotos. — I always save the best photos.
O médico salvou a vida dela. — The doctor saved her life.
Você me salvou de cometer um grande erro. — You saved me from making a big mistake.
Salve o arquivo quando tiver terminado. — Save the file when you have finished.
Eu salvei meu irmão de cair. — I saved my brother from falling.
Você salvou o projeto com suas ideias. — You saved the project with your ideas.
Nós salvamos o cachorro perdido ontem. — We saved the lost dog yesterday.
Eles salvaram muitas vidas no fogo. — They saved many lives in the fire.
Eu salvei sua vida lá atrás. — I saved your life back there.

323 – esposo, esposa — **husband, wife**
Ela disse que o esposo dela é seu melhor amigo. — She said her husband is her best friend.
O esposo dela chegou cedo do trabalho hoje. — Her husband came home early from work today.
Meu esposo adora cozinhar nos fins de semana. — My husband loves to cook on weekends.
Ela e o esposo viajarão no próximo mês. — She and her husband will travel next month.
Ainda estou apaixonada por meu esposo. — I'm still in love with my husband.
Minha esposa pareceu surpresa. — My wife looked surprised.
Ele ama a esposa dele. — He loves his wife.
Sinto muita falta de minha esposa. — I really miss my wife.
Tenho uma esposa e duas filhas. — I have a wife and two daughters.
Ele tem uma bela e jovem esposa. — He has a beautiful young wife.

324 – tocar — **to touch, play (musical instrument)**
Nunca vou conseguir tocar assim. — I'll never be able to play like that.
Não quero tocar nesse assunto agora. — I don't want to touch on that subject now.
Não toque em nada enquanto estiver aqui. — Don't touch anything while you're here.
Na verdade, nunca toquei em um pássaro. — Actually, I've never touched a bird.
Meu filho toca o rosto dele o tempo todo. — My son touches his face all the time.
Tocamos na água para ver se estava fria. — We touched the water to see if it was cold.
Por que você está tocando no meu cabelo? — Why are you touching my hair?
Tocaram a música que eu mais gosto. — They played the song I like the most.
A história de vida dele me tocou. — His life story touched me.
Parece que ninguém tocou em nada. — It seems like no one touched anything.

325 – cair

Se você cair, tente novamente.
Cuidado para não deixar o livro cair.
O cachorro caiu da escada.
Meu celular caiu no chão e quebrou.
Vovô caiu e não conseguiu se levantar.
Não foi nada demais, eu só caí.
Este vestido azul cai muito bem em você.
A noite está caindo.
O cabelo dele está caindo.
Eu caí no chão quando tentei dançar.

to fall, drop

If you fall, try again.
Be careful not to let the book fall.
The dog fell down the stairs.
My cell phone fell on the floor and broke.
Grandpa fell down and couldn't get up.
It was no big deal, I only fell down.
This blue dress looks very good on you.
Night is falling.
His hair is falling out.
I fell on the floor when I tried to dance.

326 – água

Eu bebo muita água durante o dia.
Água é minha bebida favorita.
Você poderia me trazer água, por favor?
Não podemos viver por muito tempo sem água.
Ele bebeu a água toda de uma vez.
Estamos quase sem água.
A maioria dos gatos não gosta de água.
As crianças estão brincando na água.
A água aqui é tão clara.
Eles caíram na água.

water

I drink a lot of water throughout the day.
Water is my favorite beverage.
Could you get me some water, please?
We can't live long without water.
He drank all the water in one go.
We're almost out of water.
Most cats don't like water.
The kids are playing in the water.
The water here is so clear.
They fell into the water.

327 – médico

O médico disse que preciso beber mais água.
Não tenho vontade de ir ao médico.
Tenho que levar meu filho ao médico.
O médico disse que preciso fazer mais exames.
Alguém aqui é médico?
Ela é médica e trabalha em um hospital.
Ela se tornará médica em dois anos.
Os médicos salvaram a vida dele.
Eu venho de uma família de médicos.
Todas as minhas filhas são médicas.

doctor, physician

The doctor said I need to drink more water.
I don't feel like going to the doctor.
I have to take my son to the doctor.
The doctor said I need to do more tests.
Is anyone here a doctor?
She is a doctor and works in a hospital.
She will become a doctor in two years.
The doctors saved his life.
I come from a family of doctors.
All my daughters are doctors.

328 – desculpa / apology, excuse

Ela escreveu uma carta de desculpa.	She wrote an apology letter.
Minha desculpa não foi aceita.	My apology was not accepted.
Preciso pensar em uma desculpa.	I need to think of an excuse.
Ele não teve desculpa para o erro.	He had no excuse for the mistake.
Ela espera uma desculpa dele.	She expects an apology from him.
Ele deu a mesma desculpa de sempre.	He gave the same excuse as always.
Não aceito sua desculpa.	I do not accept your apology.
Por favor, aceite minhas desculpas.	Please accept my apologies.
Estou cansado de suas desculpas.	I'm tired of your excuses.
As desculpas não vão resolver o problema.	Excuses won't solve the problem.

329 – lutar / to fight

Você precisa lutar pelos seus sonhos.	You need to fight for your dreams.
Não devemos lutar entre nós.	We shouldn't fight amongst ourselves.
Ela está lutando pela vida.	She's fighting for her life.
Estamos lutando para manter nossos empregos.	We are fighting to keep our jobs.
Ele lutou contra a doença.	He fought against the illness.
Nós lutamos por nossos direitos.	We fight for our rights.
Eu lutava quando era mais jovem.	I used to fight when I was younger.
Eu lutarei até o fim.	I will fight until the end.
Ele lutará pela verdade.	He will fight for the truth.
Eles lutam sem parar.	They fight non-stop.

330 – chance / chance, odds

Eu tenho apenas uma chance.	I only have one chance.
Você tem uma chance de ganhar.	You have a chance to win.
Teremos outra chance?	Will we get another chance?
Eu deveria ter dito oi quando tive a chance.	I should have said hello when I had the chance.
Há uma pequena chance de sucesso.	There's a small chance of success.
Temos uma chance de fazer história.	We have a chance to make history.
Não tenho chance de ganhar esse jogo.	I have no chance of winning this game.
A chance de erro é muito alta.	The chance of error is very high.
Quais são as chances disso acontecer?	What are the odds of that happening?
As chances estão contra nós.	The odds are against us.

331 – passado

Eu visitei esse lugar no ano passado.	I visited this place last year.
No fim de semana passado, fomos à praia.	Last weekend, we went to the beach.
Eu li esse livro no mês passado.	I read that book last month.
Eu prefiro não falar sobre o passado.	I prefer not to talk about the past.
O passado é um bom professor.	The past is a good teacher.
No passado, as coisas eram diferentes.	In the past, things were different.
Eu gostaria de esquecer o passado.	I would like to forget the past.
Não conversamos na semana passada.	We didn't chat last week.
A prova passada foi muito difícil.	The last test was very hard.
Na aula passada, aprendemos sobre história.	In the last class, we learned about history.

last; past

332 – boca

O médico me pediu para abrir a boca.	The doctor asked me to open my mouth.
Não fale de boca cheia.	Don't talk with your mouth full.
Eu beijei ela na boca.	I kissed her on the mouth.
Mantenha sua boca fechada sobre isso.	Keep your mouth shut about this.
Não consegui tirar o gosto ruim da boca.	I couldn't get the bad taste out of my mouth.
Eu sempre queimo a boca com comida quente.	I always burn my mouth with hot food.
Ele limpou a boca com as costas da mão.	He wiped his mouth with the back of his hand.
Não consigo fechar minha boca completamente.	I can't close my mouth completely.
A notícia correu de boca em boca.	The news spread by word of mouth.
Cale a boca!	Shut up!

mouth

333 – mil

Ela ganha cinco mil reais por mês.	She earns five thousand reais per month.
Há mil maneiras de resolver este problema.	There are a thousand ways to solve this problem.
Ela pagou mil reais pelo vestido.	She paid a thousand reais for the dress.
Eu te daria mil motivos para ficar.	I would give you a thousand reasons to stay.
Vovô tem mil histórias para contar.	Grandpa has a thousand stories to tell.
Este lugar tem mil anos de história.	This place has a thousand years of history.
Eu já ouvi essa música mil vezes.	I've heard this song a thousand times.
Quando terminou, milhares estavam mortos.	When it was over, thousands were dead.
Ela ajudou milhares de pessoas com seu trabalho.	She helped thousands of people with her work.
Não se preocupe, eu já fiz isso milhares de vezes.	Don't worry, I've done this thousand of times.

thousand

334 – adorar / to love, adore

Eu adoro cozinhar e comer.	I love to cook and eat.
Adoro o meu carro.	I love my car.
Ela adoraria te ajudar, mas ela está ocupada.	She would love to help you but she's busy.
Eu adoraria saber o que está acontecendo.	I would love to know what's happening.
Ela adora receber flores.	She loves to receive flowers.
Você adora esse carro, não é?	You love this car, don't you?
Adorei cada minuto disso.	I've loved every minute of it.
Adorei passar tempo com você.	I loved spending time with you.
Tenho certeza de que você vai adorar.	I'm sure you'll love it.
Eles vão adorar aquele ali.	They'll love that one over there.

335 – negócio / business, deal

O negócio dela está indo muito bem.	Her business is doing quite well.
Meu negócio é com você, não com ele.	My business is with you, not with him.
Como anda o negócio da loja?	How's business at the store?
Posso ganhar muito dinheiro com esse negócio.	I can make a lot of money with this business.
Foi um grande negócio.	It was a great deal.
Fechamos um negócio importante hoje.	We closed an important deal today.
Quando você vai abrir seu próprio negócio?	When are you going to open your own business?
Vou fazer uma viagem de negócios.	I'm going on a business trip.
É um prazer fazer negócios com você.	It's a pleasure doing business with you.
Falaremos de negócios quando eu terminar.	We'll talk business when I'm done.

336 – coração / heart

Ele tem um grande coração.	He has a big heart.
Ela sempre segue o coração dela.	She always follows her heart.
Essa mesa tem a forma de um coração.	This table is shaped like a heart.
A notícia partiu meu coração.	The news broke my heart.
Preciso seguir meu coração nesta decisão.	I need to follow my heart in this decision.
Minha avó é o coração da nossa família.	My grandmother is the heart of our family.
Eu sinto isso no fundo do coração.	I feel it in the bottom of my heart.
Meu coração bate mais rápido quando te vejo.	My heart beats faster when I see you.
Casa pequena, mas coração grande.	Small house, but big heart.
Ela partiu muitos corações.	She has broken many hearts.

337 – escrever — to write

Você pode escrever seu nome aqui, por favor? — Can you write your name here, please?
Preciso de algo para escrever. — I need something to write with.
Quero aprender a escrever melhor. — I want to learn to write better.
Você já escreveu seu relatório? — Have you written your report yet?
O livro foi escrito há muito tempo. — The book was written a long time ago.
Nós escrevemos notas durante a aula. — We write notes during the class.
Escrevi uma carta para meus avós. — I wrote a letter to my grandparents.
O que você está escrevendo agora? — What are you writing now?
Eu escreveria mais se tivesse tempo. — I would write more if I had time.
Você escreve muito bem. — You write very well.

338 – tal — such; this, that; like

Eu nunca vi tal coisa. — I've never seen such a thing.
Eu nunca ouvi falar de tal coisa. — I've never heard of such a thing.
Essa é a tal amiga sobre quem te falei. — This is the friend I told you about.
Em tal situação, o que você faria? — In such a situation, what would you do?
Nunca ouvi tal história em toda a minha vida. — I've never heard such a story in all my life.
Por que ele fez tal coisa? — Why did he do such a thing?
Você ouviu falar da tal festa este fim de semana? — Did you hear about that party this weekend?
Tal pai, tal filho. — Like father, like son.
Que tal amanhã? — How about tomorrow?
Que tal sairmos para comer hoje à noite? — How about we go out to eat tonight?

339 – escola — school

Ela esqueceu o livro na escola. — She forgot her book at school.
Eu vou para a escola todos os dias. — I go to school every day.
Ele gosta muito dos professores da escola. — He really likes the teachers at school.
Eles se conheceram na escola. — They met at school.
Ela sempre tira notas boas na escola. — She always gets good grades at school.
Por que você não estava na escola ontem? — Why weren't you at school yesterday?
Minha irmã e eu somos novas nesta escola. — My sister and I are new at this school.
Sou amigo da maioria das crianças da escola. — I'm friends with most of the kids at school.
Esses caras são meus melhores amigos da escola. — These guys are my best friends from school.
Há algumas ótimas escolas nessa cidade. — There are some great schools in this city.

340 – terminar / to finish

Não precisamos terminar isso agora.
We don't need to finish this now.

Preciso terminar meu trabalho até amanhã.
I need to finish my work by tomorrow.

A chuva terminou, podemos ir à praia.
The rain stopped, we can go to the beach.

A festa terminou tarde da noite.
The party ended late at night.

Eu já terminei meu almoço.
I have already finished my lunch.

Terminei a prova antes do tempo.
I finished the test ahead of time.

Ainda não terminamos.
We're not done yet.

Estivemos juntos por dois anos e terminamos.
We were together for two years and broke up.

Por favor, termine isso até o final do dia.
Please finish this by the end of the day.

Termine seu dever de casa antes de jogar.
Finish your homework before playing.

341 – exatamente / exactly

Isto é exatamente o que eu precisava.
This is exactly what I needed.

Ela se parece exatamente com a mãe.
She looks exactly like her mother.

Cheguei exatamente à uma da tarde.
I arrived at exactly one in the afternoon.

Cara, foi exatamente como você disse.
Dude, it was exactly like you said.

Você pode me dizer exatamente onde dói?
Can you tell me exactly where it hurts?

O que você quer dizer exatamente?
What exactly do you mean?

Isso não é exatamente o que esperávamos.
This is not exactly what we expected.

Eu estava pensando exatamente a mesma coisa.
I was thinking exactly the same thing.

Ela sabia exatamente o que fazer.
She knew exactly what to do.

Eu não disse exatamente assim.
I didn't say it exactly like that.

342 – cuidar / to take care of

Eu vou cuidar disso amanhã.
I will take care of this tomorrow.

Tenho uma criança para cuidar agora.
I've got a child to take care of now.

Vocês cuidaram bem dos convidados.
You took good care of the guests.

Ele cuida bem de seus irmãos mais novos.
He takes good care of his younger siblings.

Ela cuida muito bem de si mesma.
She takes very good care of herself.

Quero que você cuide disso para mim.
I want you to take care of this for me.

Eu cuido disso para você.
I'll take care of it for you.

Eu prometo que cuido disso para você.
I promise I'll take care of it for you.

Cuidem-se durante a viagem.
Take care of yourselves during the trip.

Quem está cuidando das crianças agora?
Who's looking after the kids right now?

343 – licença / license, permit, leave

Com licença. — Excuse me.
Licença, posso entrar? — Excuse me, may I come in?
Por favor, me dê licença por um segundo. — Please excuse me for a second.
Ela pediu licença para ir ao banheiro. — She excused herself to go to the bathroom.
Pode nos dar licença por um momento? — Could you excuse us for a moment?
Ele saiu sem pedir licença a nenhum de nós. — He left without permission from any of us.
Você precisa ter licença para dirigir um carro. — You must have a license to drive a car.
Você precisa de uma licença para fazer isso. — You need a permit to do this.
Ela estava de licença por três meses. — She was on leave for three months.
Estarei de licença a partir do mês que vem. — I'll be on leave as of next month.

344 – funcionar / to function, work

Como isso funciona? — How does this work?
Querida, isso não funciona assim. — Darling, it doesn't work like that.
A ideia parece boa, mas será que vai funcionar? — The idea seems good, but will it work?
Espero que isso funcione. — I hope this works.
A equipe está funcionando bem junta. — The team is working well together.
O carro não está funcionando direito. — The car isn't working properly.
Tentamos de tudo, mas nada funcionou. — We tried everything, but nothing worked.
Seu conselho realmente funcionou. — Your advice really worked.
As regras funcionam de maneira diferente aqui. — The rules work differently here.
Eles funcionam bem juntos. — They work well together.

345 – livro / book

Você terminou de ler esse livro? — Have you finished reading that book?
Esse é o melhor livro de todos os tempos. — This is the best book of all time.
Por que esse livro é tão caro? — Why is this book so expensive?
Encontrei esse livro antigo na casa do meu avô. — I found this old book at my grandpa's house.
Quero comprar esse livro para minha mãe. — I want to buy this book for my mom.
Eu li um livro por semana no último mês. — I read one book a week last month.
Ele não lê muitos livros. — He doesn't read many books.
Deixei meus livros na escola. — I left my books at school.
Os livros antigos têm um cheiro especial. — Old books have a special smell.
Esses livros são para crianças. — These books are for children.

346 – causa

Qual é a causa desse problema?
Eles estão lutando por uma boa causa.
Alguém conhece a causa dessa doença?
É tudo por sua causa.
Não se sabe qual foi a causa da morte.
Ele disse que perdemos por minha causa.
Não pude dirigir por causa da chuva.
Qual é a causa de todo esse barulho?
Qual foi a causa do acidente?
Eu perdi o final do filme por sua causa.

cause

What is the cause of this problem?
They are fighting for a good cause.
Does anyone know the cause of this disease?
It's all because of you.
The cause of death is unknown.
He said we lost because of me.
I couldn't drive because of the rain.
What's the cause of all this noise?
What was the cause of the accident?
I missed the end of the movie because of you.

347 – seguro

Não é mais seguro ficar aqui.
Volte por este caminho, é mais seguro.
Ele escolheu esse lugar porque é seguro.
Voar é mais seguro que dirigir.
Você está seguro de que isso vai funcionar?
Eu quero ter certeza de que estou seguro.
Ela sempre parece muito segura de si mesma.
O seguro do carro é pago por ano.
Como pai, é importante ter seguro de vida.
Vocês se sentem seguros aqui?

safe, sure; insurance

It's no longer safe to stay here.
Come back this way, it's safer.
He chose this place because it's safe.
Flying is safer than driving.
Are you sure that this is going to work?
I want to be sure that I'm safe.
She always seems very sure of herself.
Car insurance is paid per year.
As a parent, it's important to have life insurance.
Do you feel safe here?

348 – correr

Nós vamos correr juntos amanhã?
Ela tem medo de correr à noite.
Você prefere correr ou caminhar?
Eu vi um cachorro correndo na rua.
Elas estão correndo na praia agora.
O gato correu atrás do rato.
Ela corre todos os dias para manter a forma.
Corra o mais rápido que puder!
Eu correria mais se tivesse tempo.
Ele correu para os braços dela.

to run

Are we going to run together tomorrow?
She is afraid to run at night.
Do you prefer to run or walk?
I saw a dog running in the street.
They are running on the beach right now.
The cat ran after the rat.
She runs every day to stay fit.
Run as fast as you can!
I would run more if I had time.
He ran into her arms.

349 – longe / far, far away

Não é tão longe. — It's not that far.
Você mora longe daqui? — Do you live far from here?
Não posso ir lá hoje, é muito longe. — I can't go there today, it's too far.
Sua casa fica muito longe daqui? — Is your house far from here?
Fique longe dele. — Stay far away from him.
Ela mora longe dos pais. — She lives far from her parents.
Eu te disse para ficar longe da minha irmã. — I told you to stay away from my sister.
Estamos longe de resolver este problema. — We are far from solving this problem.
Você pode ouvir a música mesmo de longe. — You can hear the music even from far away.
A loja fica longe, então é melhor irmos de carro. — The store is far, so it's better if we go by car.

350 – terra / land, soil, earth

Eles têm uma casa na terra dos avós. — They have a house on their grandparents' land.
Minha família tem muita terra. — My family has a lot of land.
O inimigo entrou em nossa terra. — The enemy has entered our land.
Ela é a dona dessa terra. — She is the owner of this land.
Ninguém queria comprar terras no meu país. — Nobody wanted to buy land in my country.
A terra aqui é de cor escura. — The soil here is dark in color.
Dizem que é o lugar mais feliz da Terra. — They say it's the happiest place on Earth.
Tem lugar para todos na Terra. — There is room for everyone on Earth.
Todos vivemos na Terra. — We all live on Earth.
Quando o povo da Terra chegará ao fim? — When will the people of Earth come to an end?

351 – pôr / to put, set

Ele pôs a vida dele em risco. — He put his life at risk.
Ela pôs um ponto final naquela situação. — She put an end to that situation.
Eu ponho a culpa em mim mesmo. — I put the blame on myself.
Devo pôr a mesa? — Should I set the table?
Vou pôr a mesa para o jantar. — I will set the table for dinner.
É hora de pôr as crianças na cama. — It's time to put the kids to bed.
Eu pus a culpa em você. — I put the blame on you.
Ele põe muito amor no que faz. — He puts a lot of love into what he does.
Ela põe a culpa nos outros. — She puts the blame on others.
Os pais põem regras para os filhos seguirem. — Parents set rules for their children to follow.

352 – plano / plan

Preciso de um plano novo.	I need a new plan.
Nós fizemos um plano para as férias.	We made a plan for the vacation.
Vamos seguir o plano.	Let's follow the plan.
Eles não tinham um plano claro para o projeto.	They didn't have a clear plan for the project.
Qual é o plano para hoje à noite?	What's the plan for tonight?
Mudamos o plano após a reunião.	We changed the plan after the meeting.
O plano deles para a festa parece divertido.	Their plan for the party sounds fun.
Você tem planos para hoje à noite?	Do you have plans for tonight?
Tenho planos dos quais não posso sair.	I have plans that I can't get out of.
Eles fizeram planos para viajar juntos.	They made plans to travel together.

353 – festa / party

A festa começou às nove horas.	The party started at nine o'clock.
Ele foi o primeiro a chegar na festa.	He was the first to arrive at the party.
A festa acabou cedo.	The party ended early.
Nos divertimos muito na festa.	We had a great time at the party.
Vou trazer um amigo para a festa.	I'm going to bring a friend to the party.
A festa começou tarde.	The party started late.
Quero estar bonita para a festa.	I want to look pretty for the party.
Vai ter festa na praia neste fim de semana.	There will be a beach party this weekend.
Ele não pôde ir à festa porque estava doente.	He couldn't go to the party because he was ill.
A festa foi até tarde e todos se divertiram.	The party went on late and everyone had fun.

354 – calma / calm

Fique calmo, tudo ficará bem.	Stay calm, everything will be fine.
Vamos resolver isso com calma.	Let's solve this calmly.
Preciso de um momento de calma para pensar.	I need a quiet moment to think.
Por favor, fale com calma para eu entender.	Please speak calmly so I can understand.
Ela pediu calma a todos na sala.	She asked everyone in the room to stay calm.
A calma do mar me relaxa.	The calmness of the sea relaxes me.
Tente manter a calma e seguir em frente.	Try to stay calm and move forward.
Você precisa manter a calma nessa situação.	You need to keep calm in this situation.
Eu tento não perder a calma com meus filhos.	I try not to lose my cool with my children.
Desculpe, perdi a calma.	Sorry, I lost my cool.

355 – ontem

Você viu o que aconteceu ontem?
Ela me ligou ontem à tarde.
Esqueci de te pagar por ontem.
Ontem eu não fui à escola.
Você estudou para a prova ontem?
Ontem à noite, eu não consegui dormir.
Ontem foi o melhor dia da minha vida.
Ontem foi melhor do que hoje.
O que aconteceu ontem de tão ruim?
Ontem à tarde estava muito quente.

yesterday

Did you see what happened yesterday?
She called me yesterday afternoon.
I forgot to pay you for yesterday.
I didn't go to school yesterday.
Did you study for the test yesterday?
Last night, I couldn't sleep.
Yesterday was the best day of my life.
Yesterday was better than today.
What happened yesterday that was so bad?
Yesterday afternoon was very hot.

356 – brincar

Também não estou brincando.
Eu estava apenas brincando.
Os pais gostam de ver seus filhos brincando.
Eu gosto de brincar com meu cachorro.
Eles vão brincar de esconde-esconde.
A criança diz que quer brincar.
Ela brincou com os amigos na escola.
As crianças brincaram juntas o dia inteiro.
Você brincava aqui quando era mais jovem?
Nós brincávamos muito quando éramos crianças.

to play, joke

I'm not joking either.
I was just joking.
Parents like to see their children playing.
I like to play with my dog.
They are going to play hide and seek.
The child says he wants to play.
She played with her friends at school.
The kids played together all day long.
Did you play here when you were younger?
We used to play a lot when we were children.

357 – pois

Não se preocupe, pois tudo vai dar certo.
Pois é, quem diria!
Não posso sair, pois está chovendo.
Pois bem, vamos começar a reunião.
Eles chegaram cedo, pois querem bons lugares.
Pois é, a vida continua.
Faça como achar melhor, pois confio em você.
Estou feliz, pois consegui o emprego.
Você deve tentar, pois nada é impossível.
Não saí de casa, pois estava doente.

because, so

Don't worry, because everything will be alright.
Well, who would have thought!
I can't go out because it's raining.
Well then, let's start the meeting.
They arrived early because they want good seats.
Oh well, life goes on.
Do as you think best, because I trust you.
I'm happy because I got the job.
You should try because nothing is impossible.
I didn't leave home, because I was sick.

358 – pé / foot

Ele quebrou o pé jogando futebol. — He broke his foot playing soccer.
O pé da mesa está quebrado. — The table leg is broken.
Se eu fosse você, iria a pé até lá. — If I were you, I'd walk there.
Vamos começar com o pé direito. — Let's start on the right foot.
A cidade fica ao pé da montanha. — The town is at the foot of the mountain.
Fiquei de pé a viagem inteira. — I stood up the entire trip.
Eu estou sempre a pé, não tenho carro. — I am always on foot, I don't have a car.
O bebê está aprendendo a ficar de pé. — The baby is learning to stand up.
Ela vai a todos os lugares a pé. — She goes everywhere on foot.
O cachorro dorme aos pés de seu dono. — The dog sleeps at its owner's feet.

359 – imaginar / to imagine

Eu não consigo imaginar minha vida sem você. — I can't imagine my life without you.
Você consegue imaginar o que ele passou? — Can you imagine what he went through?
Não consigo nem imaginar o que ela sentiu. — I can't even imagine what she felt.
Imagine uma cidade sem carros. — Imagine a city without cars.
Imagino que você tenha muitas perguntas. — I imagine you have a lot of questions.
Nunca imaginei que diria isso. — I never imagined I would say this.
Você já imaginou que pudesse voar? — Have you ever imagined that you could fly?
Ele parece diferente do que eu imaginava. — He looks different from what I imagined.
Eles se imaginaram ricos e felizes. — They imagined themselves rich and happy.
Nós imaginamos que seria mais fácil. — We imagined it would be easier.

360 – acordar / to wake up, agree

A que horas devo te acordar? — What time should I wake you up?
Nós precisamos acordar às seis amanhã. — We need to wake up at six tomorrow.
Ele acordou assustado com o barulho. — He woke up startled by the noise.
Você acordou as crianças para a escola? — Did you wake the kids up for school?
Ela acorda cedo para correr no parque. — She wakes up early to run in the park.
Acorda! Está na hora de ir! — Wake up! It's time to go!
Eu não acordei a tempo de pegar o ônibus. — I didn't wake up in time to catch the bus.
Eu acordei no meio da noite. — I woke up in the middle of the night.
Meus filhos acordam por volta do meio-dia. — My kids wake up around noon.
Acordamos cedo para pegar o voo. — We woke up early to catch the flight.

361 – atirar — to shoot

Aprendi a atirar quando eu era jovem. — I learned to shoot when I was young.
Venha para fora! Ninguém vai atirar em você! — Come outside! Nobody is going to shoot at you!
Não atire! — Don't shoot!
Atire agora! — Shoot now!
Ela atirou no alvo. — She shot at the target.
Eu atirei no alvo e acertei. — I shot at the target and hit it.
Nós atiramos por acidente. — We shot by accident.
Eles atiraram e correram. — They shot and ran.
Eu atiraria se fosse necessário. — I would shoot if it were necessary.
Não atirem antes de eu dar o sinal! — Don't shoot before I give the signal!

362 – marido — husband

Seu marido é um homem de muita sorte. — Your husband is a very lucky man.
Meu marido cozinha muito bem. — My husband cooks very well.
O marido dela é médico. — Her husband is a doctor.
Meu marido e eu nos casamos há dez anos. — My husband and I got married ten years ago.
Ela vai ao cinema com o marido. — She goes to the movie theater with her husband.
Como está seu marido? — How is your husband?
Meu marido me ligou agora. — My husband just called me.
Acho que ele será um bom marido. — I think he'll be a good husband.
O seu marido está em casa? — Is your husband at home?
Eu e meu marido adoramos viajar. — My husband and I love to travel.

363 – prometer — to promise

Agora as coisas serão diferentes, eu prometo. — Things will be different now, I promise.
Eu prometo te ajudar com o projeto. — I promise to help you with the project.
Ele prometeu que chegaria cedo. — He promised that he would arrive early.
Você prometeu que faria o jantar hoje. — You promised that you would make dinner today.
Prometi não o deixar morrer sozinho. — I promised not to let him die alone.
Eu prometi que faria meu melhor. — I promised that I would do my best.
Ele sempre promete ajudar, mas nunca ajuda. — He always promises to help, but he never does.
Me prometa que você vai pensar sobre isso. — Promise me that you will think about it.
Você tem que prometer, e então eu te conto. — You have to promise, and then I'll tell you.
Eles prometeram nos levar ao parque. — They promised to take us to the park.

364 – controlar / to control

Às vezes, não consigo me controlar. — Sometimes I can't control myself.
Tente se controlar. — Try to control yourself.
Não se preocupe com o que não pode controlar. — Don't worry about what you can't control.
Você pode controlar sua própria mente? — Can you control your own mind?
Ele controla a empresa com mão firme. — He controls the company with a firm hand.
Como você controlou a situação? — How did you control the situation?
Eles controlam o acesso ao prédio. — They control access to the building.
O professor controla a classe. — The teacher controls the class.
Ele não controla muito bem o tempo dele. — He doesn't control his time very well.
Ele controla demais seus filhos. — He controls his children too much.

365 – força / force, strength

Use mais força para abrir a porta. — Use more strength to open the door.
Há força no silêncio. — There is strength in silence.
Ele perdeu muita força depois da doença. — He lost a lot of strength after the illness.
Sinto que estou ganhando força a cada dia. — I feel that I am gaining strength every day.
Use a força dele a seu favor. — Use his strength to your advantage.
A força do amor pode mudar pessoas. — The power of love can change people.
Você tem mais força do que imagina. — You have more strength than you imagine.
Mantenha a sua força, você consegue! — Stay strong, you can do it!
Nós servimos juntos nas Forças Especiais. — We served together in the Special Forces.
As forças da natureza são incríveis. — The forces of nature are incredible.

366 – bater / to hit, strike, beat, knock, crash

Ela começou a me bater sem motivo. — She began hitting me for no reason.
As pessoas não deveriam bater nos filhos. — People shouldn't hit their children.
Quando a realidade bateu, foi difícil. — When reality hit, it was hard.
Por que você bateu na sua irmã? — Why did you hit your sister?
O relógio bate as horas em ponto. — The clock strikes on the hour.
Ele sempre bate boca comigo. — He always argues with me.
O coração dele ainda está batendo? — Is his heart still beating?
Alguém está batendo na porta. — Someone is knocking on the door.
Eu bati a perna na mesa. — I banged my leg on the table.
Eu bati o carro. — I crashed the car.

367 – filme — movie, film

Ainda não vi esse filme.	I haven't seen that movie yet.
Esse filme é muito longo.	This movie is very long.
Qual é o seu filme favorito?	What's your favorite movie?
Eu não gostei do final do filme.	I didn't like the end of the movie.
Aquele filme me deu muito medo.	That movie really scared me.
Eu vi esse filme três vezes.	I've seen this movie three times.
Queria ver esse filme há muito tempo.	I've wanted to see this movie for a long time.
Eles preferem filmes de ação.	They prefer action movies.
Eu gostaria de ver mais filmes brasileiros.	I would like to see more Brazilian movies.
Eu adoro assistir filmes nos finais de semana.	I love watching movies on weekends.

368 – roubar — to steal, rob

Roubar é errado.	Stealing is wrong.
Ela roubou a ideia dele.	She stole his idea.
Você roubou minha chance de ganhar.	You stole my chance to win.
Pegue o que eu roubei e devolva.	Take what I stole and give it back.
Eu nunca roubei nada na vida.	I have never stolen anything in my life.
Meu carro foi roubado.	My car was stolen.
Nós roubamos a atenção de todos.	We stole everyone's attention.
Os filhos dela estão roubando dela.	Her children are stealing from her.
Eles roubaram a loja ontem à noite.	They robbed the store last night.
Meus amigos roubaram dinheiro de mim.	My friends stole money from me.

369 – cá — here

Por que você não vem pra cá hoje?	Why don't you come over here today?
Venha cá e veja isso!	Come here and look at this!
Fique do lado de cá.	Stay on this side here.
Vem cá, deixa eu te contar uma coisa.	Come here, let me tell you something.
Ele veio para cá.	He came here.
Ele vai se mudar para cá.	He's going to move here.
Cá estou eu, pronto para começar.	Here I am, ready to start.
Venha cá e deixe isso aqui comigo.	Come here and leave it with me.
Vem cá que eu te mostro como se faz.	Come here and I'll show you how it's done.
Cá entre nós, eu acho que ele está mentindo.	Between us, I think he's lying.

370 – calar — **to be quiet, shut up**

Cale-se! — Shut up!
Cale a boca e ouça! — Shut your mouth and listen!
Ela nunca se cala. — She never shuts up.
Ela sempre se calava nas reuniões. — She always remained silent during meetings.
Você precisa aprender a se calar. — You need to learn to keep quiet.
Seria bom se ele se calasse agora. — It would be good if he shut up now.
Cale a boca quando falo com você! — Shut your mouth when I'm talking to you!
Eu me calava sempre que ela me olhava. — I shut up whenever she looked at me.
Ela se calou após ouvir a notícia. — She fell silent after hearing the news.
Ele se calou quando viu o professor entrar. — He fell silent when he saw the teacher come in.

371 – diferente — **different**

Este lugar parece diferente à noite. — This place looks different at night.
Este livro é muito diferente do outro. — This book is very different from the other one.
Procuro uma experiência diferente. — I'm looking for a different experience.
A vida aqui é diferente da cidade. — Life here is different from the city.
Cada um de nós vê as coisas de forma diferente. — Each of us sees things differently.
Isso é diferente do que esperávamos. — This is different from what we expected.
Estou buscando um caminho diferente para casa. — I'm looking for a different way home.
Temos ideias diferentes sobre isso. — We have different ideas about this.
Temos diferentes opiniões sobre o filme. — We have different opinions about the movie.
Ela fala várias línguas diferentes. — She speaks several different languages.

372 – menino, menina — **boy, girl**

O menino está brincando no parque. — The boy is playing in the park.
O menino está chorando. — The boy is crying.
O menino ajudou a menina a subir na árvore. — The boy helped the girl climb the tree.
O menino e a menina são irmãos. — The boy and the girl are siblings.
A menina adora dançar. — The girl loves to dance.
A menina deu um presente ao menino. — The girl gave a gift to the boy.
Ela não está interessada em meninos. — She is not interested in boys.
Os meninos vão dormir mais cedo hoje. — The boys are going to sleep earlier today.
As meninas estão jogando futebol no parque. — The girls are playing soccer in the park.
Quando as meninas chegarem, podemos começar. — When the girls arrive, we can start.

373 – jovem — young; young person

Ele ainda é muito jovem para entender. — He is still too young to understand.
Ela era jovem e inocente. — She was young and innocent.
A noite é jovem, ainda temos tempo. — The night is young, we still have time.
O jovem estava perdido na cidade. — The young man was lost in the city.
Essa jovem sempre traz ideias novas. — This young woman always brings new ideas.
A jovem pediu ajuda. — The young woman asked for help.
A jovem decidiu viajar pelo mundo. — The young woman decided to travel the world.
Os jovens são o futuro do nosso país. — Young people are the future of our country.
As ideias dos jovens podem mudar o mundo. — The ideas of young people can change the world.
Jovens beberem é contra a lei. — Young people drinking is against the law.

374 – luz — light

Quero um quarto com muita luz clara. — I want a room with lots of bright light.
Você é a luz da minha vida. — You are the light of my life.
A luz do banheiro não está funcionando. — The bathroom light is not working.
A luz está muito forte aqui. — The light is too bright here.
A luz verde significa que você pode ir. — The green light means you can go.
Vamos esperar até a luz do dia para começar. — Let's wait until daylight to start.
Ela acordou com a primeira luz do dia. — She woke up at first light of day.
A mulher deu à luz uma menina. — The woman gave birth to a baby girl.
As luzes do carro estão muito fortes. — The car's lights are very strong.
As luzes da cidade são muito bonitas à noite. — The city lights are very beautiful at night.

375 – foto — photo, image

Eu adoro essa foto. — I love this photo.
Vamos tirar uma foto juntos? — Shall we take a picture together?
Essa foto ficou escura, vamos tirar outra. — This photo came out dark, let's take another one.
A foto que você escolheu está muito bonita. — The photo you chose is very beautiful.
Essa é minha foto favorita de nós dois. — This is my favorite picture of the two of us.
Essas fotos são tão boas. — These photos are so good.
Posso ver as fotos da viagem? — Can I see the photos from the trip?
Eu perdi o arquivo com todas as minhas fotos. — I lost the file with all my photos.
Envie suas fotos favoritas para nós. — Send your favorite photos to us.
Não tenho muitas fotos dos meus avós. — I don't have many photos of my grandparents.

376 – mau
Isso é um mau sinal.
Mau tempo está chegando.
Você tem um mau gosto para filmes.
Aquele foi um mau exemplo para as crianças.
Isso parece um mau negócio.
Ele fez uma má escolha.
Aquela foi uma má decisão.
Ele tem maus modos à mesa.
Elas tiveram más experiências.
As cenas desse filme são de muito mau gosto.

bad
That is a bad sign.
Bad weather is coming.
You have bad taste in movies.
That was a bad example for the children.
That seems like a bad deal.
He made a bad choice.
That was a bad decision.
He has bad table manners.
They had bad experiences.
The scenes in this movie are in very bad taste.

377 – prazer
É um prazer conhecer você.
Sinto prazer em ajudar os outros.
Ler é um grande prazer para mim.
Foi um prazer falar com você hoje.
Terei o prazer de ver você novamente?
O prazer é todo meu.
Para mim, cozinhar é um prazer.
Não faço isso por prazer.
Que prazer ver todos tão felizes!
Sou um homem de poucos prazeres.

pleasure
It's a pleasure to meet you.
I take pleasure in helping others.
Reading is a great pleasure for me.
It was a pleasure to talk to you today.
Will I have the pleasure of seeing you again?
The pleasure is all mine.
For me, cooking is a pleasure.
I don't do this for pleasure.
What a pleasure to see everyone so happy!
I'm a man of few pleasures.

378 – receber
Ela espera receber uma resposta até amanhã.
Quando você vai receber seu novo carro?
Ela recebeu um presente surpresa.
Qual foi o melhor conselho que você já recebeu?
Eu recebi sua carta ontem.
Eu recebi uma mensagem em português.
Nós recebemos boas notícias esta manhã.
Recebemos muitos pedidos hoje.
Ela gasta o dinheiro assim que o recebe.
Estou recebendo ajuda dos meus colegas.

to receive, get, accept, take
She expects to receive an answer by tomorrow.
When are you going to receive your new car?
She received a surprise gift.
What's the best advice you've ever received?
I received your letter yesterday.
I received a message in Portuguese.
We received good news this morning.
We received many orders today.
She spends the money as soon as she receives it.
I am receiving help from my colleagues.

379 – aquilo
that (over there)

Você viu aquilo? — Did you see that?
Aquilo parece difícil. — That seems difficult.
Eu não esperava por aquilo. — I wasn't expecting that.
Aquilo foi uma ótima ideia. — That was a great idea.
Não acredito que aquilo aconteceu. — I can't believe that happened.
Depois que aquilo aconteceu, nada foi o mesmo. — After that happened, nothing was the same.
Você acha que aquilo faz sentido? — Do you think that makes sense?
Por que você não me contou aquilo antes? — Why didn't you tell me that before?
Eu sabia que aquilo não ia funcionar. — I knew that wouldn't work.
Não gostei que ele disse aquilo. — I didn't like that he said that.

380 – telefone
telephone, phone

Ele está falando ao telefone agora. — He's on the phone now.
A conta do telefone chegou ontem. — The phone bill arrived yesterday.
Ele estava comendo quando o telefone tocou. — He was eating when the phone rang.
Você joga demais no seu telefone. — You play on your phone a lot.
Ele está ao telefone com a esposa dele. — He's on the phone with his wife.
Posso usar seu telefone para fazer uma ligação? — Can I use your phone to make a call?
Você tem o número de telefone dela? — Do you have her phone number?
Eu esqueci meu telefone no trabalho. — I forgot my phone at work.
Você ouviu meu telefone tocar? — Did you hear my phone ring?
Não podemos usar nossos telefones aqui. — We can't use our phones here.

381 – suficiente
enough, sufficient

Temos tempo suficiente. — We have enough time.
Você trouxe dinheiro suficiente? — Did you bring enough money?
Ele dormiu o suficiente na noite passada? — Did he sleep enough last night?
Isso é comida suficiente para todos nós? — Is that enough food for all of us?
Um dia será suficiente para visitar tudo? — Will one day be enough to visit everything?
Não há luz suficiente neste quarto para ler. — There isn't enough light in this room to read.
Eu não tenho espaço suficiente no meu quarto. — I don't have enough space in my room.
Você acha que estudou o suficiente para a prova? — Do you think you've studied enough for the test?
Não há professores suficientes na escola. — There aren't enough teachers at school.
Há cadeiras suficientes para todos se sentarem? — Are there enough chairs for everyone to sit?

382 – beber

Eu preciso beber mais água durante o dia.
Eu não bebo nada além de água.
Você bebe café pela manhã?
Beba isso, vai te ajudar a relaxar.
Eles bebem chá todas as tardes.
Ele fica muito engraçado quando está bebendo.
Ele bebeu muito para tentar esquecer minha mãe.
Eu não beberia isso se fosse você.
Eu beberia mais se não tivesse que dirigir.
Bebemos um pouco e perdemos o controle.

to drink

I need to drink more water during the day.
I don't drink anything but water.
Do you drink coffee in the morning?
Drink this, it will help you relax.
They drink tea every afternoon.
He gets very funny when he is drinking.
He drank a lot to try to forget my mother.
I wouldn't drink that if I were you.
I would drink more if I didn't have to drive.
We drank a bit and lost control.

383 – namorado, namorada

Você conhece o namorado dela?
Ela vai sair com o namorado dela hoje à noite.
Meu namorado adora jogar futebol.
Qual é o nome de seu namorado?
Meu namorado e eu fomos ao cinema ontem.
A namorada dele é professora.
Sua namorada é muito engraçada.
Não gosto da nova namorada do meu filho.
Minha namorada gosta de caminhar na praia.
A namorada dele tem dois gatos.

boyfriend, girlfriend

Do you know her boyfriend?
She is going out with her boyfriend tonight.
My boyfriend loves to play soccer.
What is your boyfriend's name?
My boyfriend and I went to the movies yesterday.
His girlfriend is a teacher.
Your girlfriend is very funny.
I don't like my son's new girlfriend.
My girlfriend likes to walk on the beach.
His girlfriend has two cats.

384 – fácil

Não é fácil aprender uma nova língua.
Isso foi mais fácil do que eu pensava.
Ela achou fácil resolver o problema.
Encontrar um bom emprego não é fácil.
Ele faz parecer tudo tão fácil!
Seria fácil para você me ajudar com isso?
Isso deve ser bem fácil de fazer.
A parte mais fácil já foi feita.
Não foi fácil, mas conseguimos.
Existem maneiras mais fáceis de fazer isso.

easy

It's not easy to learn a new language.
That was easier than I thought.
She found it easy to solve the problem.
Finding a good job isn't easy.
He makes everything look so easy!
Would it be easy for you to help me with this?
This should be pretty easy to do.
The easiest part has already been done.
It wasn't easy, but we did it.
There are easier ways to do this.

385 – bastante — quite, plenty, enough

Ela estudou bastante para a prova. — She studied quite a lot for the test.
Nós caminhamos bastante hoje. — We walked quite a bit today.
Ele trabalha bastante durante a semana. — He works quite a lot during the week.
Você parece bastante cansado hoje. — You seem quite tired today.
Eu li bastante sobre o assunto. — I read a lot about the subject.
Está bastante frio lá fora. — It's quite cold outside.
Temos bastante comida, talvez até demais. — We have plenty of food, maybe even too much.
Ele não dormiu bastante ontem à noite. — He didn't sleep enough last night.
Eu acho que já trabalhei bastante por hoje. — I think I've worked enough for today.
Meus filhos são bastante inteligentes. — My children are quite intelligent.

386 – alto — high, loud, tall

O sol estava alto no céu ao meio-dia. — The sun was high in the sky at noon.
Eles estavam cantando alto na festa. — They were singing loudly at the party.
Os pássaros voavam alto no céu. — The birds were flying high in the sky.
O custo de vida na cidade é alto demais. — The cost of living in the city is too high.
Por favor, não fale tão alto. — Please don't speak so loudly.
O bebê senta na cadeira alta. — The baby sits in the high chair.
Nossa, essa senhora é muito alta. — Wow, that lady is very tall.
Minha irmã é mais alta que minha mãe. — My sister is taller than my mom.
Seus irmãos são tão altos quanto você? — Are your brothers as tall as you?
Ele sempre tira notas altas. — He always gets high grades.

387 – ponto — point, spot

Ela se perdeu em um certo ponto. — She got lost at a certain point.
Qual é o seu ponto de vista? — What's your point of view?
Mais um ponto e ganhamos! — One more point and we win!
Entendi o ponto que você está tentando mostrar. — I've understood the point you're trying to make.
Qual é o ponto de fazer isso? — What's the point of doing this?
Este é o ponto de encontro para o grupo. — This is the meeting spot for the group.
O ônibus vai parar no próximo ponto. — The bus will stop at the next stop.
Ela levantou bons pontos na reunião. — She brought up good points at the meeting.
Nossa equipe está ganhando por dois pontos. — Our team is winning by two points.
O professor tirou cinco pontos por esse erro. — The teacher took off five points for this mistake.

388 – poder / power

Você tem o poder de mudar sua vida.
Eles lutam pelo poder na empresa.
Eu podia sentir o poder desse lugar.
Eu não tenho poder para fazer essa decisão.
O poder está nas mãos do povo.
O poder está nas suas mãos.
Acreditamos no poder do amor.
Eles usaram o poder deles para ajudar os outros.
O poder de fazer o bem é a verdadeira força.
Ele tem poderes de decisão nesta questão.

You have the power to change your life.
They fight for power in the company.
I could feel the power of this place.
I don't have the power to make that decision.
The power is in the hands of the people.
The power is in your hands.
We believe in the power of love.
They used their power to help others.
The power to do good is true strength.
He has decision-making powers in this matter.

389 – forte / strong

Ele é muito forte.
O vento estava forte hoje.
Ser forte não significa nunca chorar.
O café está muito forte.
Ela tem um coração forte.
O filme teve um final forte.
Ela terminou forte.
Você precisa ser forte para jogar esse jogo.
Precisamos nos manter fortes.
Não somos fortes o bastante sozinhos.

He is very strong.
The wind was strong today.
Being strong doesn't mean never crying.
The coffee is very strong.
She has a strong heart.
The movie had a strong ending.
She finished strong.
You need to be strong to play this game.
We must remain strong.
We're not strong enough on our own.

390 – rua / street

A loja fica no fim da rua.
Preciso do número da casa e da rua.
Ela mora na mesma rua que eu.
Crianças brincam na rua.
Eu adoro todas as árvores dessa rua.
Qual é o nome dessa rua?
A festa de rua acontecerá neste fim de semana.
As ruas dessa cidade são muito limpas.
Essas ruas são seguras à noite.
As ruas próximas ao rio são as mais antigas.

The store is at the end of the street.
I need the house number and street.
She lives on the same street as me.
Children play in the street.
I love all the trees on this street.
What's the name of this street?
The street party will happen this weekend.
The streets in this city are very clean.
These streets are safe at night.
The streets near the river are the oldest.

391 – ordem — order, command

Está tudo em ordem? — Is everything in order?
Preciso pôr ordem no meu quarto. — I need to put my room in order.
Você fez isso na ordem errada. — You did it in the wrong order.
Não importa quem deu a ordem. — It doesn't matter who gave the order.
Seu desejo é uma ordem. — Your wish is my command.
Meu chefe me deu uma ordem. — My boss gave me an order.
Siga as ordens do seu chefe. — Follow your boss's orders.
Vamos ver se eles seguem as ordens. — Let's see if they follow orders.
As ordens foram claras. — The orders were clear.
As ordens vieram de cima. — The orders came from above.

392 – café — coffee

Preciso de um café forte pela manhã. — I need a strong coffee in the morning.
Este é o melhor café. — This is the best coffee.
Peça um café para mim, por favor. — Order a coffee for me, please.
Como você gosta do seu café? — How do you like your coffee?
Amo café pela manhã. — I love coffee in the morning.
Eu prefiro café, mas ele gosta de chá. — I prefer coffee, but he likes tea.
Você colocou alguma coisa no meu café? — Did you put anything in my coffee?
Muitas pessoas tomam café todas as manhãs. — Many people drink coffee every morning.
Vamos nos encontrar para tomar um café? — Shall we meet up for coffee?
O café da manhã está pronto. — Breakfast is ready.

393 – odiar — to hate

Eu odeio acordar cedo. — I hate waking up early.
Eu odeio barulho alto. — I hate loud noise.
Ela odeia esperar. — She hates waiting.
Ele odeia ter que pedir ajuda. — He hates having to ask for help.
Ninguém nasce para odiar. — No one is born to hate.
Acho que muitas pessoas vão odiar. — I think a lot of people will hate it.
Eu odiava acordar cedo para ir à escola. — I hated waking up early to go to school.
Ele odiava o gosto de café, preferia chá. — He hated the taste of coffee; he preferred tea.
Eles se odeiam. — They hate each other.
Não nos odiamos. — We don't hate each other.

394 – ruim — **bad**
Este filme é muito ruim. — This movie is very bad.
A comida estava ruim. — The food was bad.
Minha saúde está muito ruim. — My health is very bad.
Isso seria ruim para nós. — That would be bad for us.
Ficar doente agora seria muito ruim. — Getting sick now would be very bad.
Falar mal dos outros é ruim. — Speaking ill of others is bad.
O sinal do celular está ruim aqui. — The cell phone signal is bad here.
Por causa do tempo ruim, ele não pode vir. — Because of the bad weather, he can't come.
As estradas estão ruins nesta área. — The roads are bad in this area.
Eu não sabia que as coisas estavam tão ruins. — I didn't know things were so bad.

395 – bebê — **baby**
Você colocou o bebê para dormir? — Did you put the baby to sleep?
Pare de agir como um bebê. — Stop acting like a baby.
O bebê está dormindo agora. — The baby is sleeping now.
Eles acabaram de ter um bebê. — They just had a baby.
O bebê está chorando muito hoje. — The baby is crying a lot today.
Eu vou colocar o bebê na cama. — I'm going to put the baby in bed.
Não acorde o bebê! — Don't wake the baby!
A avó vai cuidar do bebê hoje. — Grandma is going to look after the baby today.
Estão dormindo como bebês. — They're sleeping like babies.
Muitos bebês começam a falar antes de andar. — Many babies start talking before they walk.

396 – maneira — **way, manner**
Só há uma maneira disso acontecer. — There's only one way this can happen.
Temos que fazer isso da maneira certa. — We have to do this the right way.
Essa é apenas uma maneira de ver a situação. — That's just one way to look at the situation.
Não gosto da maneira como ele me olha. — I don't like the way he looks at me.
Ela tem uma maneira única de escrever. — She has a unique way of writing.
Essa não é a maneira de falar com as pessoas. — That's no way to talk to people.
Ele tem sua própria maneira de fazer as coisas. — He has his own way of doing things.
É uma ótima maneira de conhecer novas pessoas. — It's a great way to meet new people.
Não posso seguir vivendo dessa maneira. — I can't go on living this way.
Cuide de suas maneiras. — Mind your manners.

397 – durante — during, for

Durante o voo, li um livro inteiro.
During the flight, I read an entire book.

Ele se machucou durante o jogo de futebol.
He got hurt during the soccer game.

Ela falou muito durante a aula.
She talked a lot during the class.

Onde você esteve durante toda a tarde?
Where have you been all afternoon?

Estudo durante o dia e trabalho à noite.
I study during the day and work in the evening.

Onde você esteve durante toda a minha vida?
Where have you been all my life?

Fiquei de cama durante dois dias.
I stayed in bed for two days.

Ela sempre lê durante o café da manhã.
She always reads during breakfast.

Durante a noite, o parque fica fechado.
During the night, the park is closed.

Durante a festa, todos dançaram e se divertiram.
During the party, everyone danced and had fun.

398 – além — besides, beyond

Além de mim, quem mais vem?
Besides me, who else is coming?

Além do mais, ele nem estava lá.
Moreover, he wasn't even there.

Ela ajudou muitas pessoas, além de mim.
She helped many people, besides me.

Não vejo ninguém além de você.
I don't see anyone besides you.

Além de estudar, ele trabalha à noite.
In addition to studying, he works at night.

Olhando além, podemos ver as montanhas.
Looking beyond, we can see the mountains.

Você pode ver minha cidade além das montanhas.
You can see my town beyond the mountains.

Ela canta, além de dançar.
She sings, besides dancing.

Ele não vive por nada além do prazer.
He lives for nothing but pleasure.

Não podemos ir além do que já foi permitido.
We cannot go beyond what has been allowed.

399 – tornar — to become, get, turn

Isso pode tornar a situação pior.
This can make the situation worse.

Ela queria se tornar médica.
She wanted to become a doctor.

Ela se tornou médica.
She became a doctor.

A noite se tornou fria.
The night turned cold.

O sol pode tornar a água mais quente.
The sun can make the water warmer.

A vida se torna mais fácil com o tempo.
Life becomes easier over time.

Isso tornou a casa mais segura.
This made the house safer.

Estou tornando minha vida mais simples.
I'm making my life simpler.

Estou me tornando mais forte a cada dia.
I'm becoming stronger every day.

Eu torno a aula mais divertida com jogos.
I make the class more fun with games.

400 – trás
Ela deu um passo para trás.
Nenhuma criança ficou para trás.
Deixe o passado para trás.
Estamos deixando problemas para trás.
O cachorro correu para trás da casa.
Ele veio correndo por trás.
Ele parou e olhou para trás.
Eu sentei na parte de trás.
Deixamos nossos medos para trás.
Ele andou sem olhar para trás.

back, behind
She took a step back.
No child was left behind.
Leave the past behind.
We are leaving problems behind.
The dog ran behind the house.
He came running from behind.
He stopped and looked back.
I sat in the back.
We left our fears behind.
He walked backwards without looking back.

401 – baixo
Fale mais baixo, por favor.
Sou o mais baixo da família.
Ele é mais baixo do que o irmão.
O livro dele estava de cabeça para baixo.
Ela falou em voz baixa para não acordar o bebê.
Mantenha sua cabeça baixa enquanto passamos.
A janela é muito baixa para uma vista boa.
Essa cadeira é muito baixa para a mesa.
Os preços estão mais baixos este mês.
A vida é cheia de altos e baixos.

short, low
Speak lower, please.
I'm the shortest in the family.
He is shorter than his brother.
His book was upside down.
She spoke in a low voice not to wake the baby.
Keep your head down while we pass.
The window is too low for a good view.
This chair is too low for the table.
Prices are lower this month.
Life is full of ups and downs.

402 – acordo
Eles chegaram a um acordo.
Eles quebraram o acordo no primeiro mês.
Por que você concordou com esse acordo?
Não me lembro, não estava de acordo.
Eles tentam chegar a um acordo há meses.
Estamos perto de chegar a um acordo.
Estou totalmente de acordo com sua decisão.
Eles estão de acordo com o plano de ação.
Acho que chegaremos a um acordo.
Se todos estiverem de acordo, podemos começar.

agreement, deal
They reached an agreement.
They broke the agreement in the first month.
Why did you agree to this deal?
I don't remember, I was not in agreement.
They tried to reach an agreement for months.
We are close to reaching an agreement.
I totally agree with your decision.
They agree with the action plan.
I think we will come to an agreement.
If everyone is in agreement, we can start.

403 – partir

Nos avise quando estiver pronto para partir.
A partir de amanhã, tudo vai mudar.
Ela tem o coração partido.
O trem parte às nove horas.
Ele partiu cedo de casa.
Meu sapato está partido no meio.
Eles partiram para a viagem na manhã seguinte.
Partimos em cinco minutos.
Ele partiu há dois anos.
O ônibus partiu às oito horas.

to leave, divide, separate, share, split

Let us know when you're ready to leave.
Starting tomorrow, everything will change.
She has a broken heart.
The train departs at nine o'clock.
He left home early.
My shoe is split in the middle.
They departed for the trip the next morning.
We leave in five minutes.
He left two years ago.
The bus departed at eight o'clock.

404 – novamente

Quando você nos visitará novamente?
Ela abriu o livro e começou a ler novamente.
Você pode me explicar isso novamente?
Choveu novamente durante a noite.
Ela teve que fazer o exame novamente.
Não quero passar por isso novamente.
Quando nos veremos novamente?
Por favor, me ligue novamente amanhã.
O povo falou a verdade novamente.
Eu pensei que nunca mais a veria novamente.

again

When will you visit us again?
She opened the book and started to read again.
Can you explain this to me again?
It rained again during the night.
She had to take the exam again.
I don't want to go through that again.
When will we see each other again?
Please call me again tomorrow.
The people have spoken the truth again.
I thought I'd never see her again.

405 – fogo

O fogo é perigoso.
A casa está pegando fogo.
Cuidado para não se queimar no fogo.
A casa foi destruída pelo fogo.
Eles usaram fogo para cozinhar a comida.
Os animais têm medo de fogo.
Mantenha as crianças longe do fogo.
Não brinque com fogo.
Fique longe da área, há risco de fogo.
Eles descobriram onde o fogo começou?

fire

Fire is dangerous.
The house is on fire.
Be careful not to burn yourself on the fire.
The house was destroyed by fire.
They used fire to cook the food.
Animals are afraid of fire.
Keep the children away from the fire.
Don't play with fire.
Stay away from the area, there's a risk of fire.
Did they figure out where the fire started?

406 – provavelmente
Provavelmente vou chegar atrasado.
Ela provavelmente esqueceu o nosso encontro.
Provavelmente vai chover hoje.
Este livro é provavelmente o melhor que já li.
Provavelmente não haverá aulas amanhã.
Provavelmente eu estava errado sobre isso.
Ela provavelmente não vai gostar deste filme.
Provavelmente você vai gostar deste livro.
Ela provavelmente já ouviu as notícias.
Ele gostou tanto que provavelmente voltará.

probably
I will probably arrive late.
She probably forgot our meeting.
It will probably rain today.
This book is probably the best I've read.
There probably won't be any classes tomorrow.
I was probably wrong about that.
She probably won't like this movie.
You will probably like this book.
She probably heard the news already.
He liked it so much, he'll probably be back.

407 – possível
É possível que ele não venha hoje.
Ela respondeu tão rápido quanto possível.
Tente ficar o mais calmo possível.
Não é possível fazer isso sem ajuda.
Vou chegar o mais rápido possível.
É possível que a situação mude.
Eu fiz o que foi possível naquele momento.
Vamos nos encontrar o mais breve possível.
Você realmente acha que isso é possível?
Ele jogou a bola tão longe quanto possível.

possible
It's possible that he won't come today.
She responded as quickly as possible.
Try to stay as calm as possible.
It's not possible to do this without help.
I will arrive as soon as possible.
It's possible that the situation will change.
I did what was possible at that time.
Let's meet as soon as possible.
Do you really think that's possible?
He threw the ball as far as possible.

408 – levantar
Você precisa levantar da cama agora.
Eu preciso levantar cedo para pegar o ônibus.
Levante essa caixa, por favor.
Quando ela entra, todo mundo levanta.
Levantei cedo para preparar o café da manhã.
Eu me levantei e caminhei até a janela.
Crianças, levantem-se, por favor.
Você levantou um ponto importante na reunião.
Ele levantou a mão para fazer uma pergunta.
Levantamos cedo para ver o nascer do sol.

to get up, lift, raise
You need to get out of bed now.
I need to get up early to catch the bus.
Lift that box, please.
When she enters, everyone stands up.
I got up early to prepare breakfast.
I got up and walked to the window.
Children, please get up.
You raised an important point in the meeting.
He raised his hand to ask a question.
We got up early to see the sunrise.

409 – jantar
Eu jantei muito tarde ontem.
Meus filhos sempre jantam às seis horas.
Eles jantaram com amigos naquela noite.
Já jantei.
Eu nunca sei o que fazer para o jantar.
O que tem para o jantar?
Vamos sair para o jantar?
Depois do jantar, eles jogaram cartas.
Como foi o jantar com seus pais?
O jantar na casa dele é sempre uma grande festa.

dinner; to eat dinner
I had dinner very late yesterday.
My kids always eat dinner at six o'clock.
They had dinner with friends that night.
I already ate dinner.
I never know what to make for dinner.
What's for dinner?
Shall we go out for dinner?
After dinner, they played cards.
How was the dinner with your parents?
Dinner at his house is always a big party.

410 – culpa
Não é culpa de ninguém.
Não é minha culpa.
Ele levou a culpa por algo que não fez.
Ele colocou a culpa em mim sem motivo.
Vamos descobrir de quem é a culpa.
É culpa dele termos chegado atrasados.
Não ponha a culpa em mim!
Você tem culpa nisso também.
Ela sente culpa por ter chegado tarde.
Nunca senti tanta culpa em minha vida.

fault, blame, guilt
It's nobody's fault.
It's not my fault.
He took the blame for something he didn't do.
He blamed me for no reason.
Let's find out whose fault it is.
It's his fault we arrived late.
Don't put the blame on me!
You are to blame for this too.
She feels guilty about arriving late.
I have never felt so much guilt in my life.

411 – sinal
Isso não é um bom sinal.
Estou sem sinal no meu celular.
O sinal da TV está muito ruim hoje.
Pare no sinal vermelho.
O sinal parece muito forte agora.
Ele fez um sinal com a cabeça que sim.
O professor deu o sinal para eles entrarem.
Não estamos vendo nem sinal de gente.
Não encontramos sinais deles no navio.
Eu não diria que há sinais de luta.

sign, signal
This is not a good sign.
I have no signal on my cell phone.
The TV signal is very poor today.
Stop at the red light.
The signal seems really strong now.
He nodded his head yes.
The teacher gave the signal for them to enter.
We're not seeing any sign of people.
We found no signs of them on the ship.
I wouldn't say there are signs of a struggle.

412 – equipe

Ele trabalha muito bem em equipe.
Nossa equipe está trabalhando no projeto.
Precisamos de mais pessoas na nossa equipe.
Não queremos perdê-lo para outra equipe.
Eles são uma equipe muito unida.
Ele é um novo membro da nossa equipe.
O importante é que somos uma equipe.
Ele queria fazer parte da nossa equipe.
A equipe médica fez um excelente trabalho.
Perdemos para duas das três equipes.

team

He works very well in a team.
Our team is working on the project.
We need more people on our team.
We don't want to lose him to another team.
They're a very close-knit team.
He is a new member of our team.
The important thing is we are a team.
He wanted to be part of our team.
The medical team did an excellent job.
We lost to two of the three teams.

413 – segurar

Segure a porta, por favor!
Segure a bola com as duas mãos.
Eu seguro minha opinião até saber mais.
Ele segura a porta para todos entrarem.
Eu posso segurar sua mão?
Você pode segurar o bebê, por favor?
Você está segurando isso errado.
Estou segurando o cachorro, você pode passar.
Ela segurou o bebê nos braços.
Segure minha bolsa enquanto procuro as chaves.

to hold

Hold the door, please!
Hold the ball with both hands.
I'll hold my opinion until I know more.
He holds the door for everyone to enter.
Can I hold your hand?
Can you hold the baby, please?
You're holding that wrong.
I'm holding the dog, you can go by.
She held the baby in her arms.
Hold my bag while I look for the keys.

414 – falta

Ainda sinto sua falta.
Eu sei que você ainda sente minha falta.
Você sente falta da sua família?
Que falta de respeito!
Sinto falta de morar na praia.
Sentimos falta de um líder neste projeto.
O único problema é a falta de tempo.
A falta de água é um problema sério aqui.
Sentimos sua falta na festa ontem.
O medo é a falta de confiança.

lack, absence

I still miss you.
I know that you still miss me.
Do you miss your family?
What a lack of respect!
I miss living by the beach.
We miss having a leader on this project.
The only problem is the lack of time.
The lack of water is a serious problem here.
We missed you at the party yesterday.
Fear is a lack of confidence.

415 – aceitar / to accept, agree

Você precisa aceitar que as coisas mudaram. — You need to accept that things have changed.
Você deve aceitar o conselho dela. — You should accept her advice.
Aceito sua opinião, mas não concordo. — I accept your opinion, but I don't agree.
Minha irmã aceitou se mudar para o Brasil. — My sister agreed to move to Brazil.
Ela finalmente aceitou que precisa de ajuda. — She finally accepted that she needs help.
Ele nunca aceita um não como resposta. — He never takes no for an answer.
Espero que você aceite minhas desculpas. — I hope you accept my apologies.
Eu aceitei o trabalho ontem. — I accepted the job yesterday.
Nós precisamos aceitar que cometemos um erro. — We need to accept that we made a mistake.
Nós aceitamos suas desculpas. — We accept your apologies.

416 – sala / room, living room, office

A sala de aula estava cheia. — The classroom was full.
A professora entrou na sala. — The teacher entered the room.
Vamos para a sala de reuniões. — Let's go to the meeting room.
Não trabalho nesta sala, mas naquela. — I don't work in this room, but in that one.
As crianças estão brincando na sala. — The children are playing in the living room.
A televisão na sala está muito alta. — The TV in the living room is very loud.
Preciso limpar a sala antes da festa. — I need to clean the living room before the party.
Precisamos colocar mais cadeiras na sala. — We need to put more chairs in the room.
A criança está brincando sozinha na sala. — The child is playing alone in the living room.
A sala de aula fica no segundo andar. — The classroom is on the second floor.

417 – perfeito / perfect

O dia está perfeito para ir à praia. — The day is perfect for going to the beach.
O plano deles é perfeito. — Their plan is perfect.
Esse emprego é perfeito para mim. — This job is perfect for me.
O filme teve um final perfeito. — The movie had a perfect ending.
Esse lugar é perfeito para relaxar. — This place is perfect for relaxing.
A voz dela é perfeita para essa música. — Her voice is perfect for this song.
A cor do carro dele é perfeita para ele. — The color of his car is perfect for him.
A ideia dela foi perfeita para resolver o problema. — Her idea was perfect to solve the problem.
Esses momentos em família são perfeitos. — These family moments are perfect.
As roupas que ela escolheu são perfeitas. — The clothes she chose are perfect.

418 – pior — worse, worst

O filme foi pior do que eu esperava. — The movie was worse than I expected.
Ele fez um trabalho pior desta vez. — He did a worse job this time.
Ela está se sentindo pior depois de comer. — She is feeling worse after eating.
Essa é a pior notícia que eu poderia receber. — This is the worst news I could receive.
Ele sempre espera o pior das pessoas. — He always expects the worst from people.
Esse é o pior dia da minha vida. — This is the worst day of my life.
Essa é a pior desculpa que eu já ouvi. — This is the worst excuse I've ever heard.
O pior da festa foi a música alta. — The worst part of the party was the loud music.
Os problemas de saúde dela ficaram piores. — Her health problems got worse.
As notícias só parecem ficar piores a cada dia. — The news only seems to get worse every day.

419 – confiar — to trust, believe

É difícil confiar nas pessoas hoje em dia. — It's hard to trust people these days.
Não posso confiar em um homem como ele. — I can't trust a man like him.
Confiar em estranhos pode ser perigoso. — Trusting strangers can be dangerous.
Eles não confiam em ninguém de fora da família. — They don't trust anyone from outside the family.
Confie em seu coração, ele sabe o que é certo. — Trust your heart, it knows what's right.
Confie em mim, tudo vai dar certo. — Trust me, everything will work out.
Eu confio em você para resolver o problema. — I trust you to solve the problem.
Eu não confio mais nela depois do que aconteceu. — I don't trust her anymore after what happened.
Ela não confia mais em si mesma. — She doesn't trust herself anymore.
Minha família confia no trabalho do médico. — My family trusts the doctor's work.

420 – sonho — dream

Eu tive um sonho estranho na noite passada. — I had a weird dream last night.
Estou vivendo um sonho! — I'm living a dream!
O sonho dela é ser médica. — Her dream is to be a doctor.
Qual é o seu maior sonho? — What is your biggest dream?
Meu maior sonho é ter uma família feliz. — My biggest dream is to have a happy family.
O sonho dela é morar em outro país. — Her dream is to live in another country.
Ela tem grandes sonhos. — She has big dreams.
Acredite nos seus sonhos. — Believe in your dreams.
Eu tenho esses sonhos para viver. — I have these dreams to live.
Os sonhos dos jovens são cheios de esperança. — The dreams of the youth are full of hope.

421 – naquele

Naquele dia, tudo mudou para sempre.
Eu estava naquele lugar quando aconteceu.
Eles se encontraram naquele café.
Naquele parque, há muitas árvores antigas.
Ele não estava em casa naquele momento.
Naquela loja, você pode encontrar de tudo.
Ela sempre se sentava naquela cadeira.
Naquela noite, o céu estava cheio de estrelas.
Ela estava muito feliz naquela manhã.
Estudamos juntos naquela escola.

in that

On that day, everything changed forever.
I was in that place when it happened.
They met at that café.
In that park, there are many old trees.
He wasn't home at that moment.
In that store, you can find everything.
She always sat in that chair.
That night, the sky was full of stars.
She was very happy that morning.
We studied together at that school.

422 – aonde

Eu sei aonde eles estão indo.
Aonde você vai tão cedo?
Aonde eles vão nas férias?
Ele perguntou aonde fica o banheiro.
Eles não sabem aonde ir para jantar.
Ela perguntou aonde eles foram na noite passada.
Aonde esse ônibus vai nos levar?
Ele não faz ideia aonde deixou o celular.
Aonde essa história vai nos levar?
Me diga aonde você quer ir e eu te levo.

where to

I know where they're going.
Where are you going so early?
Where are they going for vacation?
He asked where the bathroom is.
They don't know where to go for dinner.
She asked where they went last night.
Where is this bus going to take us?
He has no idea where he left his cell phone.
Where will this story take us?
Tell me where you want to go and I'll take you.

423 – especial

Hoje é um dia especial para nossa família.
O jantar de hoje será especial.
Este é um presente especial para você.
Aquela viagem foi uma experiência especial.
Esse lugar tem uma beleza especial.
Preciso de um cuidado especial com minha saúde.
Teremos um convidado especial hoje à noite.
Aquele momento foi muito especial para mim.
Eles têm planos especiais para o final de semana.
As crianças são especiais para a família.

special

Today is a special day for our family.
Tonight's dinner will be special.
This is a special gift for you.
That trip was a special experience.
This place has a special beauty.
I need special care with my health.
We'll have a special guest tonight.
That moment was very special to me.
They have special plans for the weekend.
The children are special to the family.

424 – leve
light

Coma algo leve antes da prova.
Eat something light before the test.
Este vestido leve é perfeito para hoje.
This light dress is perfect for today.
Preferimos comida leve à noite.
We prefer light food at night.
Essa mala é muito leve.
This suitcase is very light.
Vamos escolher um trabalho mais leve para hoje.
Let's choose a lighter job for today.
Eu uso roupas leves quando está quente.
I wear light clothes when it's hot out.
Ele só queria algo leve para o jantar.
He just wanted something light for dinner.
Eu só quero comer alguma coisa leve.
I just want to eat something light.
A música leve acalma a mente.
Light music calms the mind.
Use roupas leves em dias quentes.
Wear light clothes on hot days.

425 – comida
food, meal

Qual é a sua comida favorita?
What's your favorite food?
Ele está com saudades da comida da avó.
He misses his grandmother's food.
Vou buscar comida na cozinha.
I'm going to get food from the kitchen.
A festa tinha muita comida e bebida.
The party had a lot of food and drinks.
A comida da mãe dele é a melhor do mundo.
His mother's food is the best in the world.
Precisamos comprar comida para a semana.
We need to buy food for the week.
Vou fazer comida suficiente para toda a família.
I will make enough food for the whole family.
A comida de rua é muito popular no Brasil.
Street food is very popular in Brazil.
Minha mãe prepara minha comida favorita.
My mother prepares my favorite food.
Ela sempre leva comida para o trabalho.
She always takes food to work.

426 – preparar
to prepare

Pai adora preparar comida para a família.
Dad loves to prepare food for the family.
Vou preparar algo simples para o jantar.
I will prepare something simple for dinner.
Eu tenho que preparar o almoço antes de sair.
I have to prepare lunch before leaving.
Você não está preparado para ser pai.
You're not prepared to be a father.
Prepare-se para o que está por vir.
Prepare yourself for what's to come.
Ela se preparou muito bem para o trabalho.
She has prepared very well for the job.
Eles se prepararam para a longa viagem de carro.
They prepared for the long car trip.
Como eles prepararam o peixe?
How did they prepare the fish?
Eles estão preparando o quarto para o bebê.
They are preparing the room for the baby.
Eu preparo meu café da manhã todos os dias.
I make my breakfast every day.

427 – cama / bed

Nunca tomei café da manhã na cama.
I've never had breakfast in bed.

O cachorro sempre dorme na minha cama.
The dog always sleeps on my bed.

Eu gosto de ler na cama antes de dormir.
I like to read in bed before going to sleep.

Saia da cama!
Get out of bed!

O gato adora dormir na cama do meu irmão.
The cat loves to sleep on my brother's bed.

Preciso de uma cama nova, a minha está velha.
I need a new bed, mine is old.

Por favor, arrume a cama antes de sair.
Please make the bed before leaving.

Ela está tão cansada que foi direto para a cama.
She is so tired that she went straight to bed.

Ele ficou na cama por horas depois de acordar.
He stayed in bed for hours after waking up.

Ele ficou na cama até o meio-dia.
He stayed in bed until noon.

428 – divertir-se / to have fun, enjoy oneself

As crianças estão se divertindo no parque.
The children are having fun at the park.

Eu me diverti muito lendo esse livro.
I had a lot of fun reading this book.

Eles se divertiram muito durante a viagem.
They had a lot of fun during the trip.

Nós nos divertimos muito na festa ontem.
We had a lot of fun at the party yesterday.

Você se diverte brincando com seus filhos?
Do you have fun playing with your children?

Não precisamos de dinheiro para nos divertir.
We don't need money to have fun.

É mais fácil se divertir do que trabalhar.
It's easier to have fun than to work.

Você não pode se divertir o tempo todo.
You can't have fun all the time.

Vamos nos divertir muito neste fim de semana.
We're going to have a lot of fun this weekend.

Ele se diverte muito quando está com os amigos.
He has a lot of fun when he's with his friends.

429 – tio, tia / uncle, aunt

Meu tio me ensinou a jogar futebol.
My uncle taught me how to play soccer.

Ele é como um tio para mim.
He's like an uncle to me.

Meu tio se casou com uma mulher rica.
My uncle married a rich woman.

Não sou seu tio de verdade.
I'm not your real uncle.

Todos os meus tios moram em outra cidade.
All of my uncles live in another city.

Minha mãe conversa muito com minha tia.
My mom talks a lot with my aunt.

Minha tia gosta de cozinhar para a família.
My aunt likes to cook for the family.

Eu passei a noite na casa da minha tia.
I spent the night at my aunt's house.

Minha tia me ensinou vários jogos de cartas.
My aunt taught me several card games.

Temos três tias que moram ao lado.
We have three aunts who live next door.

430 – mexer

to mess with, bother, touch, stir

Pare de mexer no celular enquanto dirige. — Stop messing with your phone while driving.
Cara, não mexa comigo. — Dude, don't mess with me.
Coloque um pouco de água e mexa. — Add a little water and stir.
Eu disse a ela para não mexer nas minhas coisas. — I told her not to mess with my stuff.
Saiam todos e não mexam em nada. — Everyone leave and don't touch anything.
Não mexa com a minha irmã! — Don't mess with my sister!
Mexa o corpo, vamos dançar! — Move your body, let's dance!
Não mexa nas minhas coisas. — Don't mess with my stuff.
Não mexa com ele, ele é perigoso. — Don't mess with him, he's dangerous.
Não mexa nisso, pode quebrar! — Don't mess with that, it could break!

431 – paz

peace

Por favor, me deixe em paz. — Please leave me alone.
Eu só preciso de um pouco de paz. — I just need a little peace.
O mundo ainda não encontrou paz. — The world hasn't found peace yet.
O silêncio trouxe paz para ele. — Silence brought him peace.
Queremos paz para o nosso país. — We want peace for our country.
A criança dormia em paz. — The child slept peacefully.
Que a paz esteja com você. — May peace be with you.
O tempo de paz chegou ao fim. — The time of peace came to an end.
Ele lutou pela paz durante toda a sua vida. — He fought for peace throughout his life.
Vamos fazer as pazes e esquecer o passado. — Let's make peace and forget the past.

432 – pena

pity, penalty; feather

Que pena. — What a pity.
É uma pena que ele não possa vir. — It's a shame he can't come.
Você acha que vale a pena esperar? — Do you think it's worth waiting?
Sim, vale a pena. — Yes, it's worth it.
Não acho que vale a pena comprar isso. — I don't think it's worth buying this.
É uma pena que a festa acabou tão cedo. — It's a shame the party ended so early.
Sinto pena dele porque ele perdeu o emprego. — I feel sorry for him because he lost his job.
Não tenha pena de mim, eu estou bem. — Don't feel sorry for me, I'm fine.
Ela encontrou uma pena no chão. — She found a feather on the ground.
As penas dos pássaros são leves. — Bird feathers are light.

433 – valer
Quanto vale esse carro?
A saúde vale mais do que qualquer dinheiro.
Vale a pena tentar.
Não vale a pena discutir sobre isso agora.
Fora isso, a viagem valeu totalmente a pena.
Valeu pela ajuda, você é um ótimo amigo.
Eles esperam que isso valha a pena.
Eu não sabia que valia tanto.
Meus amigos valem muito para mim.
Eles acreditam que as ideias deles valem muito.

to be worth
How much is this car worth?
Health is worth more than any money.
It's worth trying.
It's not worth discussing this now.
Apart from that, the trip was totally worth it.
Thanks for the help, you're a great friend.
They hope this will be worth it.
I didn't know it was worth so much.
My friends are worth a lot to me.
They believe their ideas are worth a lot.

434 – cortar
Corte a carne em pedaços antes de cozinhar.
Cortamos caminho pela cidade.
Não posso cortar minha relação com ele agora.
Vamos cortar caminho pelo parque.
Ela vai cortar o cabelo hoje.
Vocês podem cortar esses papéis ao meio.
O hospital cortou a lista de espera pela metade.
Ele cortou o dedo enquanto cozinhava.
O carro cortou na minha frente.
Eu mesmo cortei a árvore.

to cut
Cut the meat into pieces before cooking.
We took a shortcut through the city.
I can't cut off my relationship with him now.
Let's cut through the park.
She's getting her hair cut today.
You can cut these papers in half.
The hospital cut the waiting list in half.
He cut his finger while cooking.
The car cut in front of me.
I cut down the tree myself.

435 – atenção
Atenção, por favor, o trem está chegando.
O bebê precisa de atenção.
Esse problema merece toda a nossa atenção.
A criança mais nova sempre quer atenção.
Os carros vermelhos chamam mais atenção.
Você deve dar mais atenção à sua saúde.
Ela pediu atenção a todos os convidados.
Estou tentando chamar a atenção do meu chefe.
Essa questão não tem recebido atenção suficiente.
Ele gosta de ser o centro das atenções.

attention
Attention, please, the train is arriving.
The baby needs attention.
This problem deserves all our attention.
The youngest child always wants attention.
Red cars attract the most attention.
You should give more attention to your health.
She asked all the guests for their attention.
I'm trying to catch my boss's attention.
This issue hasn't received enough attention.
He likes to be the center of attention.

436 – música / music, song

Não posso viver sem música. / I can't live without music.
Qual é o seu tipo favorito de música? / What's your favorite type of music?
Que tipo de música você gosta? / What kind of music do you like?
Quando a música começar, vamos dançar. / When the music starts, let's dance.
A música que ele ouve é muito calma. / The music he listens to is very calming.
Temos gostos diferentes para música. / We have different tastes in music.
Essa música sempre me faz sorrir. / This song always makes me smile.
Eu gosto de ouvir música antes de dormir. / I like to listen to music before sleeping.
Essa música me faz lembrar de algo especial. / This song reminds me of something special.
Vou colocar um pouco de música para a viagem. / I'll put on some music for the trip.

437 – final / final, end

No final do dia, estou sempre cansado. / At the end of the day, I'm always tired.
Vamos viajar no final de semana. / We'll travel over the weekend.
Aquele foi o final da história deles juntos. / That was the end of their story together.
No final, tudo deu certo. / In the end, everything turned out fine.
Ela gosta de descansar no final do dia. / She likes to relax at the end of the day.
Deixei o melhor para o final. / I saved the best for last.
Vamos nos encontrar no final da rua. / Let's meet at the end of the street.
O final da música é a minha parte favorita. / The end of the song is my favorite part.
Eles resolveram tudo no final. / They sorted everything out in the end.
No final do ano, faremos uma grande festa. / At the end of the year, we will have a big party.

438 – daquele / of that

Você lembra daquele dia na praia? / Do you remember that day on the beach?
Eu lembro daquele dia como se fosse ontem. / I remember that day as if it were yesterday.
Gostei muito do final daquele filme. / I really liked the ending of that movie.
A cor daquele carro é linda. / The color of that car is beautiful.
As cadeiras daquela sala estão velhas. / The chairs in that room are old.
Você lembra daquela conversa que tivemos? / Do you remember that conversation we had?
Daquela janela, você pode ver toda a cidade. / From that window, you can see the whole city.
Eu me lembro daquela festa como se fosse ontem. / I remember that party as if it were yesterday.
Ela gostou do estilo daqueles vestidos. / She liked the style of those dresses.
Os preços daquelas lojas são sempre bons. / The prices at those stores are always good.

439 – roupa / clothes

Eu vou trocar de roupa. — I'm going to change clothes.
Essa roupa é cara. — That clothing is expensive.
Como você troca de roupa tão rápido? — How do you change clothes so quickly?
Ela tem muitas roupas. — He has a lot of clothes.
As roupas dele estão sempre limpas. — His clothes are always clean.
Ela gasta muito dinheiro em roupas. — She spends a lot of money on clothes.
Eu nunca compro roupas de segunda mão. — I never buy secondhand clothes.
Eu preciso de roupas novas. — I need new clothes.
Essas roupas são perfeitas para uma festa. — These clothes are perfect for a party.
Ela comprou roupas novas ontem. — She bought new clothes yesterday.

440 – carta / letter, card

Recebi uma carta de uma grande amiga. — I received a letter from a good friend.
Ele não queria perder a carta. — He didn't want to lose the letter.
Eu li a carta dele com muito prazer. — I read his letter with great pleasure.
Atirei a carta na mesa e saí. — I tossed the letter on the table and left.
Você recebeu a carta que eu te enviei? — Did you receive the letter I sent you?
Ele leu a carta em voz alta para todos. — He read the letter out loud to everyone.
A carta de amor que ele escreveu era linda. — The love letter he wrote was beautiful.
Vamos jogar cartas hoje à noite? — Shall we play cards tonight?
Eles jogavam cartas para passar o tempo. — They played cards to pass the time.
Ela guardou todas as cartas de amor dele. — She kept all of his love letters.

441 – escolher / to choose

Você pode me ajudar a escolher? — Can you help me choose?
Você precisa escolher um novo plano de saúde. — You need to choose a new health plan.
Você já escolheu o nome do bebê? — Have you already chosen the baby's name?
Você escolheu um ótimo presente para ela. — You chose a great gift for her.
Ele foi escolhido para o time. — He was chosen for the team.
O nome escolhido é perfeito. — The chosen name is perfect.
Eu escolhi não ir à festa ontem à noite. — I chose not to go to the party last night.
Eu escolho você para o time. — I choose you for the team.
Ele sempre escolhe o mais fácil. — He always chooses the easiest one.
Ela escolhe com quem quer trabalhar. — She chooses with whom she wants to work.

442 – país

Eu amo meu país.
O Brasil é um país muito grande.
De qual país você é?
Aprendemos sobre esse país na escola.
Nosso país é conhecido pelo café.
Qual é o país mais frio do mundo?
Eu quero conhecer um novo país.
Ele mora em outro país agora.
Esse país é conhecido pela sua música.
Ela já visitou mais de dez países.

country

I love my country.
Brazil is a very large country.
Which country are you from?
We learned about that country in school.
Our country is known for its coffee.
What is the coldest country in the world?
I want to visit a new country.
He lives in another country now.
This country is known for its music.
She has already visited more than ten countries.

443 – guardar

Ela guarda fotos antigas da família em uma caixa.
Guarde essa ideia para o projeto.
Você pode guardar meu lugar?
Você pode guardar um segredo?
Guarde isso para quando você precisar.
Guarde isso para mais tarde.
Ela guardou o segredo até o fim.
Ela guardou as flores que você deu.
Eles guardaram o melhor para o final.
Vou guardar este livro para ler nas férias.

to save, keep

She keeps old family photos in a box.
Save that idea for the project.
Can you save my spot?
Can you keep a secret?
Keep this for when you need it.
Save that for later.
She kept the secret until the end.
She kept the flowers you gave her.
They saved the best for last.
I'll save this book to read on vacation.

444 – tchau

Vou embora, tchau!
Tchau, até amanhã!
Tchau, foi bom te ver.
Tchau, até a próxima.
Tchau, tchau, até logo.
Tchauzinho, beijos!
Tchau, se cuida.
Tchau, boa viagem!
Tchau, me ligue quando chegar em casa.
Tchau, amor, te amo muito.

bye

I'm leaving, bye!
Bye, see you tomorrow!
Bye, it was good to see you.
Bye, until next time.
Bye-bye, see you soon.
Bye-bye, kisses!
Bye, take care.
Bye, have a good trip!
Bye, call me when you get home.
Bye love, I love you very much.

445 – vender

Por que você quer vender todos os seus livros?
Ele vai vender o carro para comprar um novo.
O que vocês vendem aqui além de roupas?
Vendemos nossa casa no mês passado.
Você já vendeu o que queria?
Você já vendeu seu celular velho?
Eles ganham dinheiro vendendo drogas na rua.
Eles venderam tudo em uma semana.
Ela vende flores no mercado.
Eu vendi meu carro por um bom preço.

to sell

Why do you want to sell all your books?
He will sell the car to buy a new one.
What do you sell here besides clothes?
We sold our house last month.
Have you already sold what you wanted to?
Have you already sold your old cell phone?
They make money selling drugs on the street.
They sold everything in a week.
She sells flowers at the market.
I sold my car for a good price.

446 – controle

Ele está no controle da operação.
Você tem o controle da situação?
A situação parecia estar fora de controle.
Eu preciso ter mais controle sobre minha raiva.
As coisas saíram um pouco do controle.
Os alunos estão completamente fora de controle.
Você tem problemas de controle da raiva?
Ele não tem controle sobre a equipe.
A situação está fora do nosso controle.
Ela perdeu o controle do carro e bateu.

control

He is in control of the operation.
Do you have control of the situation?
The situation seemed to be out of control.
I need to have more control over my anger.
Things got a little out of control.
The students are completely out of control.
Do you have anger control problems?
He has no control over the team.
The situation is out of our control.
She lost control of the car and crashed.

447 – professor

Ele quer ser professor quando crescer.
O professor vai dar uma prova amanhã.
Ela perguntou algo ao professor.
Este professor dá muito dever de casa.
O professor pediu silêncio na sala.
Vocês já conheceram o novo professor?
Ela é uma ótima professora.
Ela é professora há mais de dez anos.
Os professores tiveram um encontro com os pais.
As professoras de português são excelentes.

teacher, professor

He wants to be a teacher when he grows up.
The teacher is going to give a test tomorrow.
She asked the teacher something.
This teacher gives a lot of homework.
The teacher asked for silence in the classroom.
Have you met the new teacher yet?
She is a great teacher.
She has been a teacher for over ten years.
The teachers had a meeting with the parents.
The Portuguese teachers are excellent.

448 – fato

O fato é que todos concordam.
Este fato mudou tudo.
Conheça os fatos antes de decidir.
Não há dúvida de que isso é um fato.
O fato é que ele não veio.
É um fato que a água é importante para a vida.
Não podemos mudar o fato de que o tempo passa.
Os fatos estão claros.
Aceite os fatos.
Os fatos não mentem.

fact

The fact is that everyone agrees.
This fact changed everything.
Know the facts before deciding.
There's no doubt that this is a fact.
The fact is that he didn't come.
It's a fact that water is important for life.
We can't change the fact that time passes.
The facts are clear.
Accept the facts.
Facts don't lie.

449 – notícias

Você viu as notícias desta semana?
Espero que ele traga boas notícias.
Espero que ela volte com boas notícias.
Espero que tragam boas notícias.
Quando chegar lá, mande notícias.
Daremos notícias de hora em hora.
As más notícias chegam rápido.
Hoje eu recebi uma boa notícia.
Ela recebeu uma notícia muito ruim.
Eles ficaram bastante surpresos com a notícia.

news

Have you seen this week's news?
I hope he brings good news.
I hope she comes back with good news.
I hope they bring good news.
When you get there, let me know.
We'll give updates hourly.
Bad news travels fast.
Today I received good news.
She received very bad news.
They were quite surprised by the news.

450 – chave

Eu perdi minha chave.
Você tem a chave do carro?
Ela encontrou a chave na bolsa.
A chave da porta da frente está na mesa.
A chave do sucesso é o trabalho duro.
Ele perdeu a chave de casa novamente.
Tentei lembrar onde deixei as chaves.
Encontrei as chaves de alguém no chão.
As chaves estão na porta.
Nenhuma dessas chaves abre a porta.

key

I lost my key.
Do you have the car key?
She found the key in her purse.
The front door key is on the table.
The key to success is hard work.
He lost his house key again.
I tried to remember where I left my keys.
I found somebody's keys on the ground.
The keys are in the door.
None of these keys open the door.

451 – presente

Eu tento viver no presente.
Ele estava presente na reunião.
Você deve viver no presente, não no passado.
Esse lindo dia é um presente da Mãe Natureza.
Ela sempre está presente quando preciso.
Qual foi o melhor presente que você já recebeu?
Estou seguro de que ela vai adorar o presente.
O melhor presente é estar com quem amamos.
Eu gosto de presentes que são feitos à mão.
Você já abriu seus presentes?

present, gift

I try to live in the present.
He was present at the meeting.
You must live in the present, not in the past.
This beautiful day is a gift from Mother Nature.
She's always present when I need her.
What was the best gift you ever received?
I'm sure she'll love the gift.
The best present is being with those we love.
I like presents that are handmade.
Have you opened your presents yet?

452 – fugir

Ele tentou fugir da polícia.
Não tente fugir dos seus problemas.
Está claro que você está fugindo de alguma coisa.
As pessoas estão fugindo porque têm medo.
Ela fugiu de casa para se casar com seu amor.
O gato fugiu pela janela.
Eu sempre fujo de festas cheias de gente.
Quando a situação fica difícil, ele foge.
Ela sempre foge dos problemas.
As coisas fugiram um pouco ao controle.

to run away, escape

He tried to run away from the police.
Don't try to run away from your problems.
It's clear you're running away from something.
People are running away because they're scared.
She ran away from home to marry her love.
The cat escaped through the window.
I always run away from crowded parties.
When the situation gets tough, he runs away.
She always runs away from her problems.
Things got a bit out of control.

453 – esconder

Não podemos esconder nossos problemas.
Você não precisa mais esconder a verdade.
Ele estava escondido atrás da porta.
Ela está escondendo a verdade?
O que você está escondendo de mim?
Ela escondeu seu amor por ele por anos.
Nunca esconda a verdade de seus pais.
As crianças adoram brincar de esconde-esconde.
As crianças estão se escondendo de mim.
Eles estão escondendo algo, posso sentir.

to hide

We can't hide our problems.
You don't need to hide the truth anymore.
He was hiding behind the door.
Is she hiding the truth?
What are you hiding from me?
She hid her love for him for years.
Never hide the truth from your parents.
Children love to play hide-and-seek.
The kids are hiding from me.
They're hiding something, I can feel it.

454 – hospital
Acordei um dia depois no hospital.
Ela trabalhava em um hospital.
Ele ficou no hospital por uma semana.
Ela teve que ir ao hospital ontem à noite.
O bebê nasceu no hospital na semana passada.
Ele foi ao hospital fazer alguns exames.
Ele passou a noite no hospital.
Eles foram ao hospital para visitar a avó.
O hospital fica perto da minha casa.
Eles visitaram o amigo no hospital.

hospital
I woke up a day later in hospital.
She used to work in a hospital.
He stayed in the hospital for a week.
She had to go to the hospital last night.
The baby was born at the hospital last week.
He went to the hospital to do some tests.
He spent the night in the hospital.
They went to the hospital to visit their grandma.
The hospital is near my house.
They visited their friend at the hospital.

455 – resto
Vou guardar o resto para depois.
O resto do grupo já foi embora.
Deixe o resto comigo.
Você pode comer o resto da minha comida.
O resto da semana vai ser muito ocupado.
Ela usou o resto do tempo para estudar.
Ela limpou o resto da sala.
O resto da família chegou mais tarde.
Ele passou o resto da noite em casa.
O resto da equipe está esperando.

rest, remainder
I'll save the rest for later.
The rest of the group has already left.
Leave the rest to me.
You can eat the rest of my food.
The rest of the week is going to be very busy.
She used the rest of the time to study.
She cleaned the rest of the room.
The rest of the family arrived later.
He spent the rest of the night at home.
The rest of the team is waiting.

456 – decidir
Precisamos decidir o que fazer.
Quando eles decidiram se casar?
Ela decidiu contar a verdade para todos.
Nós decidimos comprar uma casa nova.
Eu decidi estudar mais para passar na prova.
Eu decidi ler mais livros este ano.
Você já decidiu o que vai estudar?
Eles decidiram viajar nas férias.
Nós ainda não decidimos onde ir.
Eu ainda estou decidindo qual filme assistir.

to decide
We need to decide what to do.
When did they decide to get married?
She decided to tell the truth to everyone.
We decided to buy a new house.
I decided to study more to pass the test.
I decided to read more books this year.
Have you decided what you will study?
They decided to travel during the holidays.
We haven't decided where to go yet.
I'm still deciding which movie to watch.

457 – cheio
O ônibus estava cheio e não consegui entrar.
O restaurante fica cheio aos finais de semana.
Ele está cheio de ideias para o novo projeto.
Ele está cheio de amor para dar.
Ela está cheia de vontade de aprender.
A sala de aula estava cheia de alunos.
Ela está cheia de energia hoje.
Ela está cheia de planos para o futuro.
Os parques estão cheios de crianças.
As ruas estão cheias de carros.

full, crowded
The bus was full, and I couldn't get in.
The restaurant gets crowded on weekends.
He is full of ideas for the new project.
He is full of love to give.
She is full of desire to learn.
The classroom was full of students.
She is full of energy today.
She is full of plans for the future.
The parks are full of children.
The streets are full of cars.

458 – sob
Eu não quero trabalhar sob estas condições.
Eles dançavam sob as estrelas.
A empresa está sob nova direção.
Eles jogavam futebol sob o sol quente.
Alguma vez você já dormiu sob as estrelas?
A criança está sob os cuidados da avó.
Estamos sob um novo chefe.
A criança está sob os cuidados da tia.
O dinheiro estava sob o controle do banco.
Ela estava sob pressão para entregar o projeto.

under, below, beneath
I don't want to work under these conditions.
They danced under the stars.
The company is under new management.
They played soccer under the hot sun.
Have you ever slept under the stars?
The child is under the care of the grandmother.
We are under a new boss.
The child is in the aunt's care.
The money was under the control of the bank.
She was under pressure to deliver the project.

459 – informação
A informação é poder.
Não tenho informação sobre esse assunto.
Ela conseguiu a informação que precisava.
Essa informação é muito importante.
Aqui está toda a informação que você precisa.
Ele sempre busca informação antes de viajar.
Onde posso encontrar essas informações?
Todas as informações estão bem aqui.
Estou esperando pelas informações.
Preciso de mais informações para entender isso.

information
Information is power.
I don't have any information about this topic.
She got the information she needed.
This information is very important.
Here's all the information you need.
He always seeks information before traveling.
Where can I find this information?
All the information is right here.
I am waiting for the information.
I need more information to understand this.

460 – branco / white

Ele comprou um carro branco novo. — He bought a new white car.
O gato preto está comendo o rato branco. — The black cat is eating the white mouse.
Um pássaro branco voou sobre nós. — A white bird flew over us.
Um é vermelho e o outro é branco. — One is red and the other is white.
O cachorro é preto e branco. — The dog is black and white.
A flor branca é linda. — The white flower is beautiful.
A casa é branca com janelas azuis. — The house is white with blue windows.
A parede da sala é branca. — The living room wall is white.
Ele prefere sapatos brancos para o dia a dia. — He prefers white shoes for everyday wear.
Ela adora flores brancas. — She loves white flowers.

461 – resposta / answer, response

Ele não me deu resposta. — He didn't give me an answer.
Estou esperando a sua resposta. — I am waiting for your response.
Qual é a resposta certa? — What is the right answer?
Qual é a resposta certa para este problema? — What is the right answer to this problem?
A resposta para essa questão está no livro. — The answer to this question is in the book.
A resposta dela foi perfeita para a pergunta. — Her answer was perfect for the question.
Eu preciso de uma resposta para essa pergunta. — I need an answer to this question.
Ele deu três respostas diferentes. — He gave three different answers.
As suas respostas foram excelentes. — Your answers were excellent.
As respostas dele não fazem sentido. — His answers don't make sense.

462 – buscar / to look for, get

Vou buscar o relatório no escritório. — I will get the report from the office.
Eu vou buscar elas na escola. — I'll pick them up from school.
Ela sempre busca aprender coisas novas. — She always seeks to learn new things.
Ele busca ser uma pessoa melhor a cada dia. — He seeks to be a better person every day.
Ela sempre busca ajudar os outros quando pode. — She always seeks to help others when she can.
Estamos buscando novas ideias para o projeto. — We are looking for new ideas for the project.
Ele está buscando soluções para o problema. — He is looking for solutions to the problem.
Eles sempre buscam a verdade. — They always seek the truth.
Eles buscam novas oportunidades de negócios. — They seek new business opportunities.
Eles buscam o sentido da vida. — They seek the meaning of life.

463 – linha / line

Qual é a linha mais curta? — What's the shortest line?
Este é o fim da linha. — This is the end of the line.
Eles estão lutando na linha de frente. — They're fighting on the front line.
Leia essa linha em voz alta. — Read this line out loud.
A linha de chegada está logo ali. — The finish line is right there.
Há uma linha de ônibus que passa aqui. — There is a bus line that passes here.
A linha de pensamento dele é interessante. — His line of thought is interesting.
A linha está ocupada de novo. — The line is busy again.
Deixe mais espaço entre as linhas. — Leave more space between the lines.
Encontrei dez erros em dez linhas. — I found ten mistakes in ten lines.

464 – aparecer / to appear, show up

Ele prometeu aparecer na festa de aniversário. — He promised to show up at the birthday party.
Assim que o sol aparecer, vamos para casa. — As soon as the sun appears, we'll go home.
Uma ideia incrível apareceu na minha mente. — An amazing idea appeared in my mind.
De repente, ela apareceu na porta. — Suddenly, she appeared at the door.
Ela sempre aparece quando menos esperamos. — She always shows up when we least expect it.
Quando o sol aparece, as flores se abrem. — When the sun appears, the flowers open up.
Ela sempre aparece na hora certa. — She always shows up at the right time.
Apareça na reunião amanhã, por favor. — Please show up at the meeting tomorrow.
Espero que ele apareça logo, estamos atrasados. — I hope he shows up soon, we're late.
Eles apareceram de surpresa. — They showed up unexpectedly.

465 – fechar / to close, shut

Você pode fechar a janela? — Can you close the window?
Não se esqueça de fechar a porta ao sair. — Don't forget to close the door when you leave.
Feche a boca quando estiver comendo. — Close your mouth while eating.
Vamos fechar o negócio amanhã. — We will close the deal tomorrow.
Eles fecharam o negócio ontem. — They closed the deal yesterday.
O mercado fecha em cinco minutos. — The market closes in five minutes.
O banco fecha às três da tarde. — The bank closes at three in the afternoon.
Ela fechou o livro e foi dormir. — She closed the book and went to sleep.
Ele fechou os olhos e descansou. — He closed his eyes and rested.
Ela fechou a porta com força. — She closed the door firmly.

466 – engraçado   **funny**

Aquele filme é muito engraçado. — That movie is very funny.
O cachorro fez algo engraçado hoje. — The dog did something funny today.
O programa de televisão é bem engraçado. — The TV show is quite funny.
Ela tem um jeito engraçado de falar. — She has a funny way of speaking.
Ele contou uma história engraçada. — He told a funny story.
Ela riu da piada engraçada. — She laughed at the funny joke.
A maneira como ele dança é engraçada. — The way he dances is funny.
Seus amigos são tão engraçados. — Your friends are so funny.
Esse livro é cheio de partes engraçadas. — This book is full of funny parts.
Ele sempre conta piadas engraçadas. — He always tells funny jokes.

467 – perceber   **to notice, realize**

Eu percebi que ele estava triste. — I noticed that he was sad.
Eu não percebi que tinha alguém atrás de mim. — I didn't realize there was someone behind me.
Eu pude perceber que você não estava feliz. — I could tell that you weren't happy.
Quando eles vão perceber a verdade? — When will they realize the truth?
Você percebe alguma coisa estranha? — Do you notice anything strange?
Eles não perceberam a mudança. — They didn't notice the change.
Ela percebeu a diferença entre os dois. — She noticed the difference between the two.
Quando você percebeu que queria ser médico? — When did you realize you wanted to be a doctor?
Vocês já perceberam como o tempo passa rápido? — Have you ever noticed how fast time passes?
Nós percebemos o erro a tempo. — We realized the mistake in time.

468 – avião   **airplane, plane**

Aquele avião é enorme! — That airplane is enormous!
Ela tem medo de andar de avião. — She's afraid of flying.
Ele sempre viaja de avião a trabalho. — He always travels by plane for work.
Meus filhos nunca viajaram de avião. — My children have never traveled by airplane.
O avião partiu há uma hora. — The plane left an hour ago.
Eles estão dentro do avião agora. — They are inside the plane now.
Nós gostamos da vista do avião. — We like the view from the plane.
O avião faz muito barulho. — The plane makes a lot of noise.
Vejo três aviões no céu. — I see three planes in the sky.
Ela é boa em fazer aviões de papel. — She is good at making paper airplanes.

469 – morar / to live

Você gostaria de morar em outro país? / Would you like to live in another country?
Eu não gostaria de morar em um lugar frio. / I wouldn't like to live in a cold place.
Quero morar sempre perto de minha família. / I want to always live near my family.
Ela mora com os pais para cuidar deles. / She lives with her parents to take care of them.
Você está morando sozinho hoje em dia? / Are you living alone these days?
Eu não moro longe daqui. / I don't live far from here.
Eu já morei em vários lugares. / I have lived in several places.
Vocês moram aqui há quanto tempo? / How long have you been living here?
Nós moramos nesta casa há nove anos. / We have lived in this house for nine years.
Nós morávamos em um apartamento pequeno. / We used to live in a small apartment.

470 – televisão, TV / television, tv

Eu gosto de assistir televisão à noite. / I like to watch television at night.
Qual o seu programa favorito na televisão? / What's your favorite television show?
Eles assistem televisão enquanto jantam. / They watch television while eating dinner.
Eu prefiro ler um livro a assistir televisão. / I prefer reading a book to watching television.
Vamos assistir ao jogo na televisão hoje à noite. / Let's watch the game on television tonight.
Eu quero uma televisão maior. / I want a bigger television.
Ela comprou uma televisão nova ontem. / She bought a new television yesterday.
Minha esposa assiste à TV o tempo todo. / My wife watches tv all the time.
Eles têm uma televisão em cada quarto da casa. / They have a television in each room of the house.
Ela passou a noite toda assistindo televisão. / She spent the whole night watching television.

471 – dançar / to dance

Você quer dançar comigo? / Do you want to dance with me?
Eu não sei dançar muito bem. / I don't know how to dance very well.
Todo mundo na festa estava dançando. / Everyone at the party was dancing.
Naquela noite, eles dançaram até de manhã. / That night, they danced until the morning.
Eu dançava bastante quando era jovem. / I used to dance a lot when I was young.
Quando estou triste, dançar me faz sentir melhor. / When I'm sad, dancing makes me feel better.
Ela começou a dançar aos cinco anos. / She started dancing at five years old.
Meus avós dançam juntos toda noite. / My grandparents dance together every night.
Ela dança como se não houvesse amanhã. / She dances like there's no tomorrow.
Eu adoro dançar nas festas com meus amigos. / I love dancing at parties with my friends.

472 – virar / to turn

Não consigo virar minha cabeça. — I can't turn my head.
O barco está começando a virar. — The boat is starting to turn.
Vire o rosto para o sol. — Turn your face to the sun.
A história virou um filme. — The story became a movie.
Ele virou as costas para mim. — He turned his back on me.
O carro virou à esquerda. — The car turned to the left.
Ela virou a página do livro. — She turned the page of the book.
O carro virou na próxima rua. — The car turned on the next street.
Ela virou para me olhar. — She turned to look at me.
Ele virou a mesa de raiva após perder. — He flipped the table in anger after losing.

473 – cedo / early

Você deveria dormir cedo hoje. — You should go to bed early today.
Nós terminamos o trabalho cedo. — We finished the work early.
O mercado abre cedo pela manhã. — The market opens early in the morning.
Eu preciso sair cedo amanhã. — I need to leave early tomorrow.
Ela acordou cedo para correr. — She woke up early to run.
Ele foi para a cama cedo. — He went to bed early.
Não é cedo para aprender a cozinhar. — It's not too early to learn to cook.
Ela chegou cedo para ajudar a preparar a festa. — She arrived early to help prepare for the party.
Ainda é muito cedo para decidir sobre o futuro. — It's still too early to decide about the future.
É melhor chegar cedo para pegar um bom lugar. — It's better to arrive early to get a good spot.

474 – limpar / to clean

Eu odeio limpar a casa. — I hate cleaning the house.
Você pode limpar a mesa, por favor? — Can you clean the table, please?
Vou limpar o carro no fim de semana. — I'm going to clean the car on the weekend.
Nós vamos limpar a casa para a festa. — We are going to clean the house for the party.
Limpe bem as mãos antes de comer. — Clean your hands well before eating.
Limpe seu quarto, por favor. — Clean your room, please.
Você limpou o banheiro esta semana? — Did you clean the bathroom this week?
Ela limpou o quarto dela ontem. — She cleaned her room yesterday.
Passei a tarde toda limpando a casa. — I spent all afternoon cleaning the house.
Ela sempre limpa a cozinha depois de cozinhar. — She always cleans the kitchen after cooking.

475 – escritório — office

Acabei de chegar no escritório. — I've just arrived at the office.
Quero você em meu escritório agora mesmo. — I want you in my office right now.
Meu escritório fica no centro da cidade. — My office is located in the city center.
Ele passou o dia todo no escritório. — He spent the whole day in the office.
O escritório dele é muito longe de casa. — His office is very far from home.
Nós temos uma reunião no escritório. — We have a meeting at the office.
O novo escritório é maior que o antigo. — The new office is bigger than the old one.
Eles têm um escritório em casa para trabalhar. — They have a home office to work in.
O escritório fica fechado aos finais de semana. — The office is closed on weekends.
O escritório dela tem uma vista bonita da cidade. — Her office has a beautiful view of the city.

476 – livre — free

Eu estou livre amanhã à tarde. — I'm free tomorrow afternoon.
Temos um final de semana livre, vamos viajar? — We have a free weekend, should we travel?
Eles vivem em um país livre. — They live in a free country.
Ela se sente livre quando dança. — She feels free when she dances.
Nós temos tempo livre no fim de semana. — We have free time on the weekend.
Você é livre para escolher. — You are free to choose.
Ele se sente livre quando viaja sozinho. — He feels free when he travels alone.
O povo se sentiu livre novamente. — The people felt free again.
Eu gosto de caminhar em espaços livres. — I like to walk in open spaces.
Nós deixamos as crianças livres para brincar. — We leave the children free to play.

477 – verdadeiro — true, real, actual, truthful

Ele é um verdadeiro amigo. — He is a true friend.
Um verdadeiro amigo está sempre ao seu lado. — A true friend is always by your side.
Ninguém conhece o verdadeiro nome dele. — Nobody knows his real name.
Não vou dizer meu nome verdadeiro. — I'm not going to say my real name.
Ela espera encontrar amor verdadeiro. — She hopes to find true love.
Essa é uma história verdadeira? — Is that a true story?
Nós queremos saber a verdadeira razão. — We want to know the true reason.
A verdadeira beleza vem de dentro. — True beauty comes from within.
Nada é verdadeiro, salvo aquilo que não é dito. — Nothing is true except what remains unsaid.
As histórias são verdadeiras. — The stories are true.

478 – prova / test, exam, proof

Ele entregou a prova cedo. — He handed in the test early.
A prova será amanhã, então preciso estudar. — The exam is tomorrow, so I need to study.
Amanhã tenho uma prova importante na escola. — Tomorrow I have an important test at school.
A prova estava difícil, mas consegui passar. — The test was difficult, but I managed to pass.
Ela quer uma prova para ter certeza. — She wants proof to be sure.
A prova de amor que ele deu foi linda. — The proof of love he gave was beautiful.
Eles estão estudando juntos para as provas. — They are studying together for the exams.
Ela tirou boas notas em todas as provas. — She got good grades on all her tests.
Ela conseguiu passar em todas as provas. — She managed to pass all the tests.
Não temos nenhuma prova. — We don't have any evidence.

479 – explicar / to explain

Preciso explicar algo para você. — I need to explain something to you.
Você pode explicar de novo, por favor? — Can you explain again, please?
Ele não conseguiu explicar o problema. — He couldn't explain the problem.
Isso explica tudo! — This explains everything!
Explicarei as regras. — I'll explain the rules.
Por favor, explique como você fez isso. — Please explain how you did this.
Me explique isso. — Explain this to me.
Explique o que aconteceu na reunião. — Explain what happened at the meeting.
Eu expliquei a situação para meu chefe. — I explained the situation to my boss.
Eu já expliquei o que aconteceu ontem. — I already explained what happened yesterday.

480 – respeito / respect, regard, awe

Tenho muito respeito por você. — I have a lot of respect for you.
Ele sempre conversa com respeito. — He always speaks with respect.
O respeito é algo que se ganha. — Respect is something that is earned.
Ela merece respeito pelo seu trabalho. — She deserves respect for her work.
Eu ensino meus filhos a ter respeito. — I teach my children to have respect.
Nós devemos mostrar respeito aos mais velhos. — We must show respect to the elderly.
Eles têm respeito pela natureza. — They have respect for nature.
Ela age com respeito em todas as situações. — She acts with respect in all situations.
Eles tratam os professores com respeito. — They treat the teachers with respect.
Ele falou comigo com falta de respeito. — He spoke to me with a lack of respect.

481 – aprender
Estou aprendendo português.
Você está aprendendo rápido.
Nós podemos aprender muito com a história.
Eles vão aprender a trabalhar em equipe.
Eu quero aprender a fazer algo novo a cada dia.
Ela aprendeu a cozinhar com a avó.
Você aprenderá muito na escola.
Aprendi a ler quando era bem jovem.
Ele aprende rápido com os erros.
Nós aprendemos muito com nossos pais.

to learn
I'm learning Portuguese.
You are learning fast.
We can learn a lot from history.
They are going to learn to work as a team.
I want to learn to do something new every day.
She learned to cook with her grandmother.
You will learn a lot in school.
I learned to read when I was quite young.
He learns quickly from mistakes.
We learn a lot from our parents.

482 – responder
Você precisa responder à pergunta.
Você pode me responder o mais rápido possível?
Eu não sabia como responder.
Nós precisamos responder logo.
Ela sempre responde rápido às mensagens.
Eles não responderam ainda.
Eles responderam que não poderiam vir.
Ele não respondeu à minha pergunta.
Ela respondeu com muita calma.
Eu respondi à carta assim que a recebi.

to answer, respond
You need to answer the question.
Can you reply to me as soon as possible?
I didn't know how to answer.
We need to reply soon.
She always responds quickly to messages.
They haven't replied yet.
They replied that they couldn't come.
He didn't answer my question.
She replied very calmly.
I replied to the letter as soon as I received it.

483 – incrível
Trabalho com uma equipe incrível.
A festa foi incrível ontem à noite.
Ele tem uma memória incrível.
Ela tem uma voz incrível.
Foi incrível ver o pôr do sol na praia.
Foi uma experiência incrível.
A ajuda que ele nos deu foi incrível.
A força de vontade dela é incrível.
O novo restaurante serve uma comida incrível.
O filme tem efeitos especiais incríveis.

incredible, amazing
I work with an incredible team.
The party was incredible last night.
He has an incredible memory.
She has an amazing voice.
It was amazing to watch the sunset at the beach.
It was an incredible experience.
The help he gave us was incredible.
Her willpower is amazing.
The new restaurant serves incredible food.
The movie has incredible special effects.

484 – escolha
Não foi uma escolha fácil.
A vida é feita de escolhas.
Ele sempre faz a escolha errada.
Qual é a sua escolha para o jantar hoje?
Nem sempre a escolha mais fácil é a melhor.
A escolha é sua, faça o que achar melhor.
A escolha é entre ir ou ficar.
Qual filme você escolheu para assistir hoje?
Elas fizeram más escolhas na vida.
Não deixe que outros façam escolhas por você.

choice
It wasn't an easy choice.
Life is made up of choices.
He always makes the wrong choice.
What's your choice for dinner today?
The easiest choice is not always the best one.
The choice is yours, do what you think is best.
The choice is between going or staying.
Which movie did you choose to watch today?
They made bad choices in life.
Don't let others make choices for you.

485 – fundo
No fundo, ele sabia a verdade.
A chave está no fundo da bolsa dela.
O fundo do mar é muito escuro.
Eles sentaram no fundo da sala.
A foto tem um fundo bonito.
No fundo, ele queria ficar.
Ela parece feliz, mas no fundo está triste.
Ele guardou o segredo no fundo do coração.
Eu preciso levantar fundos para meu projeto.
Entramos na casa pela porta dos fundos.

deep; fund, bottom, background
Deep down, he knew the truth.
The key is at the bottom of her purse.
The bottom of the sea is very dark.
They sat at the back of the room.
The photo has a beautiful background.
Deep down, he wanted to stay.
She looks happy but deep down she is sad.
He kept the secret deep in his heart.
I need to raise funds for my project.
We entered the house through the back door.

486 – real
O sonho dele se tornou real.
A história parece tão real.
O amor entre eles é real.
Ela é um membro da família real.
Qual é sua opinião real sobre essa situação?
O problema é real e precisa ser resolvido.
O dinheiro no Brasil é chamado de "real".
Preciso de dez reais para o ônibus.
Quanto custa isso em reais?
Você me deve oito reais.

real, royal; real (R$ = currency)
His dream became real.
The story seems so real.
The love between them is real.
She's a member of the royal family.
What is your real opinion about this situation?
The problem is real and needs to be solved.
Money in Brazil is called the "real".
I need ten reais for the bus.
How much does this cost in reais?
You owe me eight reais.

487 – si / himself, herself

Ela cuida bem de si mesma. — She takes good care of herself.
Ele está seguro de si mesmo. — He's sure of himself.
Ela acredita em si mesma. — She believes in herself.
Ele sempre fala sobre si mesmo. — He always talks about himself.
Cada um por si. — Every man for himself.
A ideia em si não é ruim. — The idea is not in itself a bad one.
Os números falam por si mesmos. — The numbers speak for themselves.
Eles precisam confiar em si mesmos. — They need to trust themselves.
Ela guardou o segredo para si mesma. — She kept the secret to herself.
Ele confiou em si mesmo para tomar a decisão. — He trusted himself to make the decision.

488 – mensagem / message, note, text

Ela mandou uma mensagem para mim. — She sent a message to me.
A mensagem foi clara e direta. — The message was clear and direct.
Deixe uma mensagem depois do sinal. — Leave a message after the beep.
Estou esperando uma mensagem importante. — I am waiting for an important message.
Você pode ler a mensagem em voz alta? — Can you read the message out loud?
Vi sua mensagem, mas esqueci de responder. — I saw your message but forgot to reply.
Se precisar de ajuda, mande uma mensagem. — If you need help, send me a message.
Eu mandei uma mensagem de boa sorte. — I sent a good luck message.
A mensagem do livro foi clara para você? — Was the book's message clear to you?
Eu tentei enviar a mensagem, mas não consegui. — I tried to send the message, but I couldn't.

489 – preto / black

Meu gato é preto e branco. — My cat is black and white.
O vestido preto que ela usou era lindo. — The black dress she wore was beautiful.
Gosto de café preto. — I like black coffee.
Minha cor favorita é preto. — My favorite color is black.
O cabelo dela é preto como a noite. — Her hair is as black as the night.
Preto fica bem em você. — Black looks good on you.
De repente, tudo ficou preto. — Suddenly, everything went black.
Não sei se seu carro é preto ou verde escuro. — I don't know if your car is black or dark green.
A noite estava tão escura que parecia preta. — The night was so dark it seemed black.
Minha filha usa apenas roupas pretas. — My daughter only wears black clothes.

490 – sistema / system
Vamos tentar mudar o sistema. / Let's try to change the system.
Eu gostava mais do sistema antigo. / I liked the old system better.
O sistema de som é muito bom. / The sound system is very good.
Você consegue entrar no sistema? / Can you get into the system?
Eles têm controle sobre o sistema. / They have control over the system.
O sistema está funcionando sem problemas. / The system is running smoothly.
Preciso entender como funciona o sistema. / I need to understand how the system works.
O sistema de segurança do banco é excelente. / The bank's security system is excellent.
Eles estudam diferentes sistemas de energia. / They study different energy systems.
Ele trabalha com sistemas de computador. / He works with computer systems.

491 – futuro / future
Ele sempre pensa no futuro. / He always thinks about the future.
Ela não tinha nenhum plano para o futuro. / She didn't have any plans for the future.
Eu tenho grandes planos para o futuro. / I have big plans for the future.
O futuro está logo à frente. / The future is just ahead.
Não vejo futuro nisso. / I don't see a future in that.
Ele tem um ótimo futuro pela frente. / He has a great future ahead of him.
Eu não sei o que farei no futuro. / I don't know what I'll do in the future.
O futuro está nas mãos das nossas crianças. / The future is in the hands of our children.
Vamos pensar no futuro da nossa cidade. / Let's think about the future of our city.
Pense no futuro antes de tomar decisões. / Think about the future before making decisions.

492 – chão / floor, ground
Por que ele está dormindo no chão? / Why is he sleeping on the floor?
O cachorro dorme em uma cama no chão. / The dog sleeps in a bed on the floor.
Sentamos no chão e choramos juntas. / We sat on the floor and cried together.
Meus filhos deixam as roupas no chão. / My kids leave their clothes on the floor.
Quem deixou cair toda essa comida no chão? / Who dropped all this food on the floor?
Eles sentaram no chão para assistir ao pôr do sol. / They sat on the ground to watch the sunset.
Ele deixou o livro cair no chão sem querer. / He accidentally dropped the book on the floor.
Ela deixou a bolsa no chão ao lado da cadeira. / She left her purse on the floor next to the chair.
Precisaremos limpar o chão depois da festa. / We will need to clean the floor after the party.
Ela sentou no chão para brincar com o cachorro. / She sat on the floor to play with the dog.

493 – erro

Foi um grande erro.
Desculpe, foi um erro meu.
Um pequeno erro pode mudar tudo.
Aprendi com meu erro.
Não cometa o mesmo erro.
Houve um erro na conta.
Ela não perdoou o erro dele.
Todos cometem erros de vez em quando.
Vale a pena aprender com os erros.
Não há problema em cometer erros.

error, mistake

It was a big mistake.
Sorry, it was my mistake.
A small mistake can change everything.
I learned from my mistake.
Don't make the same mistake.
There was a mistake in the bill.
She didn't forgive his mistake.
Everyone makes mistakes from time to time.
It's worth learning from mistakes.
There's nothing wrong with making mistakes.

494 – céu

Perguntei a ela por que o céu é azul.
Ela olhou para o céu e fez um pedido.
O céu é o limite.
O avião voa alto no céu.
O céu está limpo hoje.
O céu mudou de cor.
O céu ficou vermelho no pôr do sol.
O céu está brilhante esta manhã.
O céu parece que vai chover.
Os céus limpos são perfeitos para voar.

sky

I asked her why the sky is blue.
She looked up at the sky and made a wish.
The sky's the limit.
The airplane flies high in the sky.
The sky is clear today.
The sky changed color.
The sky turned red at sunset.
The sky is bright this morning.
The sky looks like it's going to rain.
Clear skies are perfect for flying.

495 – soltar

Me solta!
Solte meu braço.
Soltamos os pássaros na natureza.
Não solte a minha mão.
Solte os cabelos e relaxe.
Ele soltou a mão da namorada.
A polícia o soltou.
Eles soltaram o cachorro no parque.
Quem soltou os cachorros?
Soltei os cachorros para que pudessem correr.

to let go, release

Let me go!
Let go of my arm.
We released the birds into the wild.
Don't let go of my hand.
Let your hair down and relax.
He let go of his girlfriend's hand.
The police let him go.
They let the dog out in the park.
Who let the dogs out?
I let the dogs out so they could run.

496 – ar / air

Preciso sair para tomar um pouco de ar. / I need to go out to get some air.
Abra a janela e deixe o ar entrar. / Open the window and let the air in.
Uma mudança de ar vai te fazer muito bem. / A change of air will do you a lot of good.
O ar está agradável hoje. / The air is pleasant today.
Feche a porta para não entrar ar frio. / Close the door so cold air doesn't come in.
O cheiro de comida está no ar. / The smell of food is in the air.
Sem ar, morreríamos. / Without air, we would die.
O ar está limpo depois da chuva. / The air is clean after the rain.
Adoro o cheiro do ar frio da montanha. / I love the smell of cold mountain air.
Eles correram e sentiram o ar frio no rosto. / They ran and felt the cold air on their faces.

497 – caixa / box, cashier

Ele abriu a caixa com cuidado. / He opened the box carefully.
O gato está dentro da caixa. / The cat is in the box.
Ela escondeu o dinheiro na caixa. / She hid the money in the box.
A caixa estava cheia de roupas velhas. / The box was full of old clothes.
Tudo o que tenho está nessa caixa. / Everything I have is in this box.
Vamos ver o que tem na caixa. / Let's see what's in the box.
Ela trabalha como caixa na loja. / She works as a cashier at the store.
As caixas pequenas são mais leves. / The small boxes are lighter.
Ele colocou as caixas no carro. / He put the boxes in the car.
O que há dentro dessas caixas? / What's inside those boxes?

498 – dor / pain, ache

Tenho dor de cabeça. / I have a headache.
A dor de cabeça piorou à noite. / The headache got worse at night.
Ela chorou de dor quando caiu. / She cried in pain when she fell.
Ele sentiu dor ao levantar. / He felt pain when getting up.
De repente, ele sentiu uma dor no braço. / He suddenly felt a pain in his arm.
A dor de perder alguém é grande. / The pain of losing someone is great.
Estou sentindo uma dor forte nas costas. / I'm feeling a strong pain in my back.
Ele tentou se sentar, mas a dor era terrível. / He tried to sit down, but the pain was terrible.
A dor é a maneira de seu corpo dizer "pare". / Pain is your body's way of saying "stop".
Ela sofre de dores nas mãos. / She suffers from hand pains.

499 – mente / mind

Tente manter a mente aberta. — Try to keep an open mind.
Ela tem uma mente brilhante. — She has a brilliant mind.
A música traz paz à minha mente. — Music brings peace to my mind.
Ele sempre fala o que vem à mente. — He always says what comes to mind.
A mente dela é como um livro aberto. — Her mind is like an open book.
Mantenha sua mente aberta para novas ideias. — Keep your mind open to new ideas.
Não consigo tirar essa ideia da minha mente. — I can't get this idea out of my mind.
A mente dele está sempre trabalhando. — His mind is always working.
Meu propósito é mudar mentes e corações. — My purpose is to change minds and hearts.
Mentes brilhantes mudam o mundo. — Brilliant minds change the world.

500 – quebrar / to break

Cuidado para não quebrar isso. — Be careful not to break this.
Não quebre as regras do jogo. — Don't break the game rules.
O vento forte quebrou várias árvores. — The strong wind broke several trees.
Ele quebrou o silêncio com uma pergunta. — He broke the silence with a question.
O carro quebrou no meio da estrada. — The car broke down in the middle of the road.
Ela quebrou o coração dele. — She broke his heart.
Ele quebrou a chave na porta. — He broke the key in the door.
As crianças quebraram a janela sem querer. — The kids accidentally broke the window.
Eles quebraram o gelo com uma piada engraçada. — They broke the ice with a funny joke.
Não quebrem as regras da escola. — Don't break the school rules.

501 – cabelo / hair

Estou perdendo meu cabelo. — I'm losing my hair.
Ela colocou uma flor em seu cabelo. — She put a flower in her hair.
Ele tem cabelo branco. — He has white hair.
Ele corta o cabelo uma vez por mês. — He cuts his hair once a month.
Ela passou a mão pelos cabelos dela. — She ran her hand through her hair.
Ele está deixando o cabelo crescer. — He is letting his hair grow.
Meu cabelo está crescendo rápido. — My hair is growing fast.
Preciso cortar meu cabelo, ele está muito grande. — I need to cut my hair, it's too long.
Ele sempre arruma o cabelo antes de sair. — He always fixes his hair before going out.
Não sei dizer qual é a cor de seu cabelo. — I can't tell what color your hair is.

502 – avisar
Eu te avisei sobre isso.
Eu avisei a todos sobre a festa.
Você pode me avisar se algo mudar?
Avise a gente se você precisar de ajuda.
Preciso avisar meus pais.
Avise sua mãe que chegaremos mais tarde.
Ela avisou que não estava se sentindo bem.
Nós te avisaremos quando for a hora.
Você foi avisado sobre a mudança?
Eles nos avisaram sobre a mudança de planos.

to warn, let know
I warned you about that.
I let everyone know about the party.
Can you let me know if anything changes?
Let us know if you need help.
I need to let my parents know.
Let your mom know we'll arrive later.
She warned that she wasn't feeling well.
We'll let you know when it's time.
Were you informed about the change?
They let us know about the change of plans.

503 – desejar
Desejo a você tudo de bom.
Desejo a você muita paz e amor.
Desejo que tudo dê certo para você.
Ele deseja viajar pelo mundo.
Ela desejou que tudo desse certo.
Isso deixa muito a desejar.
Eles desejam abrir um negócio próprio.
Eles desejam passar mais tempo juntos.
Desejamos a todos um ótimo dia.
Desejamos que você tenha uma boa viagem.

to wish, desire
I wish you all the best.
I wish you much peace and love.
I wish that everything goes well for you.
He wishes to travel the world.
She wished everything would work out.
This leaves a lot to be desired.
They desire to open their own business.
They wish to spend more time together.
We wish everyone a great day.
We wish you a good trip.

504 – grupo
O grupo de amigos saiu para jantar.
Tem um grupo de pessoas na entrada.
Um grupo de alunos está estudando junto.
O grupo chegou cedo para a reunião.
Vamos nos encontrar com o grupo amanhã.
Estou em um grupo de música na escola.
Ela faz parte de um grupo de dança.
Tem um grupo de crianças no parque.
O grupo discutiu o plano de ação.
O grupo de alunos fez um trabalho em grupo.

group
The group of friends went out for dinner.
There is a group of people at the entrance.
A group of students is studying together.
The group arrived early for the meeting.
Let's meet with the group tomorrow.
I'm in a music group at school.
She is part of a dance group.
There is a group of children in the park.
The group discussed the action plan.
The group of students did a group project.

505 – segredo

Eu não escondi nenhum segredo dele.
Nós prometemos nunca contar o segredo.
Eu confiei nele para guardar meu segredo.
Não conte a ninguém, é um segredo.
Ela guardou o segredo por muitos anos.
Qual é o segredo para uma vida feliz?
Não há segredo, é só trabalhar duro.
Não é mais segredo que eles estão juntos.
Este é um segredo bem guardado.
Eu tenho um segredo para te contar.

secret

I didn't hide any secrets from him.
We promised never to tell the secret.
I trusted him to keep my secret.
Don't tell anyone, it's a secret.
She kept the secret for many years.
What's the secret to a happy life?
There's no secret, it's just hard work.
It's no longer a secret that they are together.
This is a well-kept secret.
I have a secret to tell you.

506 – entregar

Ela entregou o presente para a amiga.
Você já entregou o relatório?
Você pode entregar essa carta para mim?
Quando você vai entregar o projeto?
Você pode entregar isso para ela, por favor?
O restaurante entrega comida em casa.
O pedido será entregue hoje à tarde.
Entregamos o relatório para o chefe.
A loja entrega para todo o país.
Eles entregaram as chaves do apartamento.

to deliver, hand over, give

She gave the gift to her friend.
Have you already submitted the report?
Can you deliver this letter for me?
When are you going to turn in the project?
Can you hand this to her, please?
The restaurant delivers food to your home.
The order will be delivered this afternoon.
We submitted the report to the boss.
The store delivers nationwide.
They handed over the apartment keys.

507 – finalmente

Finalmente compramos nossa primeira casa.
Finalmente entramos no trem.
Ela finalmente encontrou as chaves.
O bebê finalmente dormiu.
Eles finalmente se casaram!
Finalmente nos encontramos.
Esta semana, finalmente aprendi a dirigir.
Finalmente chegou o dia da viagem!
O sol finalmente apareceu após muita chuva.
Ela finalmente conseguiu o emprego dos sonhos.

finally, in the end, at last

We finally bought our first house.
We finally got on the train.
She finally found the keys.
The baby finally went to sleep.
They finally got married!
We finally found each other.
This week I finally learned to drive.
Finally, the day of the trip has arrived!
The sun finally came out after a lot of rain.
She finally got her dream job.

508 – mesa / table, desk

Cada mesa tem um número. / Each table has a number.
Vamos sentar à mesa para conversar. / Let's sit at the table to talk.
Ela comprou uma mesa nova para o escritório. / She bought a new desk for the office.
Não coloque todas as suas coisas na mesa. / Don't put all your stuff on the table.
O cachorro está embaixo da mesa. / The dog is under the table.
Por que você comprou uma mesa tão grande? / Why did you buy such a big desk.
Eu gosto de estudar na mesa perto da janela. / I like to study at the table near the window.
Leve toda essa comida para a mesa número seis. / Take all this food to table number six.
A mesa é grande o suficiente para dez pessoas. / The table is large enough for ten people.
O trabalho dele é limpar e arrumar as mesas. / His job is to clean and tidy the tables.

509 – subir / to climb, get on, go up

Vamos subir na árvore juntos. / Let's climb the tree together.
Eu me sinto bem quando subo montanhas. / I feel good when I climb mountains.
Eu sempre subo pelas escadas quando possível. / I always take the stairs when possible.
Ela subiu para o segundo andar. / She went up to the second floor.
Vamos subir no ônibus. / Let's get on the bus.
Eles subiram a montanha juntos. / They climbed the mountain together.
Vou subir o vídeo. / I am going to upload the video.
Ele sempre sobe as escadas correndo. / He always runs up the stairs.
Suba até o último andar e espere lá. / Go up to the top floor and wait there.
Os preços subiram muito nos últimos meses. / Prices have risen a lot in the last few months.

510 – modo / way, mode, manner

Qual é o melhor modo de chegar lá? / What's the best way to get there?
Eu gosto do modo como ela canta. / I like the way she sings.
O modo como ela dança é incrível. / The way she dances is amazing.
Estamos no modo de espera. / We are in standby mode.
Não entendo o modo como ele pensa. / I don't understand the way he thinks.
O modo como você fala pode mudar tudo. / The way you speak can change everything.
Ela falou de modo gentil. / She spoke kindly.
Ele sempre encontra um modo de me fazer rir. / He always finds a way to make me laugh.
Ele mudou seu modo de agir depois do acidente. / He changed the way he acts after the accident.
Gostei do modo como você resolveu o problema. / I liked the way you solved the problem.

511 – inteiro — entire, whole

Ela esperou o tempo inteiro. — She waited the entire time.
Vou tirar o mês inteiro de férias. — I'm going to take the whole month off.
Ela leu o livro inteiro em um final de semana. — She read the entire book in one weekend.
Passei o dia inteiro estudando para a prova. — I spent the whole day studying for the exam.
Ele comeu o bolo inteiro sozinho. — He ate the entire cake by himself.
Daqui você pode ver a cidade inteira. — From here you can see the whole city.
Ela passou a semana inteira de cama. — She spent the whole week in bed.
A família inteira veio para a festa. — The entire family came to the party.
A rua inteira ficou sem luz. — The entire street was without light.
Passamos a tarde inteira juntos. — We spent the entire afternoon together.

512 – assunto — subject, matter, topic

Estamos cansados desse assunto. — We are tired of this topic.
Você já pensou nesse assunto? — Have you thought about this subject?
Vamos direto ao assunto. — Let's get straight to the point.
Não fuja do assunto. — Don't avoid the topic.
Não quero falar sobre esse assunto agora. — I don't want to talk about this subject now.
Vamos deixar esse assunto para depois. — Let's leave this matter for later.
Temos que resolver esses assuntos hoje. — We need to resolve these matters today.
Esse é um dos assuntos mais importantes. — This is one of the most important topics.
Os assuntos da reunião foram todos resolvidos. — All the subjects of the meeting were resolved.
Temos muitos assuntos para discutir. — We have many topics to discuss.

513 – aberto — open

Há um livro aberto na mesa. — There's an open book on the table.
Ele é muito aberto a novas ideias. — He's very open to new ideas.
Estou aberto a ouvir sua opinião. — I'm open to hearing your opinion.
O parque abre cedo e fica aberto até tarde. — The park opens early and stays open until late.
O banco fica aberto até as quatro da tarde. — The bank is open until 4pm.
Ele tem uma mente muito aberta. — He has a very open mind.
A porta está aberta. — The door is open.
A janela ficou aberta a noite toda. — The window was open all night.
Os restaurantes ficam abertos até meia-noite. — The restaurants stay open until midnight.
As janelas do carro ainda estão abertas. — The car windows are still open.

514 – costa
Há boas praias na costa.
Vamos dirigir pela costa até a próxima cidade.
Minhas costas estão doendo.
Ele virou as costas para o amigo.
Ele virou as costas e foi embora.
Eu durmo de costas.
Ela dormia de costas para ele.
Eles estavam de costas para a porta.
Ela virou as costas para o passado.
Ela usou uma bolsa de água quente nas costas.

coast; back
There are good beaches on the coast.
Let's drive along the coast to the next city.
My back is hurting.
He turned his back on his friend.
He turned his back and left.
I sleep on my back.
She slept with her back to him.
They had their backs to the door.
She turned her back on the past.
She used a hot water bag on her back.

515 – situação
A situação fugiu do controle.
Não é uma situação fácil de lidar.
Ele não soube lidar com a situação.
Não quero me envolver nessa situação.
Não sei como sair dessa situação.
Explicamos a situação para todos.
Ele pôs um ponto final naquela situação.
Mantenha a calma em situações perigosas.
Em certas situações, é melhor ficar em silêncio.
Ela passou por situações difíceis na vida.

situation
The situation got out of control.
It's not an easy situation to deal with.
He didn't know how to handle the situation.
I don't want to get involved in this situation.
I don't know how to get out of this situation.
We explained the situation to everyone.
He put an end to that situation.
Stay calm in dangerous situations.
In certain situations, it is better to stay silent.
She has gone through difficult situations in life.

516 – mentir
Eu tento nunca mentir.
Ela prometeu não mentir mais.
Ele mentiu sobre a idade dele.
Eu sei que você está mentindo!
Ela está mentindo novamente.
Eles mentiram sobre o que aconteceu.
Você acha que eu mentiria para você?
Por que as pessoas mentem tanto?
Os números não mentem.
Não gosto quando as pessoas mentem para mim.

to lie
I try to never lie.
She promised not to lie anymore.
He lied about his age.
I know you're lying!
She is lying again.
They lied about what happened.
Do you think I would lie to you?
Why do people lie so much?
The numbers don't lie.
I don't like it when people lie to me.

517 – bola — ball

Ele brincou com a bola nova hoje. — He played with the new ball today.
Eles estão jogando bola na praia. — They are playing ball on the beach.
Ela pegou a bola com uma mão. — She caught the ball with one hand.
Eles jogaram a bola para o alto. — They tossed the ball up high.
A bola ficou presa na árvore. — The ball got stuck in the tree.
Eu pedi que ele jogasse a bola de volta para mim. — I asked him to throw the ball back to me.
Ele comprou uma bola de futebol nova. — He bought a new soccer ball.
A bola está vazia. — The ball has no air.
Tem a forma de uma bola. — It has the shape of a ball.
Quantas bolas você trouxe? — How many balls did you bring?

518 – criar — to create, raise, develop

Eu criei minha própria empresa. — I created my own company.
A empresa cria empregos. — The company creates jobs.
Nós criamos uma equipe forte. — We created a strong team.
Nós criamos um plano para o futuro. — We created a plan for the future.
Ela cria histórias incríveis. — She creates amazing stories.
Ela cria os filhos sozinha. — She raises her children on her own.
Eles estão criando um novo projeto. — They are developing a new project.
Nós estamos criando um plano de negócios. — We are creating a business plan.
Eles criam jogos divertidos. — They create fun games.
Meus pais me criaram com amor. — My parents raised me with love.

519 – animal — animal

Ele adora animais. — He loves animals.
Que animal é aquele? — What animal is that?
Os animais podem sentir dor. — Animals can feel pain.
Alguns animais vivem em grupos. — Some animals live in groups.
Os animais podem ser grandes ou pequenos. — Animals can be big or small.
Algumas pessoas têm medo de certos animais. — Some people are afraid of certain animals.
Ela gosta de cuidar de animais. — She likes taking care of animals.
Alguns animais são perigosos para as pessoas. — Some animals are dangerous to people.
Existem muitos animais diferentes no mundo. — There are many different animals in the world.
Os animais são importantes para a natureza. — Animals are important for nature.

520 – após
Ele saiu após o jantar.
Após a chuva, o sol apareceu.
Vamos conversar após a reunião.
Eles foram para casa após o filme.
Ela ligou para ele após receber a notícia.
Todos eles ficaram doentes após a viagem.
Ele sempre toma um café após o almoço.
A loja fechou após as oito horas.
Ela sempre estuda após o jantar.
Eles se mudaram para a cidade após o casamento.

after
He left after dinner.
After the rain, the sun came out.
Let's talk after the meeting.
They went home after the movie.
She called him after receiving the news.
They all got sick after the trip.
He always has a coffee after lunch.
The store closed after eight o'clock.
She always studies after dinner.
They moved to the city after the wedding.

521 – cachorro
O cachorro é o melhor amigo do homem.
Ela ama passar tempo com seu cachorro.
O cachorro fugiu de casa.
Você precisa chamar seu cachorro de volta.
O cachorro está brincando com a bola.
Ela levou o cachorro para passear no parque.
O cachorro está correndo atrás do gato.
Eles têm dois cachorros em casa.
Os cachorros correram para a porta.
Ela passeia com os cachorros todas as manhãs.

dog
The dog is man's best friend.
She loves spending time with her dog.
The dog ran away from home.
You need to call your dog back.
The dog is playing with the ball.
She took the dog for a walk in the park.
The dog is chasing the cat.
They have two dogs at home.
The dogs ran to the door.
She walks the dogs every morning.

522 – maravilhoso
Foi maravilhoso ver você novamente.
Ela teve um dia maravilhoso na praia.
O cheiro das flores é maravilhoso.
Foi maravilhoso receber sua carta.
Essa foi uma experiência maravilhosa.
Ela tem uma voz maravilhosa.
A viagem foi maravilhosa.
A vista da montanha é maravilhosa.
A comida no restaurante estava maravilhosa.
Eles são pais maravilhosos.

wonderful
It was wonderful to see you again.
She had a wonderful day at the beach.
The smell of the flowers is wonderful.
It was wonderful to receive your letter.
That was a wonderful experience.
She has a wonderful voice.
The trip was wonderful.
The view from the mountain is wonderful.
The food at the restaurant was wonderful.
They are wonderful parents.

523 – motivo

Ela não tinha motivo para mentir.
Não há motivo para se preocupar.
Qual foi o seu motivo para fazer isso?
Quero entender o motivo de suas ações.
Ele explicou o motivo da decisão dele.
Não importa qual foi o motivo.
Qual foi o motivo da sua viagem?
Ela tinha vários motivos para estar feliz.
Eles tinham motivos para estarem orgulhosos.
Eles têm motivos suficientes para se preocupar.

reason, motive

She had no reason to lie.
There's no reason to worry.
What was your reason for doing this?
I want to understand the reason for your actions.
He explained the reason for his decision.
It doesn't matter what the motive was.
What was the reason for your trip?
She had several reasons to be happy.
They had reasons to be proud.
They have enough reasons to worry.

524 – regra

Você sabe explicar essa regra?
A primeira regra é não falar sobre isso.
Temos uma nova regra na empresa.
Existem regras aqui.
Conheço as regras do jogo.
É importante que vocês se lembrem das regras.
Por que existem tantas regras?
Eles mudaram as regras por causa dele.
Você deve seguir as regras.
As regras do jogo são fáceis de entender.

rule

Can you explain this rule?
The first rule is not to talk about it.
We have a new rule in the company.
There are rules here.
I know the rules of the game.
It's important that you remember the rules.
Why are there so many rules?
They changed the rules because of him.
You must follow the rules.
The rules of the game are easy to understand.

525 – frio

Eu não gosto de frio.
Você está com frio?
Estou com frio.
O chá quente é perfeito para o frio.
Ele gosta de tomar café quente no frio.
Ela colocou um casaco porque estava frio.
Por que minha comida está fria?
Ele me deu uma resposta fria.
Os dias frios pedem roupas quentes.
As noites são frias nas montanhas.

cold

I don't like the cold.
Are you cold?
I'm cold.
Hot tea is perfect for the cold.
He likes to drink hot coffee in the cold.
She put on a coat because it was cold.
Why is my food cold?
He gave me a cold response.
Cold days call for warm clothes.
Nights are cold in the mountains.

526 – simples | simple

A verdade é simples: ele mentiu.	The truth is simple: he lied.
Não é tão simples quanto você pensa.	It's not as simple as you think.
Ele fez uma pergunta simples.	He asked a simple question.
A resposta é simples.	The answer is simple.
Ninguém nunca disse que a vida é simples.	No one ever said life is simple.
A casa deles é bem simples.	Their house is quite simple.
A ideia por trás do projeto era simples.	The idea behind the project was simple.
A festa foi simples, mas divertida.	The party was simple but fun.
O problema é mais simples do que parece.	The problem is simpler than it seems.
As coisas mais simples da vida são as melhores.	The simplest things in life are the best.

527 – emprego | job

Ela conseguiu um novo emprego.	She got a new job.
O novo emprego fica mais perto de casa.	The new job is closer to home.
Preciso encontrar um novo emprego logo.	I need to find a new job soon.
Ela decidiu mudar de emprego.	She decided to change jobs.
Pensei em mudar de emprego.	I've thought about changing jobs.
Meu primeiro emprego foi em uma loja.	My first job was in a store.
Perder o emprego foi ruim para ele.	Losing the job was bad for him.
Muitas pessoas perderam o emprego.	Many people lost their jobs.
O emprego dos sonhos dela é ser médica.	Her dream job is to be a doctor.
Adoramos nossos empregos.	We love our jobs.

528 – local | local; place, site, location

Vamos nos encontrar no local de sempre.	Let's meet at the usual place.
Você conhece algum local bom para jantar?	Do you know any good place for dinner?
O local da reunião mudou na última hora.	The meeting location changed at the last minute.
Ele lê o jornal local todos os dias.	He reads the local newspaper every day.
Esse é um local seguro para visitar?	Is this a safe place to visit?
Ela está procurando um novo local para morar.	She is looking for a new place to live.
O local escolhido para a festa foi perfeito.	The chosen location for the party was perfect.
O local de trabalho dele fica no centro da cidade.	His workplace is located in the city center.
Ele conhece os melhores restaurantes locais.	He knows the best local restaurants.
Os parques locais são bem cuidados.	The local parks are well cared for.

529 – duro — hard, tough

O professor é duro, mas ensina bem. — The teacher is tough but teaches well.
Ele teve um dia duro no trabalho. — He had a tough day at work.
O pão ficou muito duro após alguns dias. — The bread became very hard after a few days.
O chão de pedra é muito duro. — The stone floor is very hard.
Ele trabalha duro todos os dias. — He works hard every day.
As regras aqui são bastante duras. — The rules here are quite strict.
Foi uma verdade dura de ouvir. — It was a hard truth to hear.
A vida na cidade grande pode ser dura. — Life in the big city can be hard.
Ela é uma mulher forte e de coração duro. — She's a strong, hard-hearted woman.
A carne está muito dura para comer. — The meat is too tough to eat.

530 – normal — normal, standard, regular

É normal se sentir assim. — It's normal to feel this way.
Ela leva uma vida normal no campo. — She leads a normal life in the countryside.
O dia começou de forma normal. — The day started in a normal way.
No Brasil, é normal jantar tarde. — In Brazil, it's normal to have dinner late.
É normal precisar de ajuda às vezes. — It's normal to need help sometimes.
É normal ter dias bons e dias ruins. — It's normal to have good days and bad days.
Hoje tem mais gente do que o normal. — Today there are more people than normal.
É normal sentir falta de alguém que amamos. — It's normal to miss someone we love.
Confie em mim, nossos filhos são normais. — Trust me, our kids are normal.
Somos todos normais, pelo que posso perceber. — We are all normal, as far as I can tell.

531 – braço — arm

Ele quebrou o braço. — He broke his arm.
Ela descansou a cabeça no braço dele. — She rested her head on his arm.
Ele tem um relógio caro no braço. — He has an expensive watch on his arm.
Eu acho que meu braço direito está quebrado. — I think that my right arm is broken.
Meu braço dói muito onde você me bateu. — My arm really hurts where you hit me.
Ele usou o braço para proteger o rosto do sol. — He used his arm to shield his face from the sun.
O bebê dormiu nos braços da mãe. — The baby slept in its mother's arms.
Ele a recebeu de braços abertos. — He welcomed her with open arms.
Tenho braços longos e pernas curtas. — I've got long arms and short legs.
Ele se jogou nos braços da mãe. — He threw himself into his mother's arms.

532 – dirigir / to drive

Não sei que tipo de carro ele dirige. — I don't know what type of car he drives.
Você dirige melhor do que eu. — You drive better than I do.
Ele dirigiu por horas sem parar. — He drove for hours without stopping.
Eu preciso dirigir mais devagar na chuva. — I need to drive more slowly in the rain.
Minha avó não dirige há anos. — My grandma hasn't driven in years.
Minha irmã está aprendendo a dirigir. — My sister is learning to drive.
Eu gosto de dirigir ouvindo música alta. — I like to drive while listening to loud music.
Quem vai dirigir na volta para casa? — Who is going to drive on the way back home?
Eu não dirijo bem à noite. — I don't drive well at night.
Eu dirijo todos os dias para o trabalho. — I drive to work every day.

533 – sol / sun

O sol está muito forte hoje. — The sun is very strong today.
Venha ver o pôr do sol comigo. — Come and watch the sunset with me.
O sol bate na janela de manhã. — The sun hits the window in the morning.
Ele tirou uma foto do pôr do sol. — He took a picture of the sunset.
Nós caminhamos sob o sol quente. — We walked under the hot sun.
As crianças estavam brincando no sol. — The children were playing in the sun.
A luz do sol entrou pela janela. — The sunlight came in through the window.
Ele acordou com o nascer do sol. — He woke up with the sunrise.
O pôr do sol estava lindo ontem à noite. — The sunset was beautiful last night.
Eu adoro tomar sol na praia. — I love sunbathing at the beach.

534 – papel / paper, role

Eu preciso de papel para escrever uma carta. — I need paper to write a letter.
Ele sempre escreve as ideias dele no papel. — He always writes his ideas on paper.
Ela fez um avião de papel. — She made a paper airplane.
O papel de parede da sala é bonito. — The wallpaper in the living room is beautiful.
O jornal de ontem é apenas papel velho agora. — Yesterday's newspaper is just old paper now.
O papel dos pais é cuidar dos filhos. — The role of parents is to look after their children.
O papel dele na empresa é muito importante. — His role in the company is very important.
As crianças deixaram papéis por todo o chão. — The children left papers all over the floor.
Os papéis voaram por conta do vento. — The papers flew away because of the wind.
A mesa está cheia de papéis e livros. — The table is full of papers and books.

535 – lista

Eu fiz uma lista de compras.
Coloquei meu nome na lista de espera.
Minha lista de filmes para assistir está longa.
Ela tem uma lista de livros para ler.
Ele tem uma lista de coisas para fazer.
Tenho uma longa lista de livros para ler.
Ela está na lista dos melhores alunos da escola.
Ele preparou uma lista de perguntas.
Faço várias listas antes de uma grande viagem.
Eles fizeram listas de lugares para visitar.

list

I made a shopping list.
I put my name on the waiting list.
My list of movies to watch is long.
She has a list of books to read.
He has a list of things to do.
I have a long list of books to read.
She's on the list of the best students at school.
He prepared a list of questions.
I make several lists before a big trip.
They made lists of places to visit.

536 – viagem

Vamos fazer uma viagem para a praia.
Nossa viagem foi muito divertida.
Vou fazer uma viagem no próximo mês.
Fomos juntos na viagem.
Ela tirou muitas fotos durante a viagem.
Eles voltaram de viagem ontem.
Vamos fazer uma viagem curta amanhã.
Adoramos a viagem para as montanhas.
A viagem de fim de ano foi maravilhosa.
Adoro fazer viagens longas.

trip, travel, journey, voyage

We're going to take a trip to the beach.
Our trip was very fun.
I am going to take a trip next month.
We went together on the trip.
She took many photos during the trip.
They returned from the trip yesterday.
We are going to take a short trip tomorrow.
We loved the trip to the mountains.
The end-of-year trip was wonderful.
I love taking long trips.

537 – tratar

Eu trato sempre as pessoas com respeito.
Ele trata o pai como um estranho.
O livro trata da história do Brasil.
Ele sabe como tratar situações difíceis.
Como você trata os problemas no trabalho?
Quando se trata de dinheiro, eu não sei muito.
Ele me trata por 'senhor'.
Eles estão tratando a doença dele.
É importante tratar as informações com cuidado.
Eles trataram a situação com muito cuidado.

to treat, deal with

I always treat people with respect.
He treats his father like a stranger.
The book is about the history of Brazil.
He knows how to handle difficult situations.
How do you deal with problems at work?
When it comes to money, I don't know much.
He addresses me as 'sir'.
They're treating his disease.
It's important to treat the information with care.
They handled the situation very carefully.

538 – vontade — wish, will, desire

Sinta-se à vontade. — Make yourself at home.
Fique à vontade. — Be my guest. / Feel free.
Ela tem muita força de vontade. — She has a lot of willpower.
Com força de vontade, tudo é possível. — With willpower, anything is possible.
Não tenho vontade de sair hoje. — I don't feel like going out today.
Faça o que tiver vontade. — Do whatever you want.
Vocês estão com vontade de ir ao cinema? — Do you all feel like going to the movies?
Quando tenho vontade de dançar, coloco música. — When I feel like dancing, I put on music.
Você faz isso por sua própria vontade? — Do you do it of your own free will?
Estou com vontade de viajar. — I feel like traveling.

539 – vários — various, several

Fui a vários lugares durante as férias. — I went to several places during the vacation.
Esse carro custou vários milhares de reais. — This car cost several thousand reais.
Tenho vários amigos que moram perto de você. — I have several friends who live near you.
Discutimos vários assuntos na reunião. — We discussed several subjects in the meeting.
Visitamos vários países em nossas férias. — We visited several countries on our vacation.
Eu tenho várias ideias para o projeto. — I have several ideas for the project.
Ela já assistiu ao filme várias vezes. — She has watched the movie several times.
Há várias razões para escolher este aqui. — There are several reasons to choose this one here.
Tentei resolver esse problema de várias maneiras. — I've tried to solve this problem in several ways.
Aprendi várias palavras novas em português. — I learned several new Portuguese words.

540 – provar — to prove, taste, try on

Se você acha que estou errado, prove. — If you think I'm wrong, prove it.
Você deve provar o vestido antes de comprar. — You should try on the dress before buying.
Nós vamos provar um novo prato hoje. — We are going to try a new dish today.
Eu preciso provar meu ponto. — I need to prove my point.
Eu provei o bolo e estava delicioso. — I tasted the cake and it was delicious.
Ele provou que estava certo. — He proved that he was right.
Você já provou esse tipo de comida? — Have you ever tried this kind of food?
Meu filho está provando roupas. — My son is trying on clothes.
Eles provaram ser uma ótima equipe. — They proved to be a great team.
Nós provaremos a comida antes de servir. — We will taste the food before serving it.

541 – rosto

Lave o rosto antes de dormir.
Ela tem um rosto bonito.
Ela escondeu o rosto com as mãos.
Ela tem rosto de bebê.
O rosto da minha filha está sujo.
Ela lavou o rosto com água fria.
O que aconteceu com seu rosto?
Ele virou o rosto para não olhar.
Eu não consigo ver seu rosto.
Ele lavou o rosto pela manhã.

face

Wash your face before going to sleep.
She has a beautiful face.
She hid her face with her hands.
She has a baby face.
My daughter's face is dirty.
She washed her face with cold water.
What happened to your face?
He turned his face away so he wouldn't look.
I can't see your face.
He washed his face in the morning.

542 – longo

O caminho até a casa dela é longo.
Foi uma longa espera.
Tivemos um longo dia de trabalho hoje.
O filme é muito longo, dura quase três horas.
A viagem foi longa.
O caminho para o sucesso é longo.
Sente-se, tenho uma longa história para contar.
Ela escreveu uma longa carta para a avó.
A reunião foi mais longa do que esperávamos.
Ela tem cabelos longos e bonitos.

long

The way to her house is long.
It was a long wait.
We had a long work day today.
The movie is very long, it lasts almost 3 hours.
The trip was long.
The road to success is long.
Sit down, I've got a long story to tell.
She wrote a long letter to her grandmother.
The meeting was longer than we expected.
She has long and beautiful hair.

543 – preocupado

Você parece preocupado. O que aconteceu?
Não fique preocupado, vai dar tudo certo.
Não há motivo para ficar preocupado.
Estou preocupado com a saúde do meu pai.
Ela parece preocupada com alguma coisa.
Ela está preocupada em chegar atrasada.
Estou preocupada com a prova de amanhã.
Ela ficou preocupada quando ele não ligou.
Eles estão preocupados com o futuro da empresa.
Algumas pessoas estão preocupadas com isso.

worried

You look worried. What happened?
Don't be worried, everything will be alright.
There's no reason to be worried.
I am worried about my father's health.
She seems worried about something.
She's worried about being late.
I'm worried about tomorrow's exam.
She got worried when he didn't call.
They're worried about the future of the company.
Some people are worried about this.

544 – doente

Você ainda está doente?
Ela está doente e não pode ir trabalhar hoje.
Ele está doente de amor por ela.
Ela se sente mal por ter ido trabalhar doente.
O médico disse que ele não está doente.
Cuide da sua saúde para não ficar doente.
Ele cuidou de mim quando eu estava doente.
O hospital está cheio de doentes.
Todos estão doentes, menos eu.
Os amigos dela estão doentes e não puderam vir.

sick, ill

Are you still sick?
She's sick and can't go to work today.
He's lovesick for her.
She feels bad for having gone to work sick.
The doctor that said he's not sick.
Take care of your health so you don't get sick.
He took care of me when I was sick.
The hospital is full of sick people.
Everyone is sick but me.
Her friends are sick and couldn't come.

545 – paciente

Você precisa aprender a ser mais paciente.
Ela é a pessoa mais paciente que eu conheço.
Ela é muito paciente com as crianças.
Seja paciente, a sua vez chegará.
Ele não é muito paciente quando está com fome.
Prometi a mim mesmo que seria mais paciente.
O paciente está se sentindo melhor hoje.
O hospital está cheio de pacientes.
Os médicos cuidam bem dos pacientes.
Os pacientes devem beber muita água.

patient

You need to learn to be more patient.
She's the most patient person I know.
She is very patient with children.
Be patient, your turn will come.
He is not very patient when he's hungry.
I promised myself that I would be more patient.
The patient is feeling better today.
The hospital is full of patients.
The doctors take good care of the patients.
The patients should drink plenty of water.

546 – perna

Ela quebrou a perna jogando futebol.
Ele tem uma perna mais curta que a outra.
Minha perna está doendo muito.
Ele colocou a perna para fora da janela do carro.
Ela tem pernas longas e bonitas.
Esse cachorro tem pernas curtas.
Minhas pernas estão cansadas de tanto correr.
Ele machucou as pernas no acidente.
Fique feliz por ainda ter as duas pernas.
Minha vida está de pernas pro ar.

leg

She broke her leg playing soccer.
He has one leg shorter than the other.
My leg is hurting a lot.
He put his leg out of the car window.
She has long and beautiful legs.
This dog has short legs.
My legs are tired from running so much.
He hurt his legs in the accident.
Be happy that you still have both your legs.
My life is a mess.

547 – antigo

Meu carro antigo ainda funciona bem.
Meu antigo chefe me ligou ontem.
O antigo caminho para o rio está fechado.
Meu avô conta muitas histórias do tempo antigo.
Minha avó me contou uma história antiga.
A cidade antiga é cheia de história.
Ele encontrou a antiga namorada dele.
Ela mora numa casa antiga no centro da cidade.
Não vejo meus amigos antigos há algum tempo.
Gosto de ouvir músicas antigas.

old, former

My old car still works well.
My former boss called me yesterday.
The old path to the river is closed.
My grandpa tells many stories from the old days.
My grandmother told me an old story.
The old city is full of history.
He ran into his ex-girlfriend.
She lives in an old house in the city center.
I haven't seen my old friends in a while.
I like to listen to old songs.

548 – hotel

O hotel fica perto da praia.
Qual é o melhor hotel da cidade?
Nosso quarto de hotel tem uma vista linda.
O café da manhã do hotel é muito bom.
Precisamos sair do hotel até o meio-dia.
O hotel tem um restaurante incrível.
Ficamos em um hotel de frente para a praia.
Eu gostei do hotel, mas meu marido não.
Há muitos hotéis perto da praia.
Esses dois hotéis ficam perto da minha casa.

hotel

The hotel is close to the beach.
What's the best hotel in town?
Our hotel room has a beautiful view.
The hotel breakfast is very good.
We need to leave the hotel by noon.
The hotel has an incredible restaurant.
We stayed in a beachfront hotel.
I liked the hotel, but my husband didn't.
There are many hotels near the beach.
Both of these hotels are close to my house.

549 – acidente

Houve um acidente na estrada.
Quem viu o acidente?
Foi só um pequeno acidente, nada sério.
O acidente aconteceu ontem à noite.
O acidente foi notícia em todos os jornais.
Ele perdeu o emprego por causa de um acidente.
Eu tive um pequeno acidente na cozinha hoje.
O acidente aconteceu por causa do mau tempo.
Ele foi levado ao hospital após o acidente.
Muitos acidentes acontecem por falta de atenção.

accident

There was an accident on the road.
Who saw the accident?
It was just a small accident, nothing serious.
The accident happened last night.
The accident was news in all the newspapers.
He lost his job because of an accident.
I had a small accident in the kitchen today.
The accident happened because of bad weather.
He was taken to the hospital after the accident.
Many accidents happen due to lack of attention.

550 – crime

Ele é um verdadeiro chefe do crime.
Ela pediu uma prova do crime.
O crime perfeito não existe.
Ela contou à polícia sobre o crime.
O crime aconteceu à luz do dia.
A pena para esse crime é de até dez anos.
O crime aconteceu na noite passada.
Há mais crimes do que costumava haver.
Muitos crimes acontecem à noite.
Ela escreveu um livro sobre crimes famosos.

crime

He's a real crime boss.
She asked for proof of the crime.
The perfect crime doesn't exist.
She told the police about the crime.
The crime happened in the light of day.
The penalty for this crime is up to ten years.
The crime happened last night.
There is more crime than there used to be.
Many crimes happen at night.
She wrote a book about famous crimes.

551 – peça

Ela encontrou uma peça de roupa que ela adorou.
Ele moveu a peça errada.
Ele é uma peça importante da empresa.
Esta peça de roupa não me serve mais.
Ela é a peça-chave do time.
Precisam comprar uma peça nova para o carro.
Precisamos de mais uma peça para a sala.
Estamos perdendo algumas peças desse jogo.
Algumas peças do computador são caras.
Precisamos encontrar as peças certas.

piece, part, play

She found a piece of clothing she loved.
He moved the wrong piece.
He is an important part of the company.
This piece of clothing doesn't fit me anymore.
She is the key player of the team.
They need to buy a new part for the car.
We need one more piece for the living room.
We're missing some pieces of this game.
Some computer parts are expensive.
We need to find the right parts.

552 – simplesmente

Essa vista é simplesmente incrível!
Ele simplesmente não entende.
Simplesmente não há outra opção.
Isso simplesmente não é verdade.
Eu simplesmente não tenho tempo para isso.
Ele simplesmente saiu sem dizer nada.
Ela simplesmente não consegue mentir.
Não posso simplesmente mudar de ideia agora.
Simplesmente não posso aceitar essa situação.
Ele simplesmente não sabe quando parar.

simply

This view is simply incredible!
He simply doesn't understand.
There's simply no other option.
This is simply not true.
I simply don't have time for this.
He simply left without saying anything.
She simply can't lie.
I can't simply change my mind now.
I simply can't accept this situation.
He simply doesn't know when to stop.

553 – povo
O povo quer mudanças.
O povo sofre com a alta dos preços.
O povo escolheu a liberdade.
Essa é a vontade do povo?
Esse lugar é o coração do povo.
O povo merece respeito.
O povo pede paz.
O povo tem esperança no futuro.
O povo tem o poder de mudar o mundo.
Este livro conta a história de um povo antigo.

people
The people want changes.
The people suffer from rising prices.
The people chose freedom.
Is this the will of the people?
This place is the heart of the people.
The people deserve respect.
The people ask for peace.
The people have hope for the future.
The people have the power to change the world.
This book tells the story of an ancient people.

554 – quente
Eu sinto a água fria e o ar quente.
Eu gosto de tomar banho quente.
O café está quente demais para beber.
O carro ficou quente no sol.
A água da praia está quente hoje.
O Brasil é um país quente.
O sol está muito quente agora.
O cachorro gosta de ficar na cama quente.
Minhas mãos estão quentes.
Preciso de roupas mais quentes.

hot, warm
I feel the cold water and the hot air.
I like to take hot showers.
The coffee is too hot to drink.
The car got hot in the sun.
The beach water is warm today.
Brazil is a hot country.
The sun is very hot right now.
The dog likes to stay in the warm bed.
My hands are warm.
I need warmer clothes.

555 – campo
A vida no campo é diferente.
Eles compraram uma casa no campo.
O ar no campo é mais limpo.
Meus avós moram no campo.
A vida no campo é mais simples.
As crianças correram pelo campo.
A festa aconteceu em um campo.
Os dois times chegaram no campo.
O jogo de futebol será no campo da escola.
A bola saiu do campo.

field, countryside
Life in the countryside is different.
They bought a house in the countryside.
The air in the countryside is cleaner.
My grandparents live in the countryside.
Life in the countryside is simpler.
The children ran through the field.
The party took place in a field.
The two teams arrived on the field.
The soccer game will be on the school field.
The ball went out of bounds.

556 – aniversário / birthday

Quando é o seu aniversário? — When is your birthday?
Meu aniversário é amanhã. — My birthday is tomorrow.
Meu aniversário está chegando. — My birthday is coming up.
Hoje é o aniversário dela. — Today is her birthday.
Ela não quer nenhum presente de aniversário. — She doesn't want any birthday presents.
Espero que você tenha um feliz aniversário! — I hope you have a happy birthday!
Você quer fazer uma festa de aniversário? — Do you want to have a birthday party?
Eu quase esqueci o meu aniversário. — I almost forgot my birthday.
Em que mês é o seu aniversário? — In which month is your birthday?
Preciso comprar um presente de aniversário. — I need to buy a birthday present.

557 – passo / step

Vamos dar um passo de cada vez. — Let's take it one step at a time.
Cuidado com o próximo passo. — Be careful with the next step.
Estou a um passo de terminar o projeto. — I'm one step away from finishing the project.
Vamos resolver isso passo a passo. — Let's solve this step by step.
Eu dei o primeiro passo para mudar minha vida. — I took the first step to change my life.
Ela está sempre um passo à frente. — She is always one step ahead.
Ela ouviu passos atrás dela. — She heard footsteps behind her.
O bebê deu os primeiros passos hoje. — The baby took its first steps today.
Siga meus passos e você chegará lá. — Follow my footsteps and you'll get there.
Eles deram dois passos à frente e um para atrás. — They took two steps forward and one step back.

558 – alma / soul

Ela cantava com toda a alma dela. — She sang with all her soul.
Os olhos são as janelas da alma. — The eyes are the windows to the soul.
A música brasileira tem muita alma. — Brazilian music has a lot of soul.
Essa música toca minha alma. — This music touches my soul.
Ela ouviu uma música que tocou a alma dela. — She heard a song that touched her soul.
Ele colocou toda a alma no trabalho. — He put his whole soul into his work.
Essa cidade tem alma própria. — This city has a soul of its own.
Esse livro fala à minha alma. — This book speaks to my soul.
Ela é velha, mas tem uma alma jovem. — She's old but has a young soul.
Ela é a alma da festa. — She's the life of the party.

559 – perdido

Estou perdido nesta cidade.
O cachorro estava perdido na rua.
O tempo perdido não volta mais.
Ele está perdido na vida.
Ele se sente perdido sem ela.
Estou perdido, não sei onde estou.
Ela estava perdida no livro.
Ela se sentiu perdida após a mudança.
Estamos perdidos no meio da floresta.
As chaves foram perdidas de novo.

lost

I'm lost in this city.
The dog was lost on the street.
Lost time never returns.
He is lost in life.
He feels lost without her.
I am lost, I don't know where I am.
She was lost in the book.
She felt lost after the move.
We are lost in the middle of the forest.
The keys were lost again.

560 – bebida

Essa bebida é doce demais.
Ele pediu uma bebida.
Vou buscar uma bebida para você.
Qual é a sua bebida favorita?
A bebida acabou no meio da festa.
Ela preparou uma bebida especial.
Eu devia ter parado na primeira bebida.
Eles trouxeram bebidas para a festa.
Bebidas quentes são ótimas quando está frio.
Eu comprei bebidas para todos.

drink, beverage

This drink is too sweet.
He ordered a drink.
I'll get a drink for you.
What is your favorite beverage?
The drinks ran out in the middle of the party.
She prepared a special drink.
I should have stopped at the first drink.
They brought drinks to the party.
Warm drinks are great when it's cold out.
I bought drinks for everyone.

561 – igual

Eles pensam igual sobre esse assunto.
O tempo está igual ao de ontem.
Não tem nada igual no mercado.
Nada é igual ao amor de mãe.
Quero ser igual a ele.
Ele trata todos de forma igual.
Ela nunca entendeu que somos iguais.
Eu dei a eles pedaços de tamanhos iguais.
As regras são iguais para todos.
Temos direitos iguais.

same, equal, alike

They think alike on this subject.
The weather is the same as yesterday.
There's nothing like it on the market.
Nothing is equal to a mother's love.
I want to be just like him.
He treats everyone equally.
She never understood that we are equal.
I gave them equal sized pieces.
The rules are the same for everyone.
We have equal rights.

562 – questão / issue, question, matter

Vamos passar para a próxima questão.	Let's move on to the next question.
É uma questão de vida e morte.	It's a matter of life and death.
Essa questão me preocupa muito.	This issue worries me a lot.
Não é uma questão de dinheiro.	It's not a matter of money.
Essa questão não está clara para mim.	This issue isn't clear to me.
A questão ainda está em aberto.	The question is still open.
Nós precisamos tratar dessa questão.	We need to deal with this issue.
Não quero levantar essa questão agora.	I don't want to raise this issue now.
É uma questão de escolha pessoal.	It's a matter of personal choice.
A reunião levantou várias questões novas.	The meeting raised several new issues.

563 – cliente / customer, client

O cliente sempre tem razão.	The customer is always right.
A opinião do cliente é importante para nós.	The client's opinion is important to us.
O cliente está sempre em primeiro lugar.	The customer always comes first.
Perdemos um cliente importante hoje.	We lost an important client today.
O cliente está esperando na linha.	The customer is waiting on the line.
Você já respondeu ao cliente?	Have you replied to the customer yet?
O cliente pediu a conta.	The customer asked for the bill.
Nós tratamos nossos clientes como família.	We treat our customers like family.
Temos clientes em todo o país.	We have customers all over the country.
Nós cuidamos dos problemas dos clientes.	We take care of customer problems.

564 – ação / action

A ação dele salvou muitas vidas.	His action saved many lives.
Qual será nossa próxima ação?	What will be our next action?
Ele tomou uma ação rápida.	He took quick action.
A parte de ação do filme se passa no Brasil.	The movie's action takes place in Brazil.
Ele é um homem de ação.	He's a man of action.
Menos palavras, mais ação.	Fewer words, more action.
Suas ações falam mais alto que suas palavras.	Your actions speak louder than your words.
As ações deles ajudaram muitas pessoas.	Their actions helped many people.
As ações da polícia foram rápidas.	The police actions were quick.
As ações dele deixam claro que ele a ama.	His actions make it clear that he loves her.

565 – banco — bank; seat, bench

Tem um banco perto daqui. — There's a bank near here.
Preciso abrir uma conta no banco. — I need to open an account at the bank.
Sentamos no primeiro banco do ônibus. — We sat in the front seat of the bus.
Ele trabalha em um banco. — He works at a bank.
Eles sentaram em um banco para descansar. — They sat on a bench to rest.
O banco do carro estava muito quente. — The car seat was very hot.
Alguém esqueceu uma bolsa no banco. — Someone forgot a bag on the bench.
Devo sentar no banco da frente ou de trás? — Should I sit in the front or back seat?
O banco só abre daqui a uma hora. — The bank only opens in an hour.
Ela gosta de ler sentada no banco do parque. — She likes to read while sitting on the park bench.

566 – idade — age

Qual é a sua idade? — How old are you?
A idade dela não importa. — Her age doesn't matter.
Ele tem a mesma idade que eu. — He's the same age as me.
Eles têm quase a mesma idade. — They're almost the same age.
Ela tem idade para ser minha mãe. — She's old enough to be my mother.
A idade é apenas um número. — Age is just a number.
Qual é a diferença de idade entre vocês? — What's the age difference between you?
Eles são da mesma idade, mas muito diferentes. — They are the same age, but very different.
Ela parece mais jovem do que sua idade real. — She looks younger than her actual age.
Com que idade você começou a trabalhar? — At what age did you start working?

567 – destruir — to destroy, ruin

Eles estão destruindo a floresta. — They are destroying the forest.
A droga está destruindo a vida dele. — The drug is destroying his life.
Aquele cara está destruindo a vida dela. — That guy is ruining her life.
A chuva destruiu nossos planos. — The rain ruined our plans.
O fogo destruiu minha casa. — The fire destroyed my house.
O fogo destruiu tudo que estava em seu caminho. — The fire destroyed everything in its path.
Ele destruiu todas as provas. — He destroyed all the evidence.
Não destrua suas chances de sucesso. — Don't destroy your chances of success.
Não deixe que o medo destrua seus sonhos. — Don't let fear destroy your dreams.
Se você quer ser livre, destrua sua televisão. — If you want to be free, destroy your television.

568 – área
Atenção, crianças brincando na área!
Em qual área da cidade você mora?
Esta é uma área de alto risco.
Essa área recebe muito pouca chuva.
A área verde da cidade é muito bonita.
Há muitas árvores nessa área.
Não há muitas pessoas morando nessa área.
Em qual área você decidiu estudar?
Essa área é segura?
Quais são suas áreas de interesse?

area
Attention, children playing in the area!
In which area of the city do you live?
This is a high-risk area.
This area gets very little rain.
The green area of the city is very beautiful.
There are many trees in this area.
Not many people live in this area.
In what area did you decide to study?
Is this area safe?
What are your areas of interest?

569 – proteger
Ele protege o irmão mais novo.
Proteja-se do sol forte.
Eu sempre protejo meus filhos.
Ele fez um seguro para proteger o carro dele.
Seus pais não estão aqui para proteger você.
Quando eu protejo você, você se sente seguro?
Eles protegem os interesses pessoais deles.
Proteja seus olhos do sol.
Eu vou proteger você, não se preocupe.
Os pais sempre querem proteger seus filhos.

to protect
He protects his younger brother.
Protect yourself from the strong sun.
I always protect my children.
He got insurance to protect his car.
Your parents aren't here to protect you.
When I protect you, do you feel safe?
They protect their personal interests.
Protect your eyes from the sun.
I will protect you, don't worry.
Parents always want to protect their children.

570 – voz
Ela encontrou sua própria voz.
Ele tem uma voz bem baixa.
A voz do professor é sempre calma.
Dê voz às suas ideias.
Eu ouvi uma voz chamando meu nome.
Ela perdeu a voz quando ficou doente.
Para minha surpresa, ele tinha uma bela voz.
Ela levantou a voz para ser ouvida.
As vozes deles são perfeitas para a música.
Ouvi vozes vindas da sala ao lado.

voice
She found her own voice.
He has a very low voice.
The teacher's voice is always calm.
Give voice to your ideas.
I heard a voice calling my name.
She lost her voice when she got sick.
To my surprise, he had a beautiful voice.
She raised her voice to be heard.
Their voices are perfect for the song.
I heard voices coming from the next room.

571 – ocupado busy
Ele está ocupado demais para sair hoje. / He's too busy to go out today.
Meu fim de semana está todo ocupado. / My weekend is all booked up.
Desculpe, o banheiro está ocupado. / Sorry, the bathroom is occupied.
Desculpe, mas tenho estado um pouco ocupado. / Sorry, but I've been a bit busy.
Eu acho ótimo você se manter ocupada. / I think it's great that you're keeping busy.
Ela fica mais ocupada à tarde. / She's busiest in the afternoon.
Minha irmã está ocupada com o bebê. / My sister is busy with the baby.
Ela está ocupada preparando o jantar. / She is busy preparing dinner.
Eles sempre parecem tão ocupados. / They always seem so busy.
Minhas avós estão ocupadas jogando cartas. / My grandmothers are busy playing cards.

572 – horrível horrible
Que tempo horrível! / What horrible weather!
Ele contou uma piada horrível. / He told a horrible joke.
A comida do jantar estava horrível. / The food at dinner was horrible.
Eu tive um dia horrível no trabalho. / I had a horrible day at work.
Ele tem um gosto horrível para roupas. / He has horrible taste in clothes.
Naquela noite ele teve um sonho horrível. / That night he had a horrible dream.
Sem você, a vida é horrível. / Without you, life is horrible.
As piadas dele são horríveis, ninguém ri. / His jokes are horrible, nobody laughs.
As condições de trabalho são horríveis. / The working conditions are horrible.
Essas cores ficam horríveis juntas. / These colors look awful together.

573 – cantar to sing
Vamos cantar parabéns! / Let's sing happy birthday!
Minha avó sempre cantava para mim. / My grandmother always sang to me.
Ela está cantando no banho. / She is singing in the bath.
Você está cantando ou só ouvindo música? / Are you singing or just listening to music?
Ele cantou uma música bonita para nós. / He sang a beautiful song for us.
Cante do fundo do coração. / Sing from the bottom of your heart.
Cante mais alto, não consigo ouvir. / Sing louder, I can't hear.
As crianças cantaram uma música para os pais. / The children sang a song for their parents.
Eles cantavam enquanto trabalhavam. / They used to sing while working.
Cantarei para você no seu aniversário. / I will sing for you on your birthday.

574 – posição / position

Ela ganhou uma posição melhor no trabalho.	She got a better position at work.
Eles têm uma posição firme sobre o assunto.	They have a firm position on the matter.
Mantenha essa posição por dez segundos.	Hold that position for ten seconds.
Qual é a sua posição na empresa?	What's your position in the company?
Mude a posição da cadeira.	Change the position of the chair.
A posição da cama não está boa.	The position of the bed is not good.
Ela explicou a posição dela durante a reunião.	She explained her position during the meeting.
Qual é a sua posição sobre esse assunto?	What's your position on this matter?
Eles trocaram de posições durante o jogo.	They swapped positions during the game.
Eles discutiram as posições sobre a nova lei.	They discussed the positions on the new law.

575 – companhia / company

Você quer me fazer companhia no almoço?	Do you want to keep me company at lunch?
Eu gosto da sua companhia.	I enjoy your company.
Minha única companhia são três cachorros.	My only company is three dogs.
Prefiro ficar na companhia de livros.	I prefer to stay in the company of books.
Vamos jantar na companhia dos amigos.	Let's have dinner in the company of friends.
Ele trabalha para uma grande companhia.	He works for a big company.
Prefiro a companhia de animais.	I prefer the company of animals.
Ele sempre traz boa companhia para as festas.	He always brings good company to the parties.
Ela viajou na companhia de bons amigos.	She traveled in the company of good friends.
A natureza é a melhor companhia para alguns.	Nature is the best company for some.

576 – vermelho / red

Fiquei vermelho de vergonha.	I turned red with embarrassment.
O carro estava parado no sinal vermelho.	The car was stopped at the red light.
O sol está vermelho no pôr do sol.	The sun is red at sunset.
Minha conta está no vermelho.	My account is in the red.
Vermelho é uma cor quente.	Red is a warm color.
Um pássaro é vermelho e o outro é branco.	One bird is red and the other is white.
Nossa porta da frente é vermelha.	Our front door is red.
Ela ficou vermelha de raiva.	She turned red with anger.
Por que a chave é vermelha?	Why is the key red?
Ele ficou com os olhos vermelhos de tanto chorar.	His eyes were red from crying so much.

577 – barco

Eu vou subir o rio de barco.
Vamos fazer um passeio de barco?
Vamos passear de barco no fim de semana.
Ela adora andar de barco.
Eles vivem em um barco-casa.
Eles dormiram no barco durante a viagem.
Ele vendeu o barco para comprar um carro.
O barco estava cheio de água após a chuva.
Por que você comprou um barco?
As crianças brincavam com barcos de papel.

boat

I'm going up the river by boat.
Shall we go for a boat ride?
Let's go for a boat ride on the weekend.
She loves riding on a boat.
They live on a houseboat.
They slept on the boat during the trip.
He sold the boat to buy a car.
The boat was full of water after the rain.
Why did you buy a boat?
The children were playing with paper boats.

578 – surpresa

Que surpresa agradável!
A notícia pegou todos de surpresa.
Que surpresa te ver aqui!
A viagem foi uma surpresa de aniversário.
Ninguém esperava por essa surpresa.
Ela ama dar presentes surpresa.
Eles prepararam uma surpresa para os pais deles.
Não gosto de surpresas.
A reunião foi normal, sem surpresas.
As pessoas ficaram surpresas com a notícia.

surprise

What a pleasant surprise!
The news caught everyone by surprise.
What a surprise to see you here!
The trip was a birthday surprise.
Nobody expected this surprise.
She loves giving surprise gifts.
They prepared a surprise for their parents.
I don't like surprises.
The meeting was normal, with no surprises.
People were surprised by the news.

579 – fome

Você ainda está com fome?
Estou sem fome agora.
Não sinto fome quando estou doente.
Estou com fome demais para dormir.
A fome faz qualquer comida parecer boa.
Essa criança está sempre com fome!
Eu preferiria passar fome do que comer isso.
Ele tem fome de aprender coisas novas.
Não estou com tanta fome quanto imaginava.
Meus filhos parecem estar sempre com fome.

hunger

Are you still hungry?
I'm not hungry now.
I don't feel hungry when I'm sick.
I'm too hungry to sleep.
Hunger makes any food seem good.
That child is always hungry!
I'd rather starve than eat this.
He has a hunger to learn new things.
I'm not as hungry as I thought.
My children always seem to be hungry.

580 – nascer
Em que ano você nasceu?
Nós nascemos no mesmo ano.
Você nasceu no Brasil?
O bebê de minha filha nasceu ontem à noite.
Ela nasceu em uma família rica.
O sol nasce todas as manhãs.
Nós nascemos livres e iguais.
Quando o bebê vai nascer?
Nosso filho nascerá em alguns meses.
Eu nasci para cantar.

to be born
What year were you born?
We were born in the same year.
Were you born in Brazil?
My daughter's baby was born last night.
She was born into a rich family.
The sun rises every morning.
We are born free and equal.
When will the baby be born?
Our child will be born in a few months.
I was born to sing.

581 – programa
O programa acabou de começar.
O programa foi um sucesso.
Este programa é muito fácil de usar.
Eu gosto desse programa de TV.
O programa vai ao ar às oito.
Uso um programa especial para meu trabalho.
Eu assisto a esse programa todas as noites.
O programa dele teve enorme sucesso.
Ele está trabalhando em um novo programa.
Eu adoro assistir a esse programa de televisão.

program, schedule, agenda, show
The program just started.
The program was a success.
This program is very easy to use.
I like this TV show.
The program airs at eight.
I use a special program for my work.
I watch this program every night.
His program had enormous success.
He is working on a new program.
I love watching this TV show.

582 – reunião
A reunião começou sem mim.
A que horas a reunião começa?
Isso pode tornar a reunião mais longa.
Ela está se preparando para a reunião.
A sala de reunião está ocupada.
Vamos discutir isso na próxima reunião.
A reunião começa às nove.
Ela falou muito na reunião.
Eles decidiram isso na última reunião.
Não gosto de reuniões longas.

meeting, reunion
The meeting started without me.
What time does the meeting start?
That could make the meeting longer.
She's preparing for the meeting.
The meeting room is occupied.
Let's discuss this at the next meeting.
The meeting starts at nine.
She spoke a lot in the meeting.
They decided this in the last meeting.
I don't like long meetings.

583 – relaxar

Agora nós podemos relaxar.
Ela tem um local favorito para relaxar.
Este é um ótimo lugar para relaxar.
Você precisa encontrar um tempo para relaxar.
Relaxe, tudo vai ficar bem.
Ela relaxa ouvindo música.
A música ajuda ela a relaxar.
Eu relaxo brincando com meu cachorro.
Eles relaxaram assistindo a um filme.
Relaxem, pessoal, a prova não será tão difícil.

to relax

Now we can relax.
She has a favorite place to relax.
This is a great place to relax.
You need to find time to relax.
Relax, everything will be fine.
She relaxes by listening to music.
Music helps her relax.
I relax by playing with my dog.
They relaxed by watching a movie.
Relax, guys, the test won't be that difficult.

584 – divertido

O filme foi muito divertido.
Ele é um cara divertido.
É divertido viajar para novos lugares.
Tivemos um dia divertido no parque.
Achei o livro bem divertido.
Ela tem um jeito divertido de contar histórias.
Nem sempre o que é divertido é bom para nós.
A viagem foi mais divertida do que esperávamos.
Nossos passeios no parque são sempre divertidos.
Adoro passar tempo com pessoas divertidas.

funny, fun, entertaining

The movie was very fun.
He's a fun guy.
It's fun to travel to new places.
We had a fun day at the park.
I found the book quite entertaining.
She has a fun way of telling stories.
What's fun isn't always good for us.
The trip was more fun than we expected.
Our walks in the park are always fun.
I love spending time with fun people.

585 – desaparecer

Ele simplesmente desapareceu.
O sorriso dele desapareceu de repente.
O dinheiro desapareceu da minha conta.
Ela ficou preocupada quando ele desapareceu.
O problema desapareceu depois da conversa.
Os gatos desaparecem quando tem barulho alto.
Meu celular desapareceu da minha bolsa.
Ele sempre desaparece quando é hora de limpar.
As dúvidas desapareceram com o tempo.
Ela desaparece por horas quando está estudando.

to disappear

He simply disappeared.
His smile suddenly disappeared.
The money disappeared from my account.
She got worried when he disappeared.
The problem disappeared after the conversation.
Cats disappear when there is a loud noise.
My phone disappeared from my bag.
He always disappears when it's time to clean.
The doubts disappeared over time.
She disappears for hours when she is studying.

586 – janela / window

Quero um lugar perto da janela. — I want a seat by the window.
Ela estava olhando para fora da janela. — She was looking out the window.
Feche a janela, está frio lá fora. — Close the window, it's cold outside.
Meu namorado entrou pela minha janela. — My boyfriend entered through my window.
O pássaro bateu na janela. — The bird hit the window.
Quem quebrou a janela? — Who broke the window?
A vista da janela é bonita. — The view from the window is beautiful.
As janelas da casa são antigas. — The house windows are old.
Como as nossas janelas ficaram tão sujas? — How did our windows get so dirty?
Abro todas as janelas quando o tempo está bom. — I open all the windows when the weather is nice.

587 – perigoso / dangerous

É perigoso andar sozinho à noite. — It's dangerous to walk alone at night.
Brincar com fogo é perigoso. — Playing with fire is dangerous.
Aquele cachorro parece perigoso. — That dog looks dangerous.
Ele trabalha em um emprego perigoso. — He works in a dangerous job.
Subir na árvore pode ser perigoso. — Climbing the tree can be dangerous.
Dirigir rápido é muito perigoso. — Driving fast is very dangerous.
Andar sozinho à noite é perigoso nesta cidade. — Walking alone at night is dangerous in this city.
Essa estrada é muito perigosa. — This road is very dangerous.
Esses cachorros parecem perigosos para você? — Do those dogs look dangerous to you?
As estradas estão perigosas por causa da chuva. — The roads are dangerous because of the rain.

588 – olhada / look, glance

Vou dar uma olhada depois. — I'll take a look later.
Dê uma olhada naquelas mulheres ali. — Take a look at those women over there.
Ele deu uma olhada no relógio. — He glanced at his watch.
Por que você não me deixa dar uma olhada? — Why don't you let me take a look?
Dê uma olhada na foto que tirei ontem. — Take a look at the photo I took yesterday.
Fique aqui enquanto eu vou dar uma olhada. — Stay here while I go check it out.
Por favor, dê uma olhada nisso para mim. — Please take a look at this for me.
Deram uma olhada para o céu antes da chuva. — They took a look at the sky before the rain.
Vale a pena dar uma olhada. — It's worth taking a look.
Deram olhadas rápidas antes de decidir. — They took quick glances before deciding.

589 – cansado / tired

Estou muito cansado. — I'm really tired.
O cachorro voltou cansado do passeio. — The dog came back tired from the walk.
Estou cansado de esperar. — I'm tired of waiting.
Por que você parece cansado o tempo todo? — Why do you seem tired all the time?
Estou cansado de ouvir as mesmas desculpas. — I'm tired of hearing the same excuses.
Ela está cansada de morar sozinha. — She's tired of living alone.
Ela está cansada de lidar com isso. — She is tired of dealing with this.
Ela está cansada de ficar de pé o dia todo. — She's tired from standing all day.
Estamos cansados de tantas reuniões. — We're tired of so many meetings.
Estamos todos cansados depois da viagem. — We are all tired after the trip.

590 – aula / class, lesson

A aula começou às oito horas. — Class started at eight o'clock.
Espero que a aula comece logo. — I hope class starts soon.
Vou chegar atrasado para a aula. — I'm going to be late for class.
A professora deu uma ótima aula. — The teacher gave a great lesson.
Esqueci meu livro da aula em casa. — I forgot my textbook at home.
Ele dormiu durante a aula. — He fell asleep during the class.
A aula de música é minha favorita. — The music class is my favorite.
Ela sempre faz perguntas durante a aula. — She always asks questions during class.
Suas aulas começaram? — Have your classes started?
As aulas começam na próxima semana. — Classes start next week.

591 – agradecer / to thank

Antes de eu ir, quero te agradecer. — Before I go, I want to thank you.
Quero te agradecer por sua ajuda. — I want to thank you for your help.
Agradeço muito sua ajuda. — I really appreciate your help.
Eu gostaria de te agradecer por sua atenção. — I would like to thank you for your attention.
Nós te agradecemos do fundo do coração. — We thank you from the bottom of our hearts.
Você já agradeceu a ela pelo que ela fez? — Did you ever thank her for what she did?
Estou aqui para agradecer a todos. — I am here to thank everyone.
Eu agradeço a sua atenção aos detalhes. — I appreciate your attention to detail.
Não me agradeça, agradeça a ela. — Don't thank me, thank her.
Eu nunca agradeci a você por tudo o que fez. — I never thanked you for everything you did.

592 – banheiro
bathroom, restroom, toilet, WC

Onde é o banheiro? — Where's the restroom?
Pai, você ainda está no banheiro? — Dad, are you still in the bathroom?
O banheiro está ocupado. — The bathroom is occupied.
Vou limpar o banheiro hoje. — I'm going to clean the bathroom today.
O banheiro dos homens é à direita. — The men's bathroom is to the right.
Nossa, seu banheiro é tão limpo! — Wow, your bathroom is so clean!
Não há banheiro neste andar. — There's no bathroom on this floor.
Vou tomar um banho no banheiro. — I'm going to take a shower in the bathroom.
Não entre no banheiro agora, estou limpando. — Don't enter the bathroom now, I'm cleaning.
Quantos banheiros há nesta casa? — How many bathrooms does this house have?

593 – totalmente
totally, completely

Concordo totalmente. — I totally agree.
Estou totalmente perdido. — I'm completely lost.
Ele ficou totalmente sem palavras. — He was totally speechless.
Ela é totalmente contra essa ideia. — She's completely against this idea.
Estou totalmente sem dinheiro. — I'm totally out of money.
A situação está totalmente fora de controle. — The situation is totally out of control.
O plano deu totalmente errado. — The plan went completely wrong.
Valeu totalmente a pena! — It was totally worth it!
Ela ficou totalmente surpresa com a notícia. — She was totally surprised by the news.
A criança está totalmente feliz com o presente. — The child is totally happy with the gift.

594 – machucar
to hurt, get hurt

A verdade às vezes machuca. — The truth sometimes hurts.
Como você machucou sua mão? — How did you hurt your hand?
Eu não queria machucar ninguém. — I didn't want to hurt anyone.
Cuidado para não se machucar! — Be careful not to hurt yourself!
Eles se machucaram no acidente. — They got hurt in the accident.
Suas ações machucaram muitas pessoas. — Your actions hurt many people.
Eu não sabia que tinha machucado você. — I didn't know I had hurt you.
Ele caiu e machucou a perna. — He fell and hurt his leg.
As palavras podem machucar mais que ações. — Words can hurt more than actions.
As crianças sempre se machucam brincando. — Children always get hurt while playing.

595 – contato / contact

Preciso entrar em contato com você.	I need to get in touch with you.
Vou salvar o seu contato no meu celular.	I'll save your contact in my cell phone.
Perdemos o contato há anos.	We lost touch years ago.
Você tem o contato dele?	Do you have his contact information?
Mantenha contato, por favor.	Please keep in touch.
Ela é meu contato na empresa.	She is my contact at the company.
O contato com a natureza faz bem para você.	Contact with nature is good for you.
Entre em contato se precisar de ajuda.	Get in touch if you need help.
Os contatos dela abriram muitas portas.	Her contacts opened many doors.
Precisamos criar uma lista de contatos.	We need to create a contact list.

596 – metade / half, halfway

Você não ouviu nem metade da história.	You haven't even heard half the story.
Ele trabalha só metade do dia.	He works only half the day.
A metade do tempo já passou.	Half the time has already passed.
Ele é metade brasileiro.	He is half Brazilian.
Metade do dinheiro é seu.	Half of the money is yours.
Vou pagar metade da conta.	I will pay half of the bill.
Metade do ano já se foi.	Half of the year is already gone.
Metade dos convidados já chegou.	Half of the guests have already arrived.
Ela dormiu a noite toda e a metade do dia.	She slept all night and half the day.
Onde você esteve? Você perdeu metade do jogo.	Where have you been? You missed half the game.

597 – loja / store

Eu trabalho em uma loja de roupas.	I work in a clothing store.
A loja está fechada.	The store is closed.
Vou à loja trocar este presente.	I'm going to the store to exchange this gift.
A loja de música fechou no ano passado.	The music store closed last year.
Essa loja tem ótimos preços.	This store has great prices.
Ele saiu da loja sem pagar.	He left the store without paying.
A loja de celulares está sempre cheia.	The cell phone store is always crowded.
Vou à loja comprar um presente de aniversário.	I'm going to the store to buy a birthday gift.
Ele foi em três lojas procurar por sapatos.	He went to three stores to look for shoes.
Ela conhece todas as lojas do centro.	She knows all the stores downtown.

598 – servir
Vamos servir o jantar agora.
Eu não sei para que serve isso.
Isso não serve para nada.
Aquele carro não serve mais para viagens longas.
Sirva a comida enquanto ainda estiver quente.
A comida está quase pronta para servir.
Ele serviu mais café para si mesmo.
Ela serve de exemplo para as outras meninas.
A que horas o jantar é servido?
O jantar será servido em dez minutos.

to serve
Let's serve dinner now.
I don't know what that's for.
This is useless.
That car is no longer suitable for long trips.
Serve the food while it's still hot.
The food is almost ready to serve.
He poured himself more coffee.
She serves as an example for the other girls.
What time is dinner served?
Dinner will be served in ten minutes.

599 – completamente
Ele ficou completamente surpreso.
Suas histórias são completamente diferentes.
Eles são completamente diferentes.
Eu estou completamente sem ideias.
Você está completamente certo sobre isso.
Eu me senti completamente perdido na cidade.
O projeto está completamente terminado.
Eu tinha me esquecido completamente disso.
A dor de cabeça desapareceu completamente.
Ele está completamente apaixonado por ela.

completely
He was completely surprised.
Your stories are completely different.
They are completely different.
I am completely out of ideas.
You are completely right about that.
I felt completely lost in the city.
The project is completely finished.
I'd completely forgotten that.
The headache disappeared completely.
He is completely in love with her.

600 – capaz
Ela é capaz de qualquer coisa.
Não sou capaz de entender isso.
Me mostre do que você é capaz!
Eu não sabia que você era capaz disso.
Ele é capaz de fazer coisas incríveis.
Ela é uma líder muito capaz.
Ela é capaz de lidar com qualquer situação.
Somos capazes de fazer isso juntos.
Vocês são capazes de resolver esse problema?
Todos nós somos capazes de mudar.

capable, able
She is capable of anything.
I'm not capable of understanding that.
Show me what you're capable of!
I didn't know you were capable of that.
He is capable of doing incredible things.
She is a very capable leader.
She is capable of handling any situation.
We are capable of doing this together.
Are you capable of solving this problem?
We are all capable of change.

601 – relação / relationship, connection

Qual é a sua relação com ele?	What is your relationship with him?
Eles têm uma boa relação de trabalho.	They have a good working relationship.
Minha relação com meus pais é ótima.	My relationship with my parents is great.
Eles têm uma relação aberta.	They have an open relationship.
O que isso significa para a nossa relação?	What does this mean for our relationship?
Não vejo relação entre essas coisas.	I don't see a connection between these things.
Eles discutiram a relação ontem à noite.	They discussed their relationship last night.
Tenho uma relação especial com minha tia.	I have a special relationship with my aunt.
Como é a relação com seus vizinhos?	How is your relationship with your neighbors?
O livro fala sobre relações humanas.	The book talks about human relations.

602 – doce / sweet

Que criança doce!	What a sweet child!
Você é tão doce!	You're so sweet!
A voz da criança era doce.	The child's voice was sweet.
Este bolo está muito doce.	This cake is very sweet.
Eu não como mais doces.	I don't eat sweets anymore.
Ela gosta do chá dela bem doce.	She likes her tea very sweet.
Crianças adoram comer doces.	Children love eating sweets.
Pegue leve com os doces.	Go easy on the sweets.
Ela faz doces para vender.	She makes sweets to sell.
Vamos comprar doces para as crianças.	Let's buy candy for the children.

603 – inimigo / enemy

O pior inimigo dele é ele mesmo.	His worst enemy is himself.
Eles entregaram a cidade para o inimigo.	They have handed the city over to the enemy.
O tempo é o maior inimigo da beleza.	Time is beauty's greatest enemy.
O medo é o pior inimigo do sucesso.	Fear is the worst enemy of success.
Eles lutaram contra um inimigo comum.	They fought against a common enemy.
O inimigo fugiu durante a noite.	The enemy fled during the night.
Não faça inimigos no trabalho.	Don't make enemies at work.
Devemos perdoar nossos inimigos?	Should we forgive our enemies?
Façam amigos, não inimigos.	Make friends, not enemies.
Ele fez inimigos por dizer a verdade.	He made enemies by telling the truth.

604 – enviar

Nós enviamos as fotos ontem.
Ele enviou flores para a namorada dele.
Enviei uma carta para minha avó.
Ela enviou um pedido de ajuda.
Enviaremos o relatório amanhã.
Vou enviar um cartão de aniversário para ele.
Envie suas ideias até o final da semana.
Você já enviou a mensagem?
Você recebeu o presente que enviamos?
Seus pais enviaram isso para você?

to send

We sent the photos yesterday.
He sent flowers to his girlfriend.
I sent a letter to my grandmother.
She sent a request for help.
We will send the report tomorrow.
I'm going to send him a birthday card.
Send your ideas by the end of the week.
Did you send the message yet?
Did you receive the gift we sent?
Did you parents send that to you?

605 – tradução

A tradução deste livro é excelente.
Estou estudando a tradução.
Ela entregou a tradução antes do tempo.
Você pode me ajudar com a tradução?
Ela trabalha com tradução de filmes.
Essa tradução é terrível.
Obrigado por essa bela tradução.
Você já terminou a tradução do relatório?
Vou pedir uma revisão da tradução.
A tradução do livro ficou excelente.

translation

The translation of this book is excellent.
I'm studying the translation.
She delivered the translation ahead of time.
Can you help me with the translation?
She works in film translation.
This translation is terrible.
Thank you for this lovely translation.
Have you finished the translation of the report?
I'm going to ask for a review of the translation.
The translation of the book turned out excellent.

606 – apartamento

Este apartamento é muito pequeno para nós.
Você está vendendo seu apartamento?
Ela mora em um apartamento enorme.
O apartamento tem uma linda vista.
Preciso limpar meu apartamento hoje.
O apartamento está em boas condições.
Ele mora sozinho em um apartamento.
O apartamento tem dois quartos.
Eu me mudei para este apartamento ontem.
Nunca estivemos no apartamento deles.

apartment

This apartment is too small for us.
Are you selling your apartment?
She lives in a huge apartment.
The apartment has a beautiful view.
I need to clean my apartment today.
The apartment is in good condition.
He lives alone in an apartment.
The apartment has two bedrooms.
I moved into this apartment yesterday.
We've never been to their apartment.

607 – esquerda — left
Vire à esquerda na próxima rua. — Turn left at the next street.
A loja fica à esquerda do banco. — The store is to the left of the bank.
Ele escreve com a mão esquerda. — He writes with his left hand.
Meu braço esquerdo está doendo. — My left arm is hurting.
A perna esquerda dela é mais curta. — Her left leg is shorter.
Minha filha é a que está à esquerda. — My daughter is the one on the left.
O quarto dela é o primeiro à esquerda. — Her room is the first on the left.
Nosso carro é o da esquerda. — Our car is the left one.
A namorada dele está ali, à esquerda. — His girlfriend is over there on the left.
Meu gato está sentado na minha perna esquerda. — My cat is sitting on my left leg.

608 – time — team
Ele é o mais jovem do time. — He's the youngest in the team.
Ela joga no time da escola. — She plays on the school team.
A escolha dele foi perfeita para o time. — His choice was perfect for the team.
Qual é o seu time favorito? — What's your favorite team?
Eles jogam juntos como um time. — They play together as a team.
O time perdeu por dois a um. — The team lost two to one.
O time vai jogar fora de casa. — The team will play away from home.
Ela mudou de time este ano. — She changed teams this year.
Quais times estão na final? — Which teams are in the final?
Quais são os melhores times do Brasil? — What are the best teams in Brazil?

609 – somente — only, just
Eu quero somente um café. — I want only a coffee.
Temos somente duas horas. — We have only two hours.
Ele veio somente para te ver. — He came only to see you.
Somente você pode fazer isso. — Only you can do this.
Somente duas pessoas podem entrar por vez. — Only two people can enter at a time.
Somente você entende isso. — Only you understand this.
Somente ele sabe a resposta. — Only he knows the answer.
Preciso somente de um favor. — I just need one favor.
Isso leva somente cinco minutos. — It takes just five minutes.
Ela fala somente português. — She speaks only Portuguese.

610 – espaço

Preciso de mais espaço no meu quarto.
Tem espaço suficiente para cinco pessoas?
Não há espaço suficiente aqui.
As estrelas nascem no espaço.
Eu gostaria de viajar para o espaço.
Precisamos de mais espaço na sala de estar.
Não há espaço suficiente no carro.
O apartamento não tem muito espaço.
Ele precisa de espaço para jogar.
Deixe um espaço entre as palavras.

space

I need more space in my room.
Is there enough space for five people?
There's not enough space here.
Stars are born in space.
I'd like to travel to space.
We need more space in the living room.
There isn't enough space in the car.
The apartment doesn't have a lot of space.
He needs space to play.
Leave a space between the words.

611 – embaixo

Você já deu uma olhada embaixo da mesa?
Aqui em cima ou lá embaixo?
Vou esperar você lá embaixo.
Ele está embaixo na lista de espera.
Eles moram embaixo do nosso apartamento.
Guarde suas coisas embaixo da cama.
A loja fica embaixo do escritório.
A mala está embaixo da cama.
Há um rio embaixo daquela montanha.
Não vá lá embaixo.

under, downstairs, below

Have you looked under the table?
Up here or down there?
I'll wait for you downstairs.
He's at the bottom of the waiting list.
They live below our apartment.
Store your stuff under the bed.
The store is below the office.
The suitcase is under the bed.
There is a river below that mountain.
Don't go down there.

612 – vista

O quarto tem vista para o parque.
A vista do avião era incrível.
O apartamento tem vista para o mar.
Do seu ponto de vista, o que devemos fazer?
Mantenha seu filho sempre à vista no parque.
Isso foi mais fácil do que parecia à primeira vista.
À primeira vista, parece uma boa ideia.
Ele tem uma boa vista e consegue ver longe.
O médico disse que minha vista está boa.
As vistas da cidade à noite são lindas.

view, sight

The room has a view of the park.
The view from the plane was incredible.
The apartment has a sea view.
From your point of view, what should we do?
Keep your child always in sight at the park.
It was easier than it seemed at first glance.
At first glance, it seems like a good idea.
He has good eyesight and can see far.
The doctor said my eyesight is good.
The views of the city at night are beautiful.

613 – parabéns / congratulations

Parabéns! — Congratulations!
Meus parabéns pelo seu casamento! — My congratulations on your wedding!
Parabéns pelo seu aniversário! — Happy birthday to you!
Parabéns pela chegada do bebê! — Congratulations on the arrival of the baby!
Parabéns pela nova casa! — Congratulations on the new house!
Parabéns por passar na prova! — Congratulations on passing the exam!
Parabéns pelo novo emprego! — Congratulations on the new job!
Quero dar os parabéns aos pais do bebê. — I want to congratulate the baby's parents.
Parabéns por fazer a coisa certa. — Congratulations on doing the right thing.
Eu quis ser o primeiro a dar os parabéns a você. — I wanted to be the first to congratulate you.

614 – interessante / interesting

O livro que estou lendo é muito interessante. — The book I'm reading is very interesting.
Ela é uma pessoa muito interessante. — She's a very interesting person.
Estamos em uma situação interessante agora. — We're in an interesting situation now.
Interessante, eu não sabia disso. — Interesting, I didn't know that.
Conheci um homem interessante na festa. — I met an interesting man at the party.
Ele foi mais interessante do que eu esperava. — He was more interesting than I expected.
Ele teve uma ideia interessante para o projeto. — He had an interesting idea for the project.
Que história interessante ele contou! — What an interesting story he told!
Esse é um ponto de vista bem interessante. — That's a very interesting point of view.
Ela tem ideias muito interessantes. — She has very interesting ideas.

615 – conselho / advice, board

Se quiser um conselho, eu estou aqui. — If you want some advice, I'm here.
Segui o conselho do médico. — I followed the doctor's advice.
Preciso do seu conselho. — I need your advice.
Você pode me dar algum conselho sobre isso? — Can you give me some advice on this?
Vou te dar um conselho. — I'll give you some advice.
Ouça o conselho dos seus pais. — Listen to your parents' advice.
Vou pedir um conselho sobre qual carro comprar. — I will ask for advice on which car to buy.
Ele faz parte do conselho da empresa. — He is part of the company's board.
Minha avó sempre tem bons conselhos. — My grandmother always has good advice.
Um bom amigo sempre dá bons conselhos. — A good friend always gives good advice.

616 – voar / to fly

Os pássaros voam no céu.	The birds fly in the sky.
Eu gostaria de voar como um pássaro.	I would like to fly like a bird.
O avião voou baixo sobre as montanhas.	The plane flew low over the mountains.
O carro bateu e uma parte voou longe.	The car crashed and a part of it flew away.
O tempo está voando.	Time is flying.
O avião está voando alto.	The plane is flying high.
As crianças gostam de ver aviões voando.	Children like to watch planes flying.
O avião está voando rápido.	The plane is flying fast.
O tempo voa quando estamos nos divertindo.	Time flies when we are having fun.
Os anos voaram e já estamos velhos.	The years flew by and we're already old.

617 – pobre / poor

A maioria dos meus amigos é pobre.	Most of my friends are poor.
Ele vem de uma família pobre.	He comes from a poor family.
Ela é uma mulher pobre, mas muito feliz.	She is a poor woman, but very happy.
O relatório está pobre em detalhes.	The report is poor in details.
Ele não é rico, mas também não é pobre.	He's not rich, but he's not poor either.
Pobre dele, trabalha tanto e ganha tão pouco.	Poor him, he works so much and earns so little.
Esse é um dos países mais pobres.	This is one of the poorest countries.
O programa ajuda famílias pobres.	The program helps poor families.
Há muitos pobres nas grandes cidades.	There are many poor people in big cities.
As condições de vida dos pobres são difíceis.	The living conditions of the poor are difficult.

618 – vestido / dress

O vestido da minha amiga é bonito.	My friend's dress is beautiful.
Ela usou um vestido azul na festa.	She wore a blue dress to the party.
Eu não gosto do vestido que ela está usando.	I don't like the dress she's wearing.
A escolha do vestido para o casamento foi difícil.	Choosing the wedding dress was difficult.
Ela provou o vestido antes de comprá-lo.	She tried on the dress before buying it.
Ela usou um vestido longo.	She wore a long dress.
Preciso de um vestido para o ano novo.	I need a dress for New Year's Eve.
Ela escolheu um vestido longo para a noite.	She chose a long dress for the evening.
Ela comprou três vestidos novos.	She bought three new dresses.
Ela provou vários vestidos na loja.	She tried on several dresses in the store.

619 – terrível

Que dor de cabeça terrível!
Que notícia terrível!
O barulho do vizinho é terrível.
Ela teve um dia terrível no trabalho.
O filme era terrível, não gostei nem um pouco.
Que tempo terrível para viajar.
Ele contou uma piada terrível.
A comida do restaurante estava terrível.
As notícias de hoje são terríveis.
As condições da estrada são terríveis.

terrible

What a terrible headache!
What terrible news!
The neighbor's noise is terrible.
She had a terrible day at work.
The movie was terrible, I didn't like it at all.
What terrible weather for traveling.
He told a terrible joke.
The restaurant's food was terrible.
Today's news is terrible.
The road conditions are terrible.

620 – trocar

Eu preciso trocar de roupa.
Ela vai trocar os sapatos dela.
Vamos trocar ideias sobre o projeto.
Vou trocar este presente na loja.
Eles decidiram trocar de lugar na mesa.
Vamos trocar esses livros por outros?
Ela trocou o bebê antes de sair.
Ela troca de celular todo ano.
Trocamos de lugares no avião.
Eles trocaram números de telefone.

to exchange, swap, change

I need to change clothes.
She is going to change her shoes.
Let's exchange ideas about the project.
I'm going to exchange this gift at the store.
They decided to switch seats at the table.
Shall we exchange these books for others?
She changed the baby before leaving.
She changes her cell phone every year.
We switched seats on the plane.
They exchanged phone numbers.

621 – destino

Qual é o seu destino final?
O destino nos trouxe até aqui.
Você escolhe o destino da nossa viagem.
Ela acredita no poder do destino.
Andamos pelas ruas sem destino.
Ele deixou tudo nas mãos do destino.
O avião mudou de destino.
Qual é o destino desse trem?
A paz é um caminho, não um destino final.
Eles discutiram sobre o destino da empresa.

destination, destiny, fate

What's your final destination?
Destiny brought us here.
You choose the destination of our journey.
She believes in the power of destiny.
We walk the streets without a destination.
He left everything in the hands of fate.
The plane changed its destination.
What is the destination of this train?
Peace is a path, not a final destination.
They discussed the fate of the company.

622 – energia / energy

Estou sem energia hoje. — I'm out of energy today.
A energia do lugar era incrível. — The energy of the place was incredible.
Esta comida dá muita energia. — This food gives a lot of energy.
Café me dá energia de manhã. — Coffee gives me energy in the morning.
Minha energia é melhor na parte da manhã. — My energy is best in the morning.
Eu colocarei toda minha energia neste projeto. — I'll put all my energy into this project.
Precisamos guardar energia para a viagem. — We need to save energy for the trip.
Ela sempre dança com muita energia. — She always dances with a lot of energy.
Guarde sua energia para a prova. — Save your energy for the test.
A cidade tem uma energia incrível. — The city has incredible energy.

623 – mentira / lie

Isso é mentira! — That's a lie!
Você está contando uma mentira. — You're telling a lie.
Mentira tem perna curta. — Lies have short legs. (i.e., are quickly discovered)
É tudo mentira, é só um filme. — It's all fake, it's just a movie.
Ele foi pego na mentira. — He was caught lying.
Não acredito nessa mentira. — I don't believe that lie.
Não conte mentiras, diga a verdade. — Don't tell lies, tell the truth.
Não devemos contar mentiras. — We should not tell lies.
Estou cansado das suas mentiras. — I am tired of your lies.
Odeio mentiras. — I hate lies.

624 – alvo / target, goal

Nós vamos atirar no alvo. — We're going to shoot at the target.
Ele foi alvo de piadas. — He was the target of jokes.
O alvo foi atingido. — The target was hit.
É importante ter um alvo claro na vida. — It is important to have a clear goal in life.
Ela sempre acerta o alvo nas provas. — She always aces her exams.
Eu acertei o alvo com a bola. — I hit the target with the ball.
Essa empresa é nosso alvo. — That company is our target.
Eu me sinto como um alvo no trabalho. — I feel like a target at work.
Ela sempre tem um alvo em mente. — She always has a goal in mind.
Ele foi o alvo de muitas perguntas. — He was the target of many questions.

625 – segurança — security, guard

A loja precisa de segurança. — The store needs security.
Ele trabalha como segurança. — He works as a security guard.
Chame a segurança! — Call security!
Precisamos de mais segurança nas escolas. — We need more security in schools.
Sua segurança é importante para nós. — Your security is important to us.
Há muita segurança antes de voar. — There is a lot of security before flying.
Essas ações são importantes para sua segurança. — These actions are important for your security.
A segurança da loja pediu para ver minha bolsa. — The store security guard asked to see my bag.
A segurança das crianças na escola é importante. — The safety of children at school is important.
Ele fala com segurança sobre o assunto. — He speaks confidently about the subject.

626 – estrada — road

Há uma longa estrada à frente. — There's a long road ahead.
Aonde você acha que essa estrada vai dar? — Where do you think this road leads?
A vida é uma longa estrada. — Life is a long road.
Tome cuidado com os animais na estrada. — Be careful of animals on the road.
A estrada para o campo é linda. — The road to the countryside is beautiful.
Nós pegamos a estrada errada. — We took the wrong road.
Eles viajaram pela estrada a noite toda. — They traveled on the road all night.
Ela gosta de correr na estrada. — She likes to run on the road.
A estrada passa por várias cidades pequenas. — The road passes through several small towns.
A casa fica longe da estrada. — The house is far away from the road.

627 – quieto — quiet, still

Ele é um menino quieto. — He's a quiet boy.
A casa está muito quieta hoje. — The house is very quiet today.
Ela pediu para ele ficar quieto. — She asked him to stay quiet.
Fique quieto, o bebê está dormindo. — Be quiet, the baby is sleeping.
O bebê finalmente ficou quieto. — The baby finally quieted down.
O bebê está quieto depois de comer. — The baby is calm after eating.
Fique quieto para eu tirar uma foto. — Stay still so I can take a picture.
Fique quieto durante a reunião. — Stay quiet during the meeting.
Ele é uma pessoa muito quieta. — He is a very quiet person.
Ele ficou quieto enquanto esperava a resposta. — He remained silent while waiting for the answer.

628 – chamada / call

Vamos fazer uma chamada de vídeo? — Shall we do a video call?
Vou fazer uma chamada para a minha mãe. — I am going to make a call to my mother.
A chamada está em espera. — The call is on hold.
Fizemos uma chamada em grupo. — We made a group call.
A chamada durou mais de uma hora. — The call lasted more than an hour.
A chamada foi colocada em viva-voz. — The call was put on speakerphone.
Ele sentiu uma chamada para se tornar médico. — He felt a calling to become a doctor.
Ela perdeu a chamada de vídeo. — She missed the video call.
O professor fez a chamada. — The teacher took attendance.
A chamada para o time será feita às dez horas. — The team roll call will be made at 10 o'clock.

629 – ambos / both

O amor começou a crescer entre ambos. — Love began to grow between both of them.
Fizemos um acordo justo para ambos. — We made a fair deal for both of us.
Ambos estão felizes com o resultado. — Both are happy with the result.
Ambos os times jogaram bem. — Both teams played well.
Li ambos os livros e gostei muito. — I read both books and liked them a lot.
É importante considerar ambos os lados. — It's important to consider both sides.
Ambos os amigos decidiram viajar juntos. — Both friends decided to travel together.
Ambos os meus pais trabalham em casa. — Both of my parents work from home.
Ambas as partes chegaram a um acordo. — Both parties reached an agreement.
Ambas as irmãs são médicas. — Both sisters are doctors.

630 – direto / straight, direct

Vá direto para casa. — Go straight home.
Existe um voo direto para o Brasil? — Is there a direct flight to Brazil?
Vá direto ao ponto. — Get straight to the point.
Ele é muito direto nas suas opiniões. — He is very direct in his opinions.
Essa estrada vai direto para a praia. — This road goes straight to the beach.
Ele falou direto com o chefe sobre o problema. — He spoke directly to the boss about the problem.
Vamos pegar o caminho direto. — Let's take the direct route.
A ordem veio direto do chefe. — The order came directly from the boss.
Gosto de pessoas que falam de forma direta. — I like people who speak directly.
Ele sempre fala de maneira direta. — He always speaks directly.

631 – impossível — impossible

Ele é impossível de lidar. — He is impossible to deal with.
É impossível terminar tudo hoje. — It's impossible to finish everything today.
É impossível que ele tenha chegado tão rápido! — It's impossible that he arrived so quickly!
É impossível viver sem água. — It's impossible to live without water.
É impossível estudar com tanto barulho. — It's impossible to study with so much noise.
Ela diz que é impossível confiar nele. — She says it's impossible to trust him.
Impossível! Não acredito que isso aconteceu. — Impossible! I can't believe that happened.
É quase impossível passar na prova. — It's almost impossible to pass the test.
É impossível esquecer aquele dia. — It's impossible to forget that day.
Essas desculpas são impossíveis de aceitar. — These excuses are impossible to accept.

632 – loucura — madness, craziness, insanity

Isso pode parecer loucura. — This may seem crazy.
Aquela festa foi uma loucura! — That party was crazy!
Ele fez uma loucura por amor. — He did something crazy for love.
Foi uma loucura o que ele fez. — What he did was crazy.
Que loucura dirigir tão rápido! — What madness to drive so fast!
A loucura dele por futebol não tem limites. — His craziness for football knows no bounds.
Que loucura você fez no cabelo? — What crazy thing did you do to your hair?
Ele fez uma loucura por causa dela. — He did some craziness because of her.
Foi uma loucura o quanto me diverti ontem. — It was crazy how much fun I had yesterday.
Ela adora fazer loucuras. — She loves doing crazy things.

633 – limpo — clean

O quarto está limpo. — The room is clean.
Deixe tudo limpo antes de sair. — Leave everything clean before you go.
O ar da montanha é muito limpo. — The mountain air is very clean.
O ar aqui é mais limpo. — The air here is cleaner.
Foi um jogo limpo. — It was a clean game.
A mesa está limpa e pronta para o jantar. — The table is clean and ready for dinner.
A água do rio está bem limpa. — The river water is pretty clean.
Mantenha sua mesa de trabalho limpa. — Keep your work desk clean.
Tente manter seus sapatos limpos. — Try to keep your shoes clean.
Mantenha as mãos limpas. — Keep your hands clean.

634 – herói
Meu pai é meu herói.
Ele morreu como um herói.
Quem é o herói dessa história?
No filme, o herói ganha poderes especiais.
Ele é um verdadeiro herói, salvou muitas vidas.
A ação do herói salvou a cidade.
Ela é a heroína do livro que estou lendo.
Ela foi chamada de heroína.
Os heróis da história lutaram contra o mal.
Eles são heróis para muitas pessoas.

hero
My father is my hero.
He died a hero.
Who is the hero of this story?
In the movie, the hero gets special powers.
He's a real hero, he saved many lives.
The hero's action saved the city.
She's the heroine of the book I'm reading.
She was called a heroine.
The heroes of the story fought against evil.
They are heroes to many people.

635 – pedaço
Você pode me dar um pedaço de pão?
Ele me deu um pedaço do bolo dele.
Só preciso de um pedaço de papel.
Ela tem um pedaço do mapa.
Ele tem um bom pedaço de terra.
Você só me contou um pedaço da história.
Falta um pedaço da história.
Você pode guardar um pedaço de bolo para mim?
Corte o pão em pedaços.
Meu coração está em pedaços.

piece, chunk, bit, portion
Can you give me a piece of bread?
He gave me a piece of his cake.
I just need a piece of paper.
She has a piece of the map.
He has a good piece of land.
You only told me a piece of the story.
A piece of the story is missing.
Can you save a piece of cake for me?
Cut the bread into pieces.
My heart is in pieces.

636 – preferir
Ela prefere trabalhar sozinha.
Você prefere praia ou montanha?
Ele prefere filmes de ação.
Você prefere carne ou peixe?
Prefiro que você me diga a verdade.
Prefiro trabalhar em silêncio.
Eu preferiria se você não contasse a ninguém.
Nós preferimos jantar cedo.
Eles preferem assistir filmes em casa.
Preferiríamos não ir à festa.

to prefer
She prefers to work alone.
Do you prefer the beach or the mountains?
He prefers action movies.
Do you prefer meat or fish?
I prefer that you tell me the truth.
I prefer to work in silence.
I would prefer if you didn't tell anyone.
We prefer to have dinner early.
They prefer to watch movies at home.
We would prefer not to go to the party.

637 – árvore

Aquela árvore é muito alta.
Aquela árvore tem mais de cem anos.
Eles se esconderam atrás da árvore.
Dinheiro não cresce em árvore.
Ele subiu na árvore e depois caiu.
Ela sentou-se debaixo da árvore para ler.
As árvores do parque são muito antigas.
Crianças gostam de subir nas árvores.
Árvores ajudam a limpar o ar da cidade.
As árvores estão no meio do campo.

tree

That tree is very tall.
That tree is over a hundred years old.
They hid behind the tree.
Money doesn't grow on trees.
He climbed the tree and then fell.
She sat under the tree to read.
The trees in the park are very old.
Children like to climb trees.
Trees help clean the city's air.
The trees are in the middle of the field.

638 – casado

Você é casado?
Ele está casado há dez anos.
Meu irmão casado mora no Brasil.
Ele não age como se fosse casado.
Você está feliz sendo casado?
Sou casado e tenho filhos.
Sou uma mulher casada.
Você sabe se ela é casada?
Estamos casados há cinco anos.
Todos os meus irmãos são casados.

married

Are you married?
He has been married for ten years.
My married brother lives in Brazil.
He doesn't act like he's married.
Are you happy being married?
I'm married and have kids.
I'm a married woman.
Do you know if she is married?
We have been married for five years.
All my siblings are married.

639 – avó, vovó

Minha avó é do Brasil.
A avó dele ainda dirige.
Minha vovó viaja muito.
Vovó sempre conta histórias interessantes.
A avó dele mora com a família.
Eu vou visitar minha avó hoje.
A vovó sempre me dá doces.
Gosto de passar tempo com minha avó.
Vovó me ensinou a cozinhar.
Minha avó faz o melhor bolo do mundo.

grandmother, grandma

My grandmother is from Brazil.
His grandmother still drives.
My grandma travels a lot.
Grandma always tells interesting stories.
His grandmother lives with the family.
I am going to visit my grandmother today.
Grandma always gives me sweets.
I like to spend time with my grandmother.
Grandma taught me how to cook.
My grandma makes the best cake in the world.

640 – maioria — majority, most part

A maioria dos alunos passou na prova. — The majority of students passed the exam.
A maioria das pessoas prefere café. — The majority of people prefer coffee.
A decisão foi tomada pela maioria. — The decision was made by the majority.
Na maioria das vezes, ele chega atrasado. — Most of the time, he arrives late.
A maioria das lojas estará fechada amanhã. — Most stores will be closed tomorrow.
A maioria dos brasileiros ama futebol. — Most Brazilians love soccer.
Ela concorda com a maioria das opiniões. — She agrees with most of the opinions.
A maioria das pessoas prefere viajar nas férias. — Most people prefer to travel on vacation.
A maioria dos acidentes acontece perto de casa. — Most accidents happen close to home.
A maioria das famílias tem pelo menos um carro. — The majority of families have at least one car.

641 – afastar — to move away

Por favor, afaste-se da porta. — Please move away from the door.
Afaste-se do fogo. — Move away from the fire.
Preciso me afastar do trabalho por uns dias. — I need to take some time off work for a few days.
Vamos afastar as cadeiras da parede. — Let's move the chairs away from the wall.
Eles se afastaram um do outro. — They moved away from each other.
A mãe afastou o filho do perigo. — The mother moved her son away from danger.
Ela afastou o cachorro do gato. — She moved the dog away from the cat.
Ele se afastou da família por anos. — He distanced himself from his family for years.
Nós afastamos as mesas para dançar. — We moved the tables aside to dance.
Ele se afastou do trabalho por motivos de saúde. — He took leave from work for health reasons.

642 – dedo — finger

Eu machuquei o dedo na porta. — I hurt my finger in the door.
Ela tem um anel em cada dedo. — She has a ring on each finger.
Ela queimou o dedo. — She burned her finger.
Ele não mexeu um dedo para ajudar. — He didn't lift a finger to help.
Meu dedo do pé está doendo. — My toe is hurting.
O dedo do meio é o mais longo. — The middle finger is the longest.
Eu conto nos dedos das mãos. — I can count it on my fingers. (i.e., only a few).
Ele tem dedos longos. — He has long fingers.
Os dedos do bebê são tão pequenos. — The baby's fingers are so small.
Eu tenho apenas nove dedos. — I have only nine fingers.

643 – caro — expensive, dear

Este restaurante é muito caro. — This restaurant is very expensive.
Aquele relógio é caro, mas vale a pena. — That watch is expensive, but it's worth it.
Eles escolheram um hotel caro para as férias. — They chose an expensive hotel for the vacation.
Eu não comprei o vestido porque estava caro. — I didn't buy the dress because it was expensive.
Ele pagou caro pelo erro. — He paid dearly for the mistake.
A decisão custou caro a ele. — The decision cost him dearly.
O preço do sucesso pode ser muito caro. — The price of success can be very expensive.
Ele é um amigo que dá presentes caros. — He is a friend who gives expensive gifts.
Aquela loja vende sapatos caros. — That store sells expensive shoes.
As coisas aqui são muito caras. — Things here are too expensive.

644 – centro — center, downtown

Há muitas lojas no centro da cidade. — There are many stores in the city center.
Vou ao centro fazer compras. — I'm going downtown to shop.
O parque enorme fica no centro da cidade. — The huge park is in the center of the city.
Eles moram no centro do Brasil. — They live in central Brazil.
O ônibus passa pelo centro. — The bus goes through downtown.
Ela foi ao centro de saúde. — She went to the health center.
Ela é o centro das atenções. — She's the center of attention.
O centro de informações fica ali. — The information center is over there.
O centro da Terra é muito quente. — The center of the Earth is very hot.
Fui ao centro médico fazer exames. — I went to the medical center for tests.

645 – chorar — to cry

Parece que tem alguém chorando. — It sounds like someone's crying.
Minha irmã ligou chorando ontem à noite. — My sister called crying last night.
Ela chorou quando a festa acabou. — She cried when the party was over.
Durante o filme, ela chorou muito. — During the movie, she cried a lot.
Ela chorou quando recebeu a notícia. — She cried when she received the news.
Ele chorou de dor quando machucou o pé. — He cried in pain when he hurt his foot.
A criança chorou até dormir. — The child cried himself to sleep.
Ele chorou de tanto rir. — He cried from laughing so much.
Ele chorou porque perdeu o jogo. — He cried because he lost the game.
O filme foi tão triste que todos choraram. — The movie was so sad that everyone cried.

646 – monte

Eu tenho um monte de coisas para fazer hoje.
Um monte de gente apareceu na festa!
Ela leu um monte de livros.
Tem um monte de trabalho para fazer.
Ele deixou um monte de roupas no chão.
Havia um monte de papéis na mesa.
Ele contou um monte de mentiras.
Há um monte de roupas na cama.
Eu subi o monte para tirar fotos.
Subimos o monte para ver o pôr do sol.

a lot of, stack, heap; hill

I have a lot of things to do today.
A ton of people showed up at the party!
She read a lot of books.
There's a pile of work to do.
He left a heap of clothes on the floor.
There was a stack of papers on the table.
He told a bunch of lies.
There is a pile of clothes on the bed.
We climbed the hill to take pictures.
We climbed the hill to see the sunset.

647 – triste

Que triste!
É triste, mas é verdade.
Ela está triste hoje.
Foi um dia triste para todos nós.
Ela está triste porque perdeu o emprego.
Ele ficou triste ao ouvir a notícia.
Sinto muito que você esteja triste.
Ele sorriu, mas ele parecia triste.
Às vezes, me sinto triste sem motivo.
É triste ver como as coisas mudaram.

sad

How sad!
It's sad but true.
She's sad today.
It was a sad day for all of us.
She is sad because she lost her job.
He became sad upon hearing the news.
I'm sorry that you are sad.
He smiled, but he seemed sad.
Sometimes, I feel sad for no reason.
It's sad to see how things have changed.

648 – permitir

Meu pai não vai permitir isso.
Se o tempo permitir, vamos jantar ao ar livre.
Os pais dele permitiram que ele fosse à festa.
Meus pais não me permitem sair à noite.
Eles não permitiram que ele falasse.
Eu não permito que me tratem mal.
Ela não permitiu que ele entrasse na casa.
O chefe permitiu que saíssemos mais cedo.
Permita-me ajudar você.
O professor não permite o uso de celulares.

to allow

My father won't allow it.
If the weather permits, we'll dine outdoors.
His parents allowed him to go to the party.
My parents don't allow me to go out at night.
They did not allow him to speak.
I do not allow people to treat me badly.
She didn't let him enter the house.
The boss allowed us to leave earlier.
Allow me to help you.
The teacher does not allow the use of cell phones.

649 – beleza / beauty

Cada mulher tem sua própria beleza.
Every woman has her own beauty.

A praia tem uma beleza incrível.
The beach has incredible beauty.

A beleza do lugar é incrível.
The beauty of the place is incredible.

É um local famoso pela sua beleza natural.
It's a place famous for its natural beauty.

Beleza, eu ligo para você mais tarde.
Cool, I'll call you later.

A beleza da vida está nos pequenos detalhes.
The beauty of life is in the small details.

Beleza, então o problema está resolvido.
Great, so the problem is solved.

A beleza das praias brasileiras é famosa.
The beauty of Brazilian beaches is famous.

Ela tem uma beleza que chama a atenção.
She has a beauty that catches attention.

Esse carro tem uma beleza única.
This car has a unique beauty.

650 – cartão / card

Pergunte se eles aceitam cartão.
Ask if they accept cards.

Vou pagar com cartão.
I'll pay by card.

Tenho um cartão-presente desta loja.
I have a gift card from that store.

Aqui está meu cartão.
Here's my card.

Preciso fazer um novo cartão do banco.
I need to get a new bank card.

Ele me deu o cartão dele após a reunião.
He gave me his card after the meeting.

Você trouxe o cartão do plano de saúde?
Did you bring the health insurance card?

Ela sempre me manda cartões de aniversário.
She always sends me birthday cards.

Vocês vendem cartões de presente?
Do you sell gift cards?

Escrevi uma mensagem em cada um dos cartões.
I wrote a message on each of the cards.

651 – lidar / to deal with, handle

Não tenho cabeça para lidar com isso agora.
I don't have the mind to deal with it now.

A culpa é um sentimento difícil de lidar.
Guilt is a difficult feeling to deal with.

Vamos lidar com os fatos.
Let's deal with the facts.

Ela sabe como lidar com situações difíceis.
She knows how to deal with difficult situations.

Ele não sabe lidar com a raiva.
He doesn't know how to cope with anger.

Nem sempre é fácil lidar com a família.
It's not always easy to deal with family.

Estou aprendendo a lidar com meus medos.
I'm learning to deal with my fears.

Ela lida bem com desafios.
She handles challenges well.

Como você lida com a saudade?
How do you cope with homesickness?

Acho que lidamos bem com isso.
I think we handled that well.

652 – ensinar

Meu pai me ensinou a ler.
Quem te ensinou a cozinhar tão bem?
Ela ensina as crianças a ler e escrever.
A vida ensina mais que qualquer livro.
A dor nos ensina o valor da saúde.
Vou ensinar você a fazer um bolo.
Vou te ensinar como fazer isso.
Eu quero ensinar meu cachorro a sentar.
Ensine-me como fazer isso, por favor.
Meus pais ensinaram a maior parte do que eu sei.

to teach

My father taught me to read.
Who taught you to cook so well?
She teaches children to read and write.
Life teaches more than any book.
Pain teaches us the value of health.
I will teach you how to make a cake.
I'll teach you how to do this.
I want to teach my dog to sit.
Teach me how to do this, please.
My parents taught me most of what I know.

653 – trem

Eu pego o trem para o trabalho.
O trem está atrasado.
A estação de trem está cheia.
Ele trabalha na linha de trem.
Eu prefiro viajar de trem a avião.
O trem passa perto da minha casa.
Perdemos o último trem da noite.
As crianças adoram andar de trem.
As crianças aprenderam sobre trens na escola.
O professor explicou como funcionam os trens.

train

I take the train to work.
The train is late.
The train station is crowded.
He works on the train line.
I prefer traveling by train rather than by plane.
The train passes near my house.
We missed the last train of the night.
The children love riding the train.
The children learned about trains at school.
The teacher explained how trains work.

654 – através

Eles se conheceram através da música.
Ele passou através da floresta.
Ela olhou através da janela.
Aprendemos muito através da experiência.
Aprendi muito através dos livros.
Ele aprendeu português através de filmes.
Ele soube da festa através dos amigos.
A luz passava através das árvores.
A vista era clara através da janela.
Ela conseguiu o emprego através de um amigo.

through

They met through music.
He went through the forest.
She looked through the window.
We learn a lot through experience.
I learned a lot through books.
He learned Portuguese through movies.
He found out about the party through friends.
The light passed through the trees.
The view was clear through the window.
She got the job through a friend.

655 – bela / beautiful

Eles têm uma bela história de amor. — They have a beautiful love story.
Foi uma bela noite com amigos. — It was a beautiful night with friends.
Ela tem uma bela alma. — She has a beautiful soul.
Foi uma bela surpresa encontrar com eles. — It was a beautiful surprise to run into them.
Que bela maneira de ver as coisas! — What a beautiful way of seeing things!
Um belo futuro nos espera. — A beautiful future awaits us.
Ele tem um belo sorriso. — He has a beautiful smile.
Foi um belo momento. — It was a beautiful moment.
Eles têm belos sonhos para o futuro. — They have beautiful dreams for the future.
As cores do pôr do sol são belas. — The colors of the sunset are beautiful.

656 – desejo / desire, wish

Tenho um único desejo: viajar o mundo. — I have only one wish: to travel the world.
Meu maior desejo é viajar pelo mundo. — My biggest desire is to travel the world.
Ele sente um forte desejo por ela. — He feels a strong desire for her.
Meu desejo é me tornar médico. — My wish is to become a doctor.
Ela sente um desejo de ajudar os outros. — She feels a desire to help others.
Estou com desejo de comer algo doce. — I have a craving for something sweet.
Ele tem o desejo de aprender novas línguas. — He has a desire to learn new languages.
Meu desejo é crescer na minha carreira. — My desire is to grow in my career.
Meus desejos são simples: paz e amor. — My wishes are simple: peace and love.
Os desejos dele são muito claros. — His desires are very clear.

657 – serviço / service, work

O restaurante tem um bom serviço. — The restaurant has good service.
O serviço de entrega é rápido. — The delivery service is fast.
Preciso terminar este serviço hoje. — I need to finish this job today.
Há muito serviço de casa para fazer hoje. — There's a lot of housework to do today.
Quanto este serviço custa? — How much does this service cost?
O banheiro está fora de serviço. — The bathroom is out of order.
O serviço começou às oito horas. — The service started at eight o'clock.
Vamos pedir serviço de quarto? — Shall we order room service?
O serviço de quarto do hotel é bom. — The hotel's room service is good.
Esta empresa oferece vários serviços. — This company offers various services.

658 – jornal

O jornal é entregue pela manhã.
Eu leio o jornal todas as manhãs.
Ele trabalha para um grande jornal.
O jornal de hoje está na mesa.
Qual jornal você prefere?
Onde está o jornal de hoje?
Deixe-me em paz, estou lendo o jornal.
Meu pai gosta de ler jornais.
Ele compra vários jornais todos os dias.
Quais jornais você lê?

newspaper

The newspaper is delivered in the morning.
I read the newspaper every morning.
He works for a major newspaper.
Today's newspaper is on the table.
Which newspaper do you prefer?
Where is today's newspaper?
Leave me alone, I'm reading the newspaper.
My father likes to read newspapers.
He buys several newspapers every day.
Which newspapers do you read?

659 – casamento

O bolo de casamento era branco.
O casamento deles é muito feliz.
As fotos do casamento ficaram incríveis.
Respeito é a chave para um bom casamento.
Este é um presente de casamento.
O casamento deles será no próximo ano.
O casamento foi lindo, com muitas flores.
O presente de casamento deles foi uma viagem.
A festa de casamento será no próximo mês.
Eles vão morar juntos depois do casamento.

marriage, wedding

The wedding cake was white.
Their marriage is very happy.
The wedding photos turned out amazing.
Respect is the key to a good marriage.
This is a wedding present.
Their wedding will be next year.
The wedding was beautiful, with many flowers.
Their wedding present was a trip.
The wedding party will take place next month.
They're going to live together after the wedding.

660 – imediatamente

Me conte imediatamente.
Venha aqui imediatamente!
Vou fazer isso imediatamente.
Ele saiu imediatamente após a reunião.
Chamaram o médico imediatamente.
Ela respondeu imediatamente à mensagem.
Entendi imediatamente o que ele quis dizer.
Vamos resolver seu problema imediatamente.
Os documentos foram enviados imediatamente.
Vou começar a trabalhar nisso imediatamente.

immediately

Tell me immediately.
Come here immediately!
I will do that immediately.
He left immediately after the meeting.
They called the doctor immediately.
She responded to the message immediately.
I immediately understood what he meant.
We'll solve your problem immediately.
The documents were sent immediately.
I'll start working on that immediately.

661 – estrela / star

Qual é o nome dessa estrela? — What's the name of that star?
Ela é uma estrela. — She's a star.
Ele é a estrela do time. — He's the star of the team.
A estrela do mar tem cinco braços. — The starfish has five arms.
Encontramos uma estrela do mar na praia. — We found a starfish on the beach.
Vamos contar as estrelas no céu. — Let's count the stars in the sky.
Existem muitas estrelas no céu. — There are many stars in the sky.
Há mil estrelas no céu hoje à noite. — There are a thousand stars in the sky tonight.
O céu está cheio de estrelas. — The sky is full of stars.
Esse é um hotel cinco estrelas. — This is a five-star hotel.

662 – rico / rich, wealthy

Ele é rico, mas não é feliz. — He's rich, but he's not happy.
Este livro é rico em detalhes. — This book is rich in details.
Ele ficou rico da noite para o dia. — He became rich overnight.
Quero ser rico quando crescer. — I want to be rich when I grow up.
A cidade tem uma história rica. — The city has a rich history.
A floresta é rica em vida animal. — The forest is rich in animal life.
A família dele é muito rica. — His family is very rich.
Ela é uma mulher rica. — She is a wealthy woman.
Eles não são ricos, mas vivem bem. — They're not rich, but they live well.
Essa área é onde vivem todas as famílias ricas. — This area is where all the rich families live.

663 – decisão / decision

A decisão final é sua. — The final decision is yours.
Ele tomou sua própria decisão. — He made his own decision.
Precisamos de uma decisão rápida. — We need a quick decision.
Qual foi sua decisão? — What was your decision?
Que decisão você tomaria no meu lugar? — What decision would you make in my place?
Ela mudou de ideia após a decisão. — She changed her mind after the decision.
Me deixe explicar por que tomei essa decisão. — Let me explain why I made this decision.
Não vou tomar essa decisão sem ter certeza. — I won't make that decision without being sure.
Quem toma as decisões aqui? — Who makes the decisions here?
Tomar decisões faz parte da vida. — Making decisions is part of life.

664 – breve

	soon, brief, short
Ele disse que estaria aqui em breve.	He said he'd be here soon.
A vida é breve.	Life is short.
Voltarei em breve.	I'll be back soon.
Ele chegará em breve.	He will arrive shortly.
A reunião foi breve.	The meeting was brief.
Enviaremos mais informações em breve.	We'll send more information soon.
Ela deu uma breve resposta.	She gave a brief answer.
O trem partirá em breve.	The train will depart soon.
Foi um breve encontro na rua.	It was a brief encounter on the street.
Vamos resolver isso em breve.	We will solve this soon.

665 – crescer

	to grow
O que você deseja ser quando crescer?	What do you want to be when you grow up?
O amor entre eles cresceu com o tempo.	The love between them grew over time.
A cidade cresceu ao longo do rio.	The city grew along the river.
Ele cresceu muito como pessoa.	He has grown a lot as a person.
A árvore cresceu muito este ano.	The tree grew a lot this year.
Nasci e cresci nesta cidade.	I was born and raised in this city.
Eles cresceram juntos como amigos.	They grew up together as friends.
As crianças crescem tão rápido.	Children grow up so fast.
O time está crescendo a cada jogo.	The team is growing with each game.
A empresa está crescendo muito.	The company is growing a lot.

666 – atrasado

	late
Ele nunca está atrasado.	He's never late.
Eu me sinto mal por estar atrasado.	I feel bad for being late.
Estou atrasado para o trabalho.	I'm late for work.
O voo está atrasado.	The flight is delayed.
O projeto está atrasado.	The project is behind schedule.
Ela está atrasada para o jantar.	She's late for dinner.
Ambos os amigos chegaram atrasados.	Both friends were late.
Chegaremos um pouco atrasados.	We'll be a bit late.
Diga a todos para não chegarem atrasados.	Tell everyone not to be late.
A festa começou atrasada por causa da chuva.	The party started late due to the rain.

667 – saída — exit, departure, output

Onde é a saída? — Where is the exit?
A saída é por aqui. — The way out is this way.
A saída das lojas é por aqui. — The store exit is this way.
Precisamos encontrar uma saída rápido! — We need to find a way out quickly!
A saída do prédio está à direita. — The exit of the building is to the right.
Não vejo saída para essa situação. — I don't see a way out of this situation.
Não encontro a saída deste lugar. — I can't find the way out of this place.
Procure a saída mais próxima. — Look for the nearest exit.
Ele ficou na saída esperando os amigos dele. — He stayed at the exit waiting for his friends.
As saídas de ar precisam ser limpas. — The air vents need to be cleaned.

668 – humano — human

A mão humana tem cinco dedos. — The human hand has five fingers.
Todos somos humanos. — We are all humans.
Esse é um erro humano. — That's a human error.
O corpo humano é incrível. — The human body is amazing.
O que significa ser humano? — What does it mean to be human?
Ele é um ser humano muito gentil. — He is a very kind human being.
Um único ser humano pode mudar o mundo. — A single human can change the world.
Ele é um humano e ela é uma humana. — He's a human, and she's a human.
A condição humana é cheia de desafios. — The human condition is full of challenges.
Todos os humanos merecem respeito. — All humans deserve respect.

669 – assustar — to scare

Atirei uma pedra para assustar os pássaros. — I threw a stone to scare the birds.
Esse filme vai te assustar. — This movie will scare you.
Ele se escondeu atrás da porta para me assustar. — He hid behind the door to scare me.
O barulho alto me assustou. — The loud noise scared me.
Ele veio por trás e me assustou. — He came up from behind and scared me.
A história assustou todos na festa. — The story scared everyone at the party.
O cachorro grande assustou minha filha. — The big dog scared my daughter.
Não me assuste assim! — Don't scare me like that!
Os preços altos na loja me assustaram. — The high prices in the store shocked me.
As notícias assustaram muitas pessoas. — The news scared many people.

670 – resolver
to resolve, solve, decide

Vou pensar em algo para resolver isso.	I'll think of something to solve it.
Podemos resolver esse problema juntos.	We can solve this problem together.
Precisamos resolver nossas diferenças.	We need to resolve our differences.
Vamos resolver isso na reunião de amanhã.	Let's resolve this in tomorrow's meeting.
Como você resolveu o problema?	How did you solve the problem?
Depois de pensar muito, ela resolveu se casar.	After much thought, she decided to get married.
Resolvi aprender uma nova língua.	I decided to learn a new language.
Resolvi mudar de emprego.	I've made up my mind to change jobs.
Eles resolveram suas diferenças conversando.	They resolved their differences by talking.
Resolverei isso amanhã.	I'll figure this out tomorrow.

671 – azul
blue

O céu está azul hoje.	The sky is blue today.
O mar está bem azul.	The sea is very blue.
Compramos um carro azul.	We bought a blue car.
O vestido azul dela é muito bonito.	Her blue dress is very pretty.
Ela está usando uma camisa azul.	She's wearing a blue shirt.
Meu time joga de azul.	My team plays in blue.
A casa dela tem portas azuis.	Her house has blue doors.
Ele tem olhos azuis.	He has blue eyes.
As montanhas parecem azuis à distância.	The mountains look blue in the distance.
Alguns bebês têm olhos azuis quando nascem.	Some babies have blue eyes when they are born.

672 – diferença
difference

Você viu alguma diferença?	Did you see any difference?
Que diferença um ano faz!	What a difference a year makes!
Explique a diferença entre os dois.	Explain the difference between the two.
Um simples sorriso pode fazer a diferença.	A simple smile can make a difference.
Um bom conselho pode fazer toda a diferença.	Good advice can make all the difference.
Para mim, não faz diferença onde vamos jantar.	To me, it makes no difference where we dine.
Sua ajuda fez toda a diferença.	Your help made all the difference.
Qual é a diferença entre esses dois carros?	What's the difference between these two cars?
A diferença de idade entre eles é de cinco anos.	The age difference between them is five years.
Eles resolveram as diferenças deles.	They settled their differences.

673 – puxar / to pull

Puxe a porta para abrir. — Pull the door to open it.
Você precisa puxar a porta para abri-la. — You have to pull that door to open it.
Eles tiveram que puxar o barco para fora da água. — They had to pull the boat out of the water.
Você sabia que seu carro puxa para a esquerda? — Did you know that your car pulls to the left?
Ele puxou a bolsa para perto de si. — He pulled the bag close to him.
A mãe puxou o filho para perto. — The mother pulled her son close.
A criança puxou o cabelo da irmã. — The child pulled her sister's hair.
Ele puxou a cadeira para perto da mesa. — He pulled the chair closer to the table.
Ele a puxou pelo braço para fora da sala. — He pulled her by the arm out of the room.
Ele puxou ao pai no jeito de falar. — He takes after his father in the way he speaks.

674 – carne / meat

Você come carne? — Do you eat meat?
Ela come carne agora. — She eats meat now.
Ele está comendo menos carne vermelha. — He's eating less red meat.
Vamos provar a carne antes de comprar mais. — Let's taste the meat before we buy more.
Preciso comprar carne para o jantar. — I need to buy meat for dinner.
Eu como carne todos os dias. — I eat meat every day.
A carne estava dura. — The meat was tough.
Os gatos comem apenas carne. — Cats only eat meat.
Ele cortou a carne em pedaços pequenos. — He cut the meat into small pieces.
Ele parou de comer carne por motivos de saúde. — He stopped eating meat for health reasons.

675 – igreja / church

Eles sempre vão à igreja juntos. — They always go to church together.
Meus pais se conheceram na igreja. — My parents met at church.
Eles se casaram em uma igreja. — They got married in a church.
A igreja é aberta a todos. — The church is open to everyone.
Meu irmão trabalha para a igreja. — My brother works for the church.
A igreja está cheia hoje. — The church is full today.
Vamos à igreja uma vez por semana. — We go to church once a week.
A igreja é muito bonita por dentro. — The church is very beautiful inside.
A igreja é um lugar de paz. — The church is a place of peace.
Eu me casei naquela igreja antiga no centro. — I got married in that old church downtown.

676 – honra / honor

Foi uma honra conhecer todos vocês. — It was an honor to meet all of you.
Ele é um homem de honra. — He is a man of honor.
Ele deu sua palavra de honra. — He gave his word of honor.
Farei isso em sua honra. — I'll do this in your honor.
Isso foi uma grande honra para mim. — It was a great honor for me.
Isso é uma questão de honra para mim. — It's a matter of honor for me.
Eles lutaram pela honra do país. — They fought for the country's honor.
Tive a honra de trabalhar com ela. — I had the honor of working with her.
É uma honra estar aqui hoje. — It's an honor to be here today.
A honra da família foi salva. — The family's honor was saved.

677 – parede / wall

A bola bateu na parede. — The ball hit the wall.
Essa parede precisa de uma janela. — This wall needs a window.
Há uma pequena janela bem ali, viu? — There's a small window right there, see?
Como essa parede ficou tão suja? — How did this wall get so dirty?
Vamos construir uma parede aqui. — Let's build a wall here.
Ele se escondeu atrás da parede. — He hid behind the wall.
A criança escreveu na parede. — The child wrote on the wall.
Todas as paredes em nossa casa são brancas. — All the walls in our house are white.
As paredes do quarto são azuis. — The bedroom walls are blue.
Essas paredes são antigas, mas ainda fortes. — These walls are old but still strong.

678 – saco / bag, sack

O saco está cheio de lixo. — The bag is full of garbage.
Ela colocou tudo em um saco. — She put everything in a bag.
Coloque sua comida em um saco de papel. — Put your food in a paper bag.
Você trouxe um saco de dormir? — Did you bring a sleeping bag?
Vou colocar essas roupas no saco. — I'll put these clothes in the bag.
Onde você conseguiu esse saco de doces? — Where did you get that sack of candy?
Esse filme é um saco. — This movie is boring.
Estou de saco cheio desse trabalho. — I'm fed up with this job.
Esse trabalho é um saco. — This job is a pain.
Não temos mais sacos de lixo? — Do we not have any more garbage bags?

679 – graça — funny; thanks, grace
Qual é a graça? — What's so funny?
Isso não tem graça nenhuma. — That's not funny at all.
Que graça você viu nisso? — What did you find funny about that?
Ela dança com muita graça. — She dances with a lot of grace.
Graças ao apoio dos amigos, consegui. — Thanks to my friends' support, I succeeded.
Graças a ela, tudo ficou mais fácil. — Thanks to her, everything became easier.
Ele recebeu muitas graças. — He received many blessings.
Graças ao estudo, ela passou na prova. — Thanks to studying, she passed the exam.
Ele contou uma piada sem graça. — He told a humorless joke.
Graças a você, consegui terminar o trabalho. — Thanks to you, I managed to finish the work.

680 – respirar — to breathe
Respire fundo antes de falar. — Take a deep breath before speaking.
Respire devagar e se acalme. — Breathe slowly and calm down.
Ele respirou fundo. — He took a deep breath.
Preciso respirar um pouco. — I need to take a breather.
Enquanto eu respirar, vou lutar. — As long as I breathe, I'll fight.
Não consigo respirar direito. — I can't breathe properly.
Tente respirar normalmente. — Try to breathe normally.
O cachorro não está respirando bem. — The dog isn't breathing well.
Ele respira fundo para se acalmar. — He takes a deep breath to calm down.
Ela mal respirava de tanto rir. — She could hardly breathe from laughing so much.

681 – devagar — slow, slowly
Ande devagar. — Walk slowly.
Fale mais devagar, por favor. — Speak more slowly, please.
Um pouco mais devagar. — A little slower.
Eu dirijo mais devagar à noite. — I drive slower at night.
Vá devagar com essa decisão. — Take it slow with that decision.
Leia devagar para entender melhor. — Read slowly to understand better.
Esta música é para dançar bem devagar. — This song is for dancing very slowly.
Ele acorda devagar pela manhã. — He wakes up slowly in the morning.
Fale devagar para que todos entendam. — Speak slowly so everyone understands.
Por que o cachorro está andando tão devagar? — Why is the dog walking so slowly?

682 – perigo / danger

Perigo: não entre. — Danger: do not enter.
Eles estão em perigo. — They are in danger.
Estamos fora de perigo agora. — We're out of danger now.
Não ponha sua vida em perigo! — Don't put your life in danger!
Perigo: animais na pista. — Danger: animals on the road.
Ela salvou a criança do perigo. — She saved the child from danger.
Ele está em perigo lá. — He's in danger there.
Ele não tem medo do perigo. — He's not afraid of danger.
O perigo está em todos os lugares. — Danger is everywhere.
O perigo passou, podemos sair agora. — The danger has passed, we can go out now.

683 – costumar / to be used to

Eu costumo acordar cedo. — I usually wake up early.
Eu costumo tomar café pela manhã. — I usually drink coffee in the morning.
Ela costuma trabalhar até tarde. — She usually works late.
No Brasil, costuma-se jantar tarde. — In Brazil, it's customary to have dinner late.
Você costuma assistir TV à noite? — Do you usually watch TV at night?
O que você costuma vestir no trabalho? — What do you usually wear to work?
Nós costumávamos morar perto da praia. — We used to live near the beach.
Nós costumávamos brincar neste parque. — We used to play in this park.
As reuniões costumam durar uma hora. — The meetings usually last an hour.
As pessoas costumam viajar durante as férias. — People usually travel during the holidays.

684 – propósito / purpose

Qual é o propósito desta reunião? — What's the purpose of this meeting?
Você fez isso de propósito? — Did you do that on purpose?
Ele não fez isso de propósito. — He didn't do that on purpose.
Ela tem um propósito claro na vida. — She has a clear purpose in life.
Qual é o propósito da sua visita? — What's the purpose of your visit?
Encontrar um propósito na vida é importante. — Finding a purpose in life is important.
Qual é o propósito desta pergunta? — What's the purpose of this question?
Não fiz de propósito, me desculpe. — I didn't do it on purpose, I'm sorry.
A propósito, você viu as notícias? — By the way, have you seen the news?
A propósito, encontramos seu carro. — By the way, we found your car.

685 – certamente / certainly

Certamente, eu estarei lá. — Certainly, I'll be there.
Você pode me ajudar? Certamente! — Can you help me? Certainly!
Isso certamente vai acontecer. — This will certainly happen.
Ela certamente vai passar na prova. — She will certainly pass the exam.
Certamente, isso é uma ótima ideia. — Certainly, that is a great idea.
Você certamente tem dinheiro suficiente. — You certainly have enough money.
Ela certamente vai adorar o presente. — She will certainly love the gift.
Isso certamente não é verdade. — That is certainly not true.
Isso certamente não é o que eu esperava. — This is certainly not what I expected.
Certamente nos divertiremos na festa. — We will certainly have a good time at the party.

686 – cheiro / smell, scent, odor

Eu adoro o cheiro de café. — I love the smell of coffee.
Que cheiro horrível! — What a horrible smell!
O cheiro na cozinha está horrível. — The smell in the kitchen is awful.
Ele tem um cheiro bom. — He smells good.
Adoro o cheiro de livros novos. — I love the smell of new books.
O cheiro da comida está ótimo. — The smell of the food is great.
Não gosto do cheiro de peixe. — I don't like the smell of fish.
Tem um cheiro de queimado na cozinha. — There's a burnt smell in the kitchen.
Gosto dos cheiros da natureza. — I like the smells of nature.
Ele não percebe os cheiros ruins. — He doesn't notice bad smells.

687 – largar / to let go, give up

Largue minha mão. — Let go of my hand.
Não largue suas coisas pela casa. — Don't leave your things around the house.
Ela não consegue largar o celular. — She can't put down her phone.
Não consigo largar esse jogo. — I can't put this game down.
O cachorro foi largado no parque. — The dog was let loose in the park.
O gato foi largado na rua. — The cat was abandoned in the street.
Quando ele ficou mais velho, largou a igreja. — When he got older, he left the church.
Ele largou o emprego ontem. — He quit his job yesterday.
Ele largou mão de tentar. — He gave up trying.
Ela largou tudo para trás e foi viajar. — She left everything behind and went traveling.

688 – mar / sea

O mar parece calmo hoje.	The sea looks calm today.
Daqui eu consigo ver o mar.	From here I can see the sea.
O barco estava perdido no mar.	The boat was lost at sea.
A casa fica de frente para o mar.	The house is facing the sea.
Eu consigo ver o mar da minha janela.	I can see the sea from my window.
O mar parece não ter fim.	The sea seems endless.
Eles moram em uma cidade do mar.	They live in a seaside town.
O mar está limpo e claro hoje.	The sea is clean and clear today.
Os mares são cheios de vida.	The seas are full of life.
Os mares estão ficando mais quentes.	The seas are getting warmer.

689 – ilha / island

A ilha tem praias lindas.	The island has beautiful beaches.
Não há carros nesta ilha.	There are no cars on this island.
Há uma pequena ilha na costa.	There's a small island off the coast.
Eu não gostaria de viver em uma ilha.	I wouldn't want to live on an island.
A ilha tem uma história interessante.	The island has an interesting history.
Precisamos de um barco para chegar à ilha.	We need a boat to get to the island.
Eles vivem uma vida simples na ilha.	They live a simple life on the island.
As ilhas são um ótimo lugar para relaxar.	The islands are a great place to relax.
Eles compraram uma casa em uma das ilhas.	They bought a house on one of the islands.
Muitas ilhas não têm água.	Many islands don't have water.

690 – parceiro / partner

Ele é meu parceiro de negócios.	He's my business partner.
Encontrei um parceiro para o projeto.	I found a partner for the project.
Meu parceiro e eu fazemos tudo juntos.	My partner and I do everything together.
E aí, parceiro? Tudo bem?	Hey, buddy! How's it going?
Meu parceiro e eu vamos nos casar.	My partner and I are getting married.
Ele é um ótimo parceiro de equipe.	He is a great team partner.
Meu parceiro sempre tem boas ideias.	My partner always has good ideas.
Ela é minha parceira de vida.	She's my life partner.
Somos parceiros de projeto na escola.	We are project partners at school.
Nós somos parceiros na vida e no amor.	We are partners in life and love.

691 – rio / river

O nível do rio está baixo. / The river level is low.
O rio está cheio depois da chuva. / The river is full after the rain.
O rio passa pelo centro da cidade. / The river runs through the city center.
Esse rio é o maior do mundo. / This river is the largest in the world.
O rio corre devagar nesta parte. / The river flows slowly in this part.
A água do rio está correndo rápido hoje. / The river water is running fast today.
As cidades cresceram ao longo do rio. / The cities grew along the river.
O rio é famoso por sua beleza. / The river is famous for its beauty.
O rio está correndo forte hoje. / The river is flowing strongly today.
As crianças brincam no rio. / The children play in the river.

692 – nervoso / nervous

Estou nervoso por causa da prova amanhã. / I'm nervous about the test tomorrow.
Não fique nervoso, tudo vai dar certo. / Don't get nervous, everything will be fine.
Ficar nervoso não ajuda em nada. / Being nervous doesn't help at all.
Você parece nervoso, o que aconteceu? / You seem nervous, what happened?
A droga age no sistema nervoso. / The drug acts on the nervous system.
Ele está nervoso porque vai viajar amanhã. / He is nervous because he is traveling tomorrow.
Ele fica nervoso quando algo dá errado. / He gets nervous when something goes wrong.
Ele é uma pessoa muito nervosa. / He's a very nervous person.
Ela sempre fica nervosa antes de viajar. / She always gets nervous before traveling.
Ela estava nervosa antes do exame médico. / She was nervous before the medical exam.

693 – peixe / fish

O peixe dorme com os olhos abertos. / The fish sleeps with its eyes open.
Eu gosto de comer peixe, mas meus filhos não. / I like to eat fish, but my kids don't.
Vamos ao mercado comprar peixe. / Let's go to the market to buy fish.
Tem muitos tipos de peixe no mar. / There are many types of fish in the sea.
O restaurante serve um prato especial de peixe. / The restaurant serves a special fish dish.
Os peixes bebem água? / Do fish drink water?
Há muitos peixes neste rio. / There are lots of fish in this river.
Os peixes respiram na água. / Fish breathe in water.
O mar está cheio de peixes. / The sea is full of fish.
Existem peixes perigosos neste rio. / There are dangerous fish in this river.

694 – descansar — **to rest**

Eu sempre preciso descansar depois do trabalho. — I always need to rest after work.
Vou descansar um pouco depois do almoço. — I'm going to rest a bit after lunch.
O médico disse para descansar por alguns dias. — The doctor said to rest for a few days.
Talvez você devesse descansar um pouco. — Maybe you should rest a bit.
Vocês devem descansar antes de sairmos. — You should all rest before we go out.
Descanse um pouco, você parece cansado. — Rest a bit, you look tired.
Estou descansando os olhos. — I'm resting my eyes.
Ela está descansando agora. — She is resting now.
Estamos descansando entre os jogos. — We are resting between games.
O vovô descansou antes do jantar. — Grandpa rested before dinner.

695 – saúde — **health**

Saúde! — Bless you! (after someone sneezes)
À sua saúde! — To your health!
Saúde em primeiro lugar. — Health comes first.
Como está sua saúde hoje em dia? — How is your health these days?
Ele está mal de saúde. — He's in poor health.
Lembre-se de que a saúde é importante. — Remember that health is important.
Você precisa de um plano de saúde. — You need health insurance.
Dormir mal é ruim para sua saúde. — Poor sleep is bad for your health.
Ela trabalha na área da saúde. — She works in the health sector.
Perder a saúde é pior do que perder dinheiro. — Losing one's health is worse than losing money.

696 – direção — **direction, management**

Em que direção fica o centro da cidade? — In which direction is the city center?
Estamos indo na direção certa? — Are we going in the right direction?
Estamos indo na direção errada. — We're going in the wrong direction.
O projeto está tomando uma nova direção. — The project is taking a new direction.
Ele faz parte da direção da empresa. — He is part of the company's management.
Estamos sob a mesma direção. — We are under the same management.
Qual é a direção do vento hoje? — What's the direction of the wind today?
A direção do filme foi excelente. — The direction of the film was excellent.
Ele não sabe que direção tomar na vida. — He doesn't know which direction to take in life.
Os pássaros voam em diferentes direções. — Birds fly in different directions.

697 – buraco

Tem um buraco na parede.
O buraco no chão está cheio de água.
Estou num buraco e não sei como sair.
Sair desse buraco vai ser difícil.
Tem um buraco na minha meia.
Ele acertou a bola no buraco.
Tenha cuidado com o buraco na estrada.
Os buracos na estrada são perigosos.
As roupas velhas estão cheias de buracos.
As árvores têm buracos feitos por pássaros.

hole

There's a hole in the wall.
The hole in the ground is full of water.
I'm in a hole and don't know how to get out.
Getting out of this hole will be difficult.
There's a hole in my sock.
He got the ball in the hole.
Be careful of the pothole on the road.
The holes in the road are dangerous.
The old clothes are full of holes.
The trees have holes made by birds.

698 – sapato

Perdi um sapato.
Há um buraco no meu sapato direito.
Ele não consegue achar os sapatos dele.
Você pode tirar seus sapatos?
Não usamos sapatos dentro de casa.
Esses sapatos são ótimos para caminhar.
Ele usa sapatos pretos no trabalho.
A caixa de sapatos está embaixo da cama.
Prove esses sapatos.
Meus sapatos não servem mais.

shoe

I lost a shoe.
There is a hole in my right shoe.
He can't find his shoes.
Can you take your shoes off?
We don't wear shoes inside the house.
These shoes are great for walking.
He wears black shoes at work.
The shoebox is under the bed.
Try these shoes on.
My shoes don't fit anymore.

699 – agir

É hora de agir.
Precisamos agir agora.
Eles decidiram agir em segredo.
Como devemos agir neste caso?
Ele agiu de forma estranha.
Ela agiu como se não soubesse de nada.
Ele sempre age com calma.
Ela age como se fosse a chefe.
Como você agiria nessa situação?
Aqueles homens estão agindo como crianças.

to act, behave

It's time to act.
We need to act now.
They decided to act in secret.
How should we act in this case?
He acted strangely.
She acted as if he knew nothing.
He always acts calmly.
He acts as if he were the boss.
How would you act in this situation?
Those men are acting like children.

700 – merecer

Ela não merece seu amor.
Ele merece uma segunda chance.
Ninguém merece ser tratado assim.
Você merece alguém que te ame.
Depois de tanto trabalho, você merece descansar.
Ela merece todo o sucesso que tem.
Eles merecem nossa ajuda.
Vocês merecem o melhor da vida.
Será que eu mereço isso?
Nós merecemos saber a verdade.

to deserve, be worth

She doesn't deserve your love.
He deserves a second chance.
Nobody deserves to be treated like that.
You deserve someone who loves you.
After so much work, you deserve to rest.
She deserves all the success she has.
They deserve our help.
You deserve the best in life.
Do I really deserve this?
We deserve to know the truth.

701 – oportunidade

Obrigado pela oportunidade.
Tive a oportunidade de conhecê-lo ontem.
Vale mais esperar pela oportunidade certa.
Quando tiver oportunidade, me ligue.
Ela roubou a oportunidade de mim.
Vimos uma oportunidade de mercado.
Não perca esta oportunidade de viajar.
Esta é a oportunidade que você estava esperando.
A vida é cheia de oportunidades.
Você já teve muitas oportunidades para ajudar.

opportunity, chance

Thank you for the opportunity.
I had the opportunity to meet him yesterday.
It's better to wait for the right opportunity.
When you get the chance, call me.
She stole the chance from me.
We saw a market opportunity.
Don't miss this opportunity to travel.
This is the opportunity you were waiting for.
Life is full of opportunities.
You've had plenty of opportunities to help.

702 – lei

Qual é o propósito desta lei?
Você deve seguir a lei.
A lei não permite isso.
Essa lei é muito antiga.
Eles querem mudar a lei.
A lei é igual para todos.
Eles criaram uma nova lei de saúde.
Ele conhece bem as leis do país.
Existem leis para tudo.
Eles discutiram as novas leis na reunião.

law

What is the purpose of this law?
You must follow the law.
The law doesn't allow that.
This law is very old.
They want to change the law.
The law is the same for everyone.
They created a new health law.
He knows the country's laws well.
There are laws for everything.
They discussed the new laws in the meeting.

703 – apresentar — to present, introduce

Ele vai apresentar um projeto na reunião. — He is going to present a project at the meeting.
Vou apresentar você aos meus amigos. — I will introduce you to my friends.
Gostaria de apresentar uma nova ideia. — I would like to introduce a new idea.
Eu quero te apresentar minha família. — I want to introduce you to my family.
Você precisa apresentar seus documentos. — You need to present your documents.
Ela se apresentou ao novo chefe. — She introduced herself to the new boss.
A empresa apresentou bons resultados. — The company showed good results.
Me apresente ao seu chefe, por favor. — Introduce me to your boss, please.
Apresentarei meu trabalho amanhã. — I will present my work tomorrow.
Você pode me apresentar aos seus colegas? — Can you introduce me to your colleagues?

704 – dente — tooth

Estou com dor de dente. — I have a toothache.
Ele tem um dente quebrado. — He has a broken tooth.
Ele perdeu um dente jogando futebol. — He lost a tooth playing soccer.
O menino perdeu o primeiro dente de leite. — The boy lost his first baby tooth.
Os dentes dela são muito brancos. — Her teeth are very white.
Meus dentes não gostam de água fria. — My teeth don't like cold water.
Você deve cuidar bem dos seus dentes. — You should take good care of your teeth.
Este animal tem dentes enormes. — This animal has huge teeth.
Essa comida ficou presa em meus dentes. — This food got stuck in my teeth.
Os dentes do bebê estão nascendo. — The baby's teeth are coming in.

705 – piada — joke

Ninguém riu da piada. — Nobody laughed at the joke.
Sua piada não teve graça. — Your joke wasn't funny.
Estou morrendo de rir com essa piada! — I'm dying laughing at that joke!
Você é o único que entendeu a piada. — You're the only one who got the joke.
Foi só uma piada, não leve a sério. — It was just a joke, don't take it seriously.
Ele sempre tem uma piada nova para contar. — He always has a new joke to tell.
Todos riram da piada dele. — Everyone laughed at his joke.
Ela contou várias piadas na festa. — She told several jokes at the party.
Ele faz piadas sobre tudo. — He makes jokes about everything.
Contar piadas é uma boa forma de fazer amigos. — Telling jokes is a good way to make friends.

706 – nível

O nível da água está muito alto.
O nível da água subiu muito.
O nível do rio está subindo.
Eles subiram de nível no jogo.
Passei para o próximo nível do jogo.
Ele chegou ao último nível.
Isso está em outro nível!
O restaurante oferece um serviço de alto nível.
A escola oferece aulas em vários níveis.
Os níveis de energia dela estão sempre altos.

level

The water level is very high.
The water level has risen a lot.
The river level is rising.
They've moved up a level in the game.
I moved to the next level of the game.
He reached the last level.
That's on another level!
The restaurant offers high-level service.
The school offers classes at various levels.
Her energy levels are always high.

707 – escapar

Precisamos encontrar uma maneira de escapar.
Não deixe essa chance escapar.
Ela tentou escapar do encontro.
Ele escapou de um acidente por pouco.
Ele escapou do perigo.
A chave escapou do bolso.
O gato escapou pela janela.
O cachorro escapou pela porta aberta.
Escapamos da chuva por minutos.
A bola escapou das minhas mãos.

to escape

We need to find a way to escape.
Don't let this chance slip away.
She tried to get out of the meeting.
He narrowly escaped an accident.
He escaped the danger.
The key fell out of my pocket.
The cat escaped through the window.
The dog escaped through the open door.
We escaped the rain by minutes.
The ball slipped out of my hands.

708 – mala

Perdemos nossa mala durante a viagem.
A mala está cheia de presentes.
Preciso comprar uma mala nova para a viagem.
Vou fazer minha mala para a viagem.
Vou viajar só com mala de mão.
Você já preparou suas malas para a viagem?
Já preparei as malas para a viagem.
As malas estão prontas para a viagem.
As malas estão totalmente cheias.
Quantas malas você trouxe?

suitcase

We lost our suitcase during the trip.
The suitcase is full of presents.
I need to buy a new suitcase for the trip.
I'm going to pack my suitcase for the trip.
I'm going to travel with only hand luggage.
Have you packed your bags for the trip?
I've already packed for the trip.
The bags are ready for the trip.
The suitcases are completely full.
How many suitcases did you bring?

709 – relatório — report

Você terminou o relatório? — Did you finish the report?
Mande o relatório até o final do dia. — Send the report by the end of the day.
Meu chefe me pediu para terminar o relatório. — My boss asked me to finish the report.
O professor pediu um relatório sobre o livro. — The teacher asked for a report on the book.
O relatório do projeto está quase pronto. — The project report is almost ready.
O relatório mostra bons resultados. — The report shows good results.
Pode dar uma olhada nesse relatório para mim? — Can you take a look at this report for me?
Vou dar uma olhada rápida no relatório. — I'll take a quick look at the report.
Os relatórios foram entregues a tempo. — The reports were submitted on time.
Os relatórios estão na mesa do chefe. — The reports are on the boss's desk.

710 – pista — track, runway, clue

Estou na pista certa? — Am I on the right track?
Me dê uma pista. — Give me a clue.
A pista de dança está muito cheia. — The dance floor is too crowded.
Encontramos uma pista importante no caso. — We found an important clue in the case.
A polícia encontrou uma nova pista do crime. — The police found a new clue to the crime.
O avião está na pista. — The plane is on the runway.
Os carros estão prontos na pista de corrida. — The cars are ready on the race track.
Vamos correr na pista do parque hoje. — Let's run on the park track today.
A pista de dança do casamento era pequena. — The dance floor at the wedding was small.
Precisamos seguir todas as pistas. — We need to follow all the clues.

711 – justo — fair, just

O time perdeu, mas o jogo foi justo. — The team lost, but the game was fair.
Ele é um homem duro, mas justo. — He's a tough man, but fair.
Ela luta por um mundo mais justo e livre. — She fights for a fairer, freer world.
O chefe tenta ser justo com todos. — The boss tries to be fair to everyone.
Ele sempre trata todos de maneira justa. — He always treats everyone fairly.
Nem sempre a vida é justa. — Life isn't always fair.
Você acha que esses preços são justos? — Do you think that these prices are fair?
Meus pais sempre foram justos comigo. — My parents have always been fair to me.
Nem todas as leis são justas. — Not all laws are just.
Nem sempre as regras são justas para todos. — The rules aren't always fair to everyone.

712 – pedra

Ele atirou uma pedra na janela.
Eles moram em uma casa de pedra.
Ele tem um coração de pedra.
A pedra no sapato finalmente saiu.
A Idade da Pedra foi há muito tempo.
Não atirem pedras uns nos outros.
Eles usavam pedras para fazer fogo.
A água corre entre as pedras do rio.
O caminho até a casa era cheio de pedras.
Ele encontrou um monte de pedras no caminho.

stone, rock

He threw a stone at the window.
They live in a stone house.
He has a heart of stone.
The stone in the shoe finally came out.
The Stone Age was a long time ago.
Don't throw rocks at each other.
They used stones to make fire.
The water runs between the river stones.
The path to the house was full of stones.
He found a pile of stones on the path.

713 – doido

Ele é doido!
Você é doido de fazer isso!
O tempo está doido hoje.
Fiquei doido procurando as chaves.
Não faz isso, sua doida!
Essa festa tá doida!
Ela é doida por animais.
Ela ficou doida quando viu o presente.
Esse barulho está me deixando doido.
Ele tem umas ideias doidas.

crazy, insane

He's crazy!
You are crazy to do that!
The weather is crazy today.
I went crazy looking for the keys.
Don't do that, you crazy girl!
This party is insane!
She is crazy about animals.
She went crazy when she saw the gift.
This noise is driving me crazy.
He has some crazy ideas.

714 – gato

Quando abri a porta, vi um gato.
O gato quer ir para fora.
O gato está brincando dentro da caixa.
O gato desapareceu de repente.
Meu gato é um bom parceiro para relaxar.
Meu gato brinca muito e depois dorme muito.
O gato está com medo do cachorro.
Ele é um gato.
Oi, gata! Como você está?
Os gatos estavam perdidos por dias.

cat

When I opened the door, I saw a cat.
The cat wants to go outside.
The cat is playing in the box.
The cat suddenly disappeared.
My cat is a good partner for relaxing.
My cat plays a lot then sleeps a lot.
The cat is afraid of the dog.
He's a handsome guy.
Hey, gorgeous! How are you?
The cats had been lost for days.

715 – bravo / angry, mad

Ele não teve motivo para ficar bravo. — He had no reason to be angry.
Ele ficou bravo com a notícia. — He got angry with the news.
Meu pai ficou bravo comigo. — My father got angry with me.
Não precisa ficar bravo por tão pouco. — No need to get angry over so little.
Não fique bravo, vamos conversar. — Don't get angry, let's talk.
A professora ficou brava com os alunos. — The teacher got mad at the students.
A gata ficou brava quando eu tentei pegar. — The cat got angry when I tried to pick it up.
Minha irmã está brava comigo. — My sister is angry with me.
Minha tia é brava quando está com fome. — My aunt is grumpy when she's hungry.
Os meninos ficaram bravos quando perderam. — The boys got mad when they lost the game.

716 – fechado / closed

O restaurante está fechado amanhã. — The restaurant is closed tomorrow.
O livro estava fechado sobre a mesa. — The book was closed on the table.
O céu está todo fechado, vai chover. — The sky is completely overcast, it's going to rain.
O negócio está fechado. — The deal is closed.
A janela ficou fechada a noite toda. — The window remained closed all night.
Ele é uma pessoa muito fechada. — He is a very reserved person.
Minha mente está fechada para essa ideia. — My mind is closed to that idea.
A porta do carro está fechada? — Is the car door closed?
Os parques ficam fechados à noite. — Parks are closed at night.
As escolas estarão fechadas durante as férias. — Schools will be closed during the holidays.

717 – cadê / where

Cadê sua irmã? — Where's your sister?
Cadê meu celular? — Where's my phone?
Cadê você? — Where are you?
Cadê o meu pedido? Já faz uma hora! — Where is my order? It's been an hour!
Cadê o dinheiro que estava aqui? — Where's the money that was here?
Cadê o presente que você comprou? — Where's the gift you bought?
Cadê as crianças? — Where are the kids?
Cadê a pessoa que falou isso? — Where is the person who said that?
Cadê a lista de compras que eu escrevi? — Where's the shopping list that I wrote?
Cadê o meu outro sapato? — Where's my other shoe?

718 – lixo

Jogue o lixo fora.
Ele vai tirar o lixo.
Não jogue lixo no chão!
Ela jogou o resto de comida no lixo.
Joguei o papel no lixo.
O cheiro do lixo é horrível.
Eles o trataram como lixo.
Nosso time está um lixo este ano.
Esse filme foi um lixo.
Este relatório é puro lixo.

garbage, trash, rubbish

Throw the garbage away.
He'll take out the trash.
Don't throw the garbage on the floor!
She threw the leftover food in the trash.
I threw the paper in the trash.
The smell of garbage is horrible.
They treated him like garbage.
Our team is trash this year.
That movie was trash.
This report is pure garbage.

719 – corte

Ele tem um corte na mão.
Eu gosto do seu novo corte de cabelo.
O filme tem muitas cenas de corte rápido.
O médico fez um pequeno corte.
O corte de energia durou seis horas.
O corte dessa cena ficou estranho.
Cuidado ao fazer o corte do papel.
O corte de uma cena para outra foi bem feito.
Esse é o meu corte de carne favorito.
O corte de água durou o dia todo.

cut

He has a cut on his hand.
I like your new haircut.
The movie has many quick-cut scenes.
The doctor made a small cut.
The power cut lasted for six hours.
The cut of this scene looks strange.
Be careful when cutting the paper.
The cut from one scene to another was well done.
This is my favorite cut of meat.
The water cut lasted all day.

720 – basta

Basta!
Basta de desculpas.
Isso basta por hoje.
Basta fazer isso uma vez por dia.
Basta ler o livro para entender a história.
Para ser feliz, basta amar e ser amado.
Basta uma palavra para mudar tudo.
Não basta só falar, tem que agir.
Não basta ter dinheiro para ser feliz.
Basta olhar para ver o problema.

enough

That's enough already!
Enough with the excuses.
This is enough for today.
It's enough to do this once a day.
Just read the book to understand the story.
To be happy, it's enough to love and be loved.
One word is enough to change everything.
It's not enough to just talk, you have to act.
Having money is not enough to be happy.
You only have to look to see the problem.

721 – notar

Ele sempre nota os pequenos detalhes.
Eu não notei que você estava lá.
Notei que ele estava triste.
Notei um cheiro estranho na cozinha.
Ele notou um erro no relatório.
Ela finalmente notou que eu existia.
Você notou como ele olhou para ela?
Eles não notaram a diferença.
Notamos um problema no carro.
Notamos que a conta está errada.

to notice

He always notices the small details.
I didn't notice you were there.
I noticed that he was sad.
I noticed a strange smell in the kitchen.
He noticed an error in the report.
She finally noticed that I existed.
Did you notice how he looked at her?
They didn't notice the difference.
We noticed a problem with the car.
We noticed that the bill is wrong.

722 – excelente

Seu trabalho foi excelente!
Este restaurante serve uma comida excelente.
Ela é uma excelente professora.
O jantar estava excelente.
O tempo está excelente para praia.
Seu português é excelente.
Ela tem uma excelente voz para cantar.
As condições de trabalho aqui são excelentes.
Temos excelentes alunos este ano.
Os resultados foram excelentes.

excellent

Your work was excellent!
This restaurant serves excellent food.
She's an excellent teacher.
The dinner was excellent.
The weather is excellent for the beach.
Your Portuguese is excellent.
She has an excellent voice for singing.
The working conditions here are excellent.
We have excellent students this year.
The results were excellent.

723 – custar

Quanto custa este livro?
Custa muito viver nesta cidade?
Não custa nada tentar.
Sua decisão pode custar vidas.
Isso vai custar tempo e dinheiro.
Isso não vai custar nada a você.
Me custou muito terminar este projeto.
O erro custou caro à empresa.
Custou muito, mas valeu a pena.
Isso custará a você seu emprego.

to cost

How much does this book cost?
Does it cost a lot to live in this city?
It costs nothing to try.
Your decision could cost lives.
This will cost time and money.
This won't cost you anything.
It cost me a lot to finish this project.
The mistake cost the company dearly.
It cost a lot, but it was worth it.
This will cost you your job.

724 – sentimento　　　　　　　　　　**feeling**
Qual é o seu sentimento sobre isso?　　What's your feeling about this?
Não consigo explicar esse sentimento.　I can't explain this feeling.
Tenho um sentimento de que algo vai acontecer.　I have a feeling that something will happen.
Eles mostraram seus verdadeiros sentimentos.　They showed their true feelings.
Ele é muito aberto sobre os sentimentos.　He's very open about his feelings.
Não quero machucar os sentimentos dele.　I don't want to hurt his feelings.
Ele expressa seus sentimentos através da arte.　He expresses his feelings through art.
Meus sentimentos por ela são muito fortes.　My feelings for her are very strong.
Ela esconde bem os sentimentos dela.　She hides her feelings well.
Ele guarda seus sentimentos para si mesmo.　He keeps his feelings to himself.

725 – perdoar　　　　　　　　　　**to forgive, pardon**
Eu te perdoo.　I forgive you.
Ele não perdoa fácil.　He doesn't forgive easily.
É importante aprender a perdoar.　It's important to learn to forgive.
Será que você pode me perdoar?　Can you ever forgive me?
Ela nunca vai me perdoar por isso.　She will never forgive me for this.
Ela pediu desculpas, e eu a perdoei.　She apologized, and I forgave her.
Eles se perdoaram e voltaram.　They forgave each other and got back together.
Perdoe meu atraso.　Forgive my lateness.
Por favor, me perdoe pelo erro.　Please forgive me for the mistake.
Ela finalmente se perdoou por aquilo.　She finally forgave herself for that.

726 – montanha　　　　　　　　　　**mountain**
A vista da montanha é linda.　The view from the mountain is beautiful.
Aquela montanha tem uma vista bonita.　That mountain has a beautiful view.
A viagem até a montanha levou algumas horas.　The trip to the mountain took a few hours.
A montanha é mais alta do que parece.　The mountain is higher than it looks.
O ar puro da montanha faz bem à saúde.　The fresh mountain air is good for your health.
O rio nasce naquela montanha.　The river originates in that mountain.
A cidade fica perto das montanhas.　The city is near the mountains.
A casa tem vista para as montanhas.　The house has a view of the mountains.
Esse país tem muitas montanhas.　This country has a lot of mountains.
O sol estava se pondo atrás das montanhas.　The sun was setting behind the mountains.

727 – líder / leader

Sigam o líder; ele sabe o que faz. / Follow the leader; he knows what he's doing.
Como se tornar um bom líder? / How do you become a good leader?
Ela é a líder da equipe de vendas. / She is the leader of the sales team.
Eles escolheram um novo líder. / They have chosen a new leader.
Ele provou ser um bom líder. / He has proved to be a good leader.
Ela é uma líder natural na empresa. / She's a natural leader in the company.
O líder do grupo apresentou o trabalho. / The group leader presented the work.
Os jovens precisam de líderes. / Young people need leaders.
Eles são verdadeiros líderes. / They are true leaders.
Eles nasceram para ser líderes. / They were born to be leaders.

728 – colega / colleague

Ele pediu a opinião de um colega. / He asked a colleague for an opinion.
Ela é minha colega de trabalho. / She's my coworker.
Meu colega me ajudou com o projeto. / My colleague helped me with the project.
Ele é um bom colega de equipe. / He is a good teammate.
Encontrei um antigo colega de escola. / I met an old schoolmate.
Somos colegas há anos. / We've been colleagues for years.
O respeito entre colegas é importante. / Respect between colleagues is important.
Ele trata bem seus colegas de trabalho. / He treats his coworkers well.
Os colegas de equipe trabalham bem juntos. / The team members work well together.
Você deve tratar bem os seus colegas de trabalho. / You should treat your coworkers well.

729 – flor / flower

A flor está começando a abrir. / The flower is starting to open.
Essa flor é muito bonita. / This flower is very beautiful.
Minha filha é linda como uma flor. / My daughter is as beautiful as a flower.
Eles entregam flores para todo o país. / They deliver flowers all over the country.
Ele deu flores para a namorada. / He gave flowers to his girlfriend.
Minha avó adora cuidar das flores. / My grandmother loves taking care of flowers.
As flores no parque estão lindas. / The flowers in the park are beautiful.
As flores estão crescendo rápido. / The flowers are growing quickly.
Ele sempre traz flores para a esposa dele. / He always brings flowers for his wife.
Não acho que flores sejam um bom presente. / I don't think flowers are a good gift.

730 – memória

Ela tem uma boa memória.
Você está perdendo a memória?
Ele tem uma excelente memória.
Minha memória não é muito boa.
Ela perdeu a memória após o acidente.
Meu computador precisa de mais memória.
Isso ficará na minha memória para sempre.
Essa foto me traz muitas memórias.
As memórias de viagem valem para sempre.
As memórias daquele dia são especiais.

memory

She has a good memory.
Are you losing your memory?
He has an excellent memory.
My memory isn't very good.
She lost her memory after the accident.
My computer needs more memory.
This will stay in my memory forever.
This photo brings back a lot of memories.
Travel memories last forever.
The memories of that day are special.

731 – imagem

A imagem dela apareceu no jornal.
Não consigo tirar essa imagem da cabeça.
O que você está vendo nessa imagem?
A imagem que você escolheu é perfeita.
Ela tem uma boa imagem entre os colegas.
Essa imagem vale mais que mil palavras.
As imagens do livro são bem feitas.
Ele passou horas vendo as imagens antigas.
Ela usou as imagens para o projeto da escola.
De onde vieram essas imagens?

image

Her image appeared in the newspaper.
I can't get this image out of my head.
What do you see in this image?
The image you chose is perfect.
She has a good image among her colleagues.
This image is worth more than a thousand words.
The images in the book are well done.
He spent hours looking at old images.
She used the images for her school project.
Where did these images come from?

732 – cena

Ela fez uma cena no restaurante.
Que cena horrível de acidente!
Ele fugiu da cena do crime.
Aquela cena foi muito engraçada.
Ele lembrou da cena final do livro.
Ela chorou na cena triste do filme.
Ele está fora de cena há anos.
A cena do casamento foi linda.
Ela entrou em cena no momento certo.
As cenas de dança são minha parte favorita.

scene, stage

She made a scene at the restaurant.
What a horrible accident scene!
He ran away from the scene of the crime.
That scene was very funny.
He remembered the final scene of the book.
She cried during the sad scene in the movie.
He's been out of the scene for years.
The wedding scene was beautiful.
She entered the scene at the right moment.
The dance scenes are my favorite part.

733 – abaixar / to lower, bend down

Eles abaixaram o preço da casa. / They lowered the price of the house.
Ele abaixou o jornal para falar comigo. / He lowered the newspaper to talk to me.
Ela abaixou os olhos de vergonha. / She lowered her eyes out of shame.
Ele abaixou a cabeça quando ficou triste. / He lowered his head when he got sad.
Ele abaixou para pegar o livro no chão. / He bent down to pick up the book from the floor.
Abaixe-se! Tem uma bola vindo na sua direção. / Duck down! There's a ball coming your way.
Abaixe a música. / Turn down the music.
Abaixe o preço, está muito caro. / Lower the price, it's too expensive.
Abaixe a voz, por favor. / Lower your voice, please.
Abaixe-se para não bater a cabeça. / Bend down so you don't hit your head.

734 – preparado / prepared, ready

Estou preparado para a prova. / I'm prepared for the test.
Você está preparado para a reunião? / Are you ready for the meeting?
Não estou preparado para essa conversa. / I'm not ready for this conversation.
Ele não estava preparado para a notícia. / He wasn't prepared for the news.
Ela está preparada para qualquer pergunta. / She's prepared for any question.
Ela está muito bem preparada para esse trabalho. / She is very well-prepared for this job.
A equipe está preparada para lidar com o desafio. / The team is prepared to deal with the challenge.
Estamos preparados para qualquer coisa. / We're prepared for anything.
Eles estavam preparados para o pior. / They were prepared for the worst.
As malas estão preparadas para a viagem. / The suitcases are prepared for the trip.

735 – orgulhoso / proud

Estou orgulhoso do meu trabalho. / I am proud of my work.
Ele é um homem orgulhoso. / He's a proud man.
Sou orgulhoso de fazer parte desta equipe. / I'm proud to be part of this team.
Ele é muito orgulhoso para pedir desculpas. / He's too proud to apologize.
Estou orgulhoso de você! / I'm proud of you!
Estou orgulhosa de ter amigas como vocês. / I'm proud to have friends like you.
Fiquei orgulhosa em ser escolhido para o projeto. / I was proud to be chosen for the project.
Ela é muito orgulhosa e não aceita ajuda. / She is very proud and doesn't accept help.
Ela estava orgulhosa do marido. / She was proud of her husband.
Estamos orgulhosos de nossos filhos. / We are proud of our children.

736 – liberdade / freedom, liberty

A liberdade é um direito humano. — Freedom is a human right.
Todos têm o direito à liberdade. — Everyone has the right to freedom.
Você tem a liberdade de escolher. — You have the freedom to choose.
Quero ter mais liberdade no meu trabalho. — I want to have more freedom in my work.
Você acha que a liberdade não custa nada? — You think freedom doesn't cost anything?
Lutaremos por nossa liberdade. — We will fight for our freedom.
As mulheres desta terra lutam por liberdade. — The women of this land are fighting for freedom.
Não consigo me imaginar vivendo sem liberdade. — I can't imagine living without freedom.
O que significa liberdade para você? — What does freedom mean to you?
Lutamos pela liberdade do nosso país. — We fought for our country's freedom.

737 – celular / cell phone, mobile phone

Onde está meu celular? — Where is my cell phone?
O celular dela não para de tocar. — Her cell phone won't stop ringing.
Meu celular tira boas fotos. — My cell phone takes good photos.
Não consigo viver sem meu celular. — I can't live without my cell phone.
Meu celular está sem sinal. — My cell phone has no signal.
Ela passa o dia inteiro no celular. — She spends the whole day on her cell phone.
O celular caiu na água. — The cell phone fell in the water.
Meu celular está sem espaço para fotos. — My cell phone is out of space for photos.
Vou ligar para você do meu celular. — I'll call you from my cell phone.
Você viu meu celular? Acho que está perdido. — Have you seen my cell phone? I think it's lost.

738 – preso / stuck, attached, arrested

Ela ficou presa na reunião o dia todo. — She was stuck in the meeting all day.
Meu pé ficou preso na porta. — My foot got stuck in the door.
O anel ficou preso no dedo dela. — The ring got stuck on her finger.
O gato ficou preso na árvore. — The cat got stuck in the tree.
Ele foi preso pela polícia. — He was arrested by the police.
Estou preso aqui no escritório até tarde. — I'm stuck here at the office until late.
Estou preso em casa por causa da chuva. — I'm stuck at home because of the rain.
A porta está presa, não consigo abrir. — The door is stuck, I can't open it.
Ela se sente presa neste emprego. — She feels trapped in this job.
Ela se sente presa a essa cidade. — She feels tied to this city.

739 – noivo, noiva
Conheci o noivo dela ontem.
O noivo prefere uma festa simples.
Ela apresentou o noivo para a família.
O noivo chegou atrasado à igreja.
O noivo está muito nervoso com o casamento.
A noiva está linda no vestido branco.
Minha noiva quer um casamento enorme.
Os noivos cortaram o bolo juntos.
Eles ficaram noivos ontem.
Eles estão noivos há um ano.

fiancé/groom, fiancée/bride
I met her fiancé yesterday.
The groom prefers a simple party.
She introduced her fiancé to the family.
The groom arrived late to the church.
The groom is very nervous about the wedding.
The bride looks beautiful in the white dress.
My fiancée wants a huge wedding.
The bride and groom cut the cake together.
They got engaged yesterday.
They have been engaged for a year.

740 – comum
Temos muito pouco em comum.
Este é um problema comum.
Existiu um tempo em que isso era comum.
Ele não é um homem comum.
É muito comum chover nesta época do ano.
Temos muitas coisas em comum.
Esta é uma área comum do prédio.
Ele tem um nome muito comum.
É comum ele chegar atrasado.
Eles têm muitos amigos em comum.

common
We have very little in common.
This is a common problem.
There was a time when this was common.
He's not an ordinary man.
It's very common to rain at this time of year.
We have many things in common.
This is a common area of the building.
He has a very common name.
It's common for him to arrive late.
They have many friends in common.

741 – concordar
Eu concordo com você.
Eu concordo que a situação é difícil.
Concordo que devemos começar cedo.
Ela concordou que o erro foi dela.
Você concorda com o que ele disse?
Ela não concorda com a decisão.
Nossas ideias concordam nesse ponto.
Eles não concordaram com a ideia.
Concordamos em não discutir o assunto agora.
Nem sempre concordamos sobre tudo.

to agree
I agree with you.
I agree that the situation is difficult.
I agree that we should start early.
She agreed that the mistake was hers.
Do you agree with what he said?
She doesn't agree with the decision.
Our ideas agree on this point.
They didn't agree with the idea.
We agreed not to discuss the matter now.
We don't always agree on everything.

742 – avô, vovô — grandfather, grandpa

Meu vovô mora com a gente. — My grandpa lives with us.
O vovô conta histórias incríveis. — Grandpa tells amazing stories.
Nosso avô é muito velho. — Our grandfather is very old.
Meu avô foi um grande professor. — My grandfather was a great teacher.
O vovô sempre traz doces para a gente. — Grandpa always brings us sweets.
Vovô, você pode me levar ao parque? — Grandpa, can you take me to the park?
O avô está doente e precisa de cuidados. — Grandpa is sick and needs care.
Vamos passar as férias na casa do vovô. — We'll spend the holidays at grandpa's house.
Meu avô adora ler jornais. — My grandfather loves reading newspapers.
Ambos os meus avós ainda estão vivos. — Both of my grandfathers are still alive.

743 – inteligente — intelligent, smart

Essa foi uma decisão inteligente. — That was a smart decision.
Ela é a aluna mais inteligente da classe. — She is the smartest student in the class.
Que resposta inteligente! — What a smart answer!
Que ideia inteligente você teve! — What a smart idea you had!
Você é mais inteligente do que pensa. — You're smarter than you think.
Meu filho é um menino inteligente. — My son is an intelligent boy.
Você é tão inteligente quanto bonito. — You're as intelligent as you are handsome.
O plano era inteligente, mas não funcionou. — The plan was smart, but it didn't work.
Gostamos de falar com pessoas inteligentes. — We like talking to intelligent people.
Cachorros são animais inteligentes. — Dogs are intelligent animals.

744 – dúvida — doubt

Não tenho dúvida de que ele terá sucesso. — I have no doubt that he will succeed.
Em caso de dúvida, pergunte. — When in doubt, ask.
Essa resposta tirou minha dúvida. — That answer cleared my doubt.
Sem dúvida, você fez a escolha certa. — Without a doubt, you made the right choice.
Essa resposta não deixa dúvidas. — This answer leaves no doubt.
Você ainda tem dúvidas? — Do you still have any doubts?
Tenho minhas dúvidas sobre essa história. — I have my doubts about this story.
Tenho dúvidas sobre essa decisão. — I have doubts about this decision.
Eles colocaram dúvidas na minha cabeça. — They put doubts in my head.
Você tirou todas as minhas dúvidas. Obrigado! — You cleared up all my doubts. Thank you!

745 – cor / color

Qual é sua cor favorita? — What is your favorite color?
Quem escolheu essa cor? — Who chose that color?
Ele escolhe uma nova cor para a parede. — He chooses a new color for the wall.
A escolha da cor foi perfeita. — The choice of color was perfect.
O céu está com uma cor incrível hoje. — The sky has an incredible color today.
Gosto da cor desse vestido. — I like the color of this dress.
O vestido vem em várias cores. — The dress comes in various colors.
A cor dos seus olhos muda com a luz. — The color of your eyes changes with the light.
Essa cor não fica bem em mim. — This color doesn't look good on me.
As cores da natureza são incríveis. — The colors of nature are incredible.

746 – enorme / enormous, huge

Aquela árvore é enorme! — That tree is enormous!
Ele cometeu um erro enorme. — He made a huge mistake.
A festa foi um sucesso enorme. — The party was a huge success.
Ele comprou uma casa enorme no campo. — He bought a huge house in the countryside.
Ela tem uma força de vontade enorme. — She has enormous willpower.
Há uma casa enorme bem perto da minha. — There's a huge house very close to mine.
O presente dela veio em uma caixa enorme. — Her present came in a huge box.
O problema era enorme, mas eles resolveram. — The problem was huge, but they solved it.
Eles tiveram enormes problemas com o carro. — They had huge problems with the car.
As árvores na floresta são enormes. — The trees in the forest are enormous.

747 – cozinha / kitchen, cuisine

A cozinha é pequena demais. — The kitchen is too small.
A cozinha é o coração da casa. — The kitchen is the heart of the home.
Vou preparar o jantar na cozinha. — I'm going to prepare dinner in the kitchen.
Nossos pais estão conversando na cozinha. — Our parents are talking in the kitchen.
Eu gosto de cozinhar na minha cozinha. — I like to cook in my kitchen.
A cozinha brasileira é deliciosa. — Brazilian cuisine is delicious.
Preciso de mais espaço na cozinha. — I need more space in the kitchen.
Minha mãe passa horas na cozinha. — My mom spends hours in the kitchen.
A cozinha sempre está cheia de gente. — The kitchen is always full of people.
As crianças adoram ajudar na cozinha. — The kids love to help in the kitchen.

748 – faculdade — college, university

Ela está no último ano da faculdade. — She's in her final year at university.
Eles se conheceram durante a faculdade. — They met during college.
Ele fez um monte de amigos na faculdade. — He made a lot of friends at college.
Ela largou a faculdade. — She dropped out of college.
Vou fazer faculdade de Direito. — I'm going to law school.
A faculdade fica longe de casa. — The college is far from home.
Ele está no primeiro ano da faculdade. — He's in his first year of college.
A faculdade é uma experiência única. — College is a unique experience.
Tenho muitas provas na faculdade esta semana. — I have many exams at college this week.
Conheci meus melhores amigos na faculdade. — I met my best friends in college.

749 – chá — tea

A senhora gostaria de um chá? — Would you like some tea?
Uns preferem café, outros chá. — Some prefer coffee, others tea.
A noite é perfeita para um chá quente. — The evening is perfect for hot tea.
Depois do jantar, tomamos chá. — After dinner, we have tea.
O chá verde é bom para sua saúde. — Green tea is good for your health.
Você já provou esse tipo de chá? — Have you ever tried this kind of tea?
Eu troquei o café pelo chá. — I've swapped coffee for tea.
A maioria das pessoas prefere café a chá. — Most people prefer coffee to tea.
Prefiro chá verde ao chá preto. — I prefer green tea to black tea.
Eu tomo um chá especial antes de dormir. — I drink a special tea before going to sleep.

750 – época — season, period, time, era

Vivemos em uma época excelente. — We live in a great time.
Eles existiram em uma época diferente. — They existed in a different era.
Naquela época, a vida era bem diferente. — Back then, life was very different.
É a melhor época do ano para viajar. — It's the best time of the year to travel.
Costuma chover muito nesta época do ano. — It tends to rain a lot at this time of year.
As flores estão lindas nesta época do ano. — The flowers are beautiful at this time of year.
Foi uma época difícil, mas aprendi muito. — It was a difficult time, but I learned a lot.
Na época da minha avó, a vida era bem diferente. — In my grandma's time, life was quite different.
Naquela época, a vida era mais simples. — Back then, life was simpler.
Em outras épocas, as coisas eram diferentes. — In other times, things were different.

751 – demorar
O ônibus demorou muito para chegar.
A reunião demorou duas horas.
A comida demorou para ficar pronta.
Demorou, mas finalmente chegou.
Você está demorando muito!
Por que você demorou tanto?
Não demore muito!
Ela demora no banho.
Ele sempre demora para responder mensagens.
Quanto tempo demora para chegar lá?

to delay, take time
The bus took a long time to arrive.
The meeting lasted two hours.
The food took a long time to be ready
It took a while, but it finally arrived.
You're taking too long!
Why did you take so long?
Don't take too long!
She takes her time in the shower.
He always takes long to reply to messages.
How long does it take to get there?

752 – rir
Ela não consegue parar de rir.
Eu adoro rir com meus amigos.
Só posso rir dessa situação.
Ela riu da piada.
Ele riu tão alto que todos olharam.
Ela riu na minha cara.
Ele ri de tudo.
Ela sempre ri quando está nervosa.
Ria! A vida é curta.
Todos riram quando ouviram a notícia.

to laugh
She can't stop laughing.
I love laughing with my friends.
I can only laugh at this situation.
She laughed at the joke.
He laughed so loudly that everyone looked.
She laughed in my face.
He laughs at everything.
She always laughs when she's nervous.
Laugh! Life is short.
Everyone laughed when they heard the news.

753 – banho
Eu tomo banho toda manhã.
Você viu minha roupa de banho?
Ela sempre toma banho com água fria.
Dei um banho no cachorro.
Vamos tomar um banho de mar hoje?
Um banho quente ajuda a relaxar.
Ele toma banho todas as manhãs e noites.
Depois do trabalho, gosto de tomar banho.
Ele tomou um banho rápido antes de sair.
Depois do banho, ela foi direto para a cama.

bath, shower
I shower every morning.
Have you seen my bathing suit?
She always showers with cold water.
I gave the dog a bath.
Shall we go for a swim in the sea today?
A hot shower helps to relax.
He showers every morning and night.
After work, I like to take a shower.
He took a quick shower before leaving.
After the shower, she went straight to bed.

754 – esperança / hope

Ainda há esperança.	There is still hope.
Há uma esperança nova no ar.	There is new hope in the air.
Eles tentam não perder a esperança.	They try not to lose hope.
Perdemos a esperança às vezes.	We lose hope sometimes.
A esperança está morta neste caso.	Hope is dead in this case.
Sua fé e esperança são lindas.	Their faith and hope are beautiful.
Nós colocamos esperança nos jovens.	We put hope in young people.
O sorriso do meu filho me dá esperança.	My child's smile gives me hope.
Estamos cheios de esperança para o ano novo.	We are full of hope for the new year.
A esperança de dias melhores nos mantém fortes.	The hope for better days keeps us strong.

755 – resultado / result, outcome

Qual foi o resultado do primeiro tempo?	What was the result of the first half?
Logo saberemos o resultado.	We'll know the result soon.
Estou preocupado com o resultado da prova.	I'm worried about the outcome of the race.
Fiquei surpresa com o resultado.	I was surprised by the result.
O resultado da prova foi terrível.	The result of the test was terrible.
Em breve, saberemos o resultado.	We'll know the result soon.
O resultado foi melhor do que esperávamos.	The result was better than we expected.
Esse é o resultado da sua falta de cuidado.	This is the result of your carelessness.
Menos desculpas, mais resultados.	Fewer excuses, more results.
Eles estão cansados de esperar resultados.	They're tired of waiting for results.

756 – risco / risk

Ele correu um grande risco ao fazer isso.	He took a big risk by doing that.
Essa é uma área de alto risco.	This is a high-risk area.
Ela correu o risco de perder o emprego.	She ran the risk of losing her job.
Não ponha sua vida em risco.	Don't put your life at risk.
Vivemos em um mundo cheio de riscos.	We live in a world full of risks.
O médico explicou os riscos.	The doctor explained the risks.
Ela entende os riscos.	She understands the risks.
Leia sobre os riscos.	Read about the risks.
Os riscos fazem parte do jogo.	Risks are part of the game.
Ele gosta de correr riscos.	He likes to take risks.

757 – visita

Vamos fazer uma visita aos meus pais.	Let's pay a visit to my parents.
Foi uma visita breve.	It was a short visit.
Ele fez uma breve visita à família.	He paid a brief visit to the family.
Tivemos uma visita surpresa ontem.	We had an unexpected visitor yesterday.
Temos uma visita em casa.	We have a visitor at home.
A visita chegou antes do esperado.	The visitor arrived earlier than expected.
A visita do médico foi muito rápida.	The doctor's visit was very quick.
Temos visitas em casa, preciso ir.	We have visitors at home, I need to go.
Ela fez várias visitas à amiga doente.	She made several visits to her sick friend.
A casa estava uma loucura com tantas visitas.	The house was crazy with so many visitors.

visit, visitor

758 – ônibus

bus

Vamos... *(see below)*

O ônibus está atrasado de novo.	The bus is late again.
O ônibus está cheio.	The bus is full.
Ele conseguiu pegar o ônibus a tempo.	He managed to catch the bus on time.
Ele pegou o ônibus errado.	He took the wrong bus.
Se ele correr, ele consegue pegar o ônibus.	If he runs, he can catch the bus.
A viagem de ônibus foi horrível.	The bus ride was awful.
As crianças vão para a escola de ônibus.	The children go to school by bus.
A cidade precisa de mais linhas de ônibus.	The city needs more bus lines.
O próximo ônibus chega em dez minutos.	The next bus arrives in ten minutes.
Ele pega o ônibus todos os dias para o trabalho.	He takes the bus to work every day.

759 – lançar

to launch, throw

Vamos lançar o projeto na próxima semana.	We are going to launch the project next week.
A empresa vai lançar um novo celular.	The company is going to release a new phone.
Eles vão lançar o filme nos cinemas.	They are going to release the movie in theaters.
Ela lançou um olhar de dúvida para ele.	She gave him a doubtful look.
Ela lançou um olhar de raiva para ele.	She threw an angry look at him.
Ele lançou a bola para o outro lado do campo.	He threw the ball to the other side of the field.
Ele lançou a bola com força.	He threw the ball with force.
A empresa lançou uma nova linha de roupas.	The company launched a new clothing line.
Lanço meu novo livro na próxima semana.	I release my new book next week.
Lançamos nosso novo livro ontem.	We launched our new book yesterday.

760 – membro

Você é um membro importante da equipe.
Ela é membro do conselho.
Ele perdeu um membro em um acidente.
Ele é o membro mais velho da família.
Você é membro do time de futebol?
O novo membro da equipe começou ontem.
Ela é membro do grupo há anos.
Os membros da equipe trabalham bem juntos.
Quantos membros tem o grupo?
Todos os membros da família estão aqui.

member, limb

You are an important member of the team.
She is a member of the board.
He lost a limb in an accident.
He is the oldest member of the family.
Are you a member of the soccer team?
The new team member started yesterday.
She has been a member of the group for years.
The team members work well together.
How many members does the group have?
All family members are here.

761 – pressão

Eu trabalho melhor sob pressão.
Não me coloque muita pressão.
Tenho pressão alta.
A pressão do ar está baixa hoje.
Ela sabe lidar bem com a pressão.
Não sei lidar com tanta pressão.
Ele lida bem com a pressão do tempo.
Ela se torna nervosa sob pressão.
A pressão da água está baixa.
Ele está sob muita pressão no trabalho.

pressure

I work better under pressure.
Don't put too much pressure on me.
I have high blood pressure.
The air pressure is low today.
She handles pressure well.
I can't handle that much pressure.
He copes well with time pressure.
She becomes nervous under pressure.
The water pressure is low.
He's under a lot of pressure at work.

762 – bolsa

Ela colocou o celular na bolsa.
Esqueci minha bolsa no restaurante.
Ela saiu com a bolsa de mão.
Ela sempre leva uma bolsa de mão no avião.
Minha bolsa está cheia de livros.
Ela perdeu a bolsa por causa das notas baixas.
Você viu onde deixei minha bolsa?
Você pode pegar minha bolsa para mim?
Minha mãe adora bolsas grandes.
Preciso comprar uma bolsa nova para o trabalho.

bag, purse, grant, scholarship

She put the cellphone in her bag.
I forgot my bag at the restaurant.
She went out with her handbag.
She always takes a handbag on the plane.
My bag is full of books.
She lost the scholarship because of low grades.
Did you see where I left my bag?
Can you grab my bag for me?
My mother loves big purses.
I need to buy a new bag for work.

763 – necessário — necessary, needed; necessity

Ele trouxe somente o necessário.	He only brought what was necessary.
Eu vou te ligar somente se necessário.	I'll call you only if necessary.
É necessário estudar para passar no exame.	It's necessary to study to pass the exam.
Faça o necessário, por favor.	Do what's necessary, please.
Se necessário, chame o médico.	If necessary, call the doctor.
Não é necessário levar todos os documentos.	It is not necessary to bring all the documents.
A ação foi necessária para salvar vidas.	Action was necessary to save lives.
Você já fez todos os exames necessários?	Have you already taken all the necessary exams?
Foram tomados todos os cuidados necessários.	All necessary precautions were taken.
Eles discutiram as ações necessárias.	They discussed the necessary actions.

764 – nota — note, grade

Tirei uma boa nota na prova.	I got a good grade on the test.
Você viu minha nota da última prova?	Did you see my grade on the last test?
Minha nota foi igual à dele.	My grade was the same as his.
A nota dele na prova foi baixa.	His grade on the exam was low.
Você tem uma nota de dez reais?	Do you have a ten-real bill?
O professor deu uma nota nove ao trabalho.	The teacher gave a grade of 9 on the assignment.
A professora deu notas para todos os alunos hoje.	The teacher gave grades to all the students today.
Você tem troco para uma nota de cem reais?	Do you have change for a hundred-real bill?
Aquele menino sempre tira boas notas.	That boy always gets good grades.
Ela tirou boas notas na escola.	She got good grades at school.

765 – computador — computer

Preciso comprar um computador novo.	I need to buy a new computer.
Eu estou vendendo meu computador.	I'm selling my computer.
Não consigo ligar o computador.	I can't turn my computer on.
Ligo o computador assim que acordo.	I turn on my computer as soon as I wake up.
O computador dela é mais rápido que o meu.	Her computer is faster than mine.
Passei o dia inteiro no computador.	I spent the whole day on the computer.
Não sei viver sem meu computador.	I don't know how to live without my computer.
A empresa comprou computadores novos.	The company bought new computers.
Os computadores mudaram nossas vidas.	Computers have changed our lives.
A escola tem uma sala cheia de computadores.	The school has a room full of computers.

766 – empresa
company, business

Quando eles vão vender a empresa?	When are they going to sell the company?
Ela tomou o controle da empresa.	She has taken control of the company.
Ele trabalha numa grande empresa.	He works for a big company.
Ele abriu uma empresa com os amigos.	He started a business with his friends.
Essa empresa tem mais de dez anos.	This company is over ten years old
Ele trabalha em uma grande empresa.	He works for a large company.
Qual é o nome da sua empresa?	What's the name of your company?
Aquela empresa cresceu muito nos últimos anos.	That company has grown a lot in recent years.
As empresas precisam de bons líderes.	Companies need good leaders.
As empresas têm muitos desafios pela frente.	Companies have many challenges ahead.

767 – arte
art

Ela sabe muito sobre arte.	She knows a lot about art.
Ele estuda arte na faculdade.	He studies art in college.
Ela tem um gosto simples para arte.	She has simple taste in art.
As crianças adoram fazer arte na escola.	Children love making art at school.
Ele faz arte com comida.	He makes art with food.
Essa cidade tem muita arte pública.	This city has a lot of public art.
Ele ensina arte para crianças.	He teaches art to children.
Minha filha adora a aula de artes.	My daughter loves art class.
Ela sempre foi apaixonada pelas artes.	She has always been passionate about the arts.
Ela sempre soube que queria seguir as artes.	She always knew she wanted to pursue the arts.

768 – público
public, audience (n); public, state (adj)

Falar em público é difícil para mim.	Public speaking is difficult for me.
Ele fica nervoso quando fala em público.	He gets nervous when he speaks in public.
Não faça uma cena em público.	Don't make a scene in public.
Ele gosta de trabalhar com o público jovem.	He likes working with a young audience.
Ele trabalha no serviço público.	He works in public service.
A reunião será aberta ao público.	The meeting will be open to the public.
A opinião pública é contra essa lei.	Public opinion is against this law.
Meu filho estuda em escola pública.	My son studies in a public school.
Precisamos de mais áreas verdes públicas.	We need more public green areas.
A saúde pública é um direito de todos.	Public health is everyone's right.

769 – seguinte
following, next

O que aconteceu no ano seguinte?
What happened in the following year?
No dia seguinte, ele acordou cedo.
The following day, he woke up early.
A página seguinte tem mais informações.
The next page has more information.
Na semana seguinte, tudo mudou.
The following week, everything changed.
A questão seguinte é mais difícil.
The next question is more difficult.
Na festa seguinte, ele não bebeu.
At the next party, he didn't drink.
A decisão dele foi a seguinte: fugir.
His decision was the following: run away.
Qual é o próximo passo? É o seguinte:
What's the next step? It's the following:
Vamos discutir o assunto na reunião seguinte.
We'll discuss the matter in the following meeting.
No mês seguinte, ela começou um novo emprego.
The following month, she started a new job.

770 – vinho
wine

Esqueci de comprar o vinho para o jantar.
I forgot to buy the wine for dinner.
Ele bebeu o resto do vinho no jantar.
He drank the rest of the wine at dinner.
Ela gosta de beber vinho branco.
She likes to drink white wine.
Prove esse vinho, acho que você vai gostar.
Try this wine, I think you'll like it.
Não gosto de vinho doce.
I don't like sweet wine.
O vinho branco combina bem com peixe.
White wine goes well with fish.
O vinho no restaurante é caro demais.
The wine at the restaurant is too expensive.
Eles tomaram vinho durante o jantar.
They had wine during dinner.
O vinho brasileiro não é bem conhecido.
Brazilian wine isn't well known.
Eles trouxeram vinho, então temos o suficiente.
They brought wine, so we have enough.

771 – silêncio
silence

Gosto do silêncio da noite.
I like the silence of the night.
A professora pediu silêncio.
The teacher asked for silence.
Durante a reunião, ele ficou em silêncio.
During the meeting, he remained silent.
Algumas pessoas preferem o silêncio.
Some people prefer silence.
Vamos fazer um minuto de silêncio.
Let's have a minute of silence.
O silêncio no campo é maravilhoso.
The silence in the countryside is wonderful.
Eles caminharam em silêncio pela praia.
They walked in silence along the beach.
Ele quebrou o silêncio com uma piada.
He broke the silence with a joke.
Houve um longo silêncio antes da resposta.
There was a long silence before the answer.
Vamos ficar em silêncio e ouvir os pássaros.
Let's stay silent and listen to the birds.

772 – revisão
O relatório precisa de uma revisão final.
Preciso fazer uma revisão para a prova.
O carro precisa de revisão antes da viagem.
Eles estão fazendo uma revisão nas regras.
As revisões dos documentos estão prontas.
Fiz algumas revisões no meu trabalho.
Vamos fazer uma revisão dos pontos principais.
As revisões para a prova ajudaram muito.
As revisões do projeto foram necessárias.
As revisões do carro são feitas a cada seis meses.

review, revision, proofreading
The report needs a final revision.
I need to do a review for the exam.
The car needs a service before the trip.
They are reviewing the rules.
The revisions to the documents are ready.
I made some revisions to my work.
Let's do a review of the main points.
The exam reviews helped a lot.
The revisions to the project were necessary.
Car services are done every six months.

773 – perdão
Perdão pelo atraso.
Você pode me dar seu perdão?
Eu peço perdão pelo meu erro.
Ele buscou perdão pelos erros passados.
O perdão é necessário para seguir em frente.
Ela pediu perdão pelo erro.
Perdão, foi sem querer.
Ele sentiu que precisava pedir perdão a ela.
Peço perdão se fiz algo errado.
Ele recebeu perdão da família.

pardon, sorry; forgiveness
Sorry for being late.
Can you give me your forgiveness?
I ask for forgiveness for my mistake.
He sought forgiveness for his past mistakes.
Forgiveness is necessary to move forward.
She asked for forgiveness for the mistake.
Sorry, it was unintentional.
He felt he needed to ask for her forgiveness.
I apologize if I did something wrong.
He received forgiveness from his family.

774 – salvo
Todos concordam, salvo eu.
Ele está são e salvo.
Ele acredita que está salvo.
O arquivo foi salvo no computador.
Salvo por um detalhe, o plano está perfeito.
A criança foi salva pelos médicos.
Eles estão todos salvos do perigo.
Eles foram salvos bem a tempo.
Todos foram salvos do acidente.
Todos os documentos foram salvos.

safe, saved, except for
Everyone agrees, except for me.
He is safe and sound.
He believes he is saved.
The file was saved on the computer.
Except for one detail, the plan is perfect.
The child was saved by the doctors.
They are all saved from danger.
They were saved just in time.
Everyone was saved from the accident.
All the documents were saved.

775 – doença / disease, illness

Essa doença é comum por aqui. / This disease is common around here.
A doença está sob controle agora. / The disease is under control now.
Ela está lutando contra uma doença séria. / She is fighting against a serious illness.
Ela luta contra a doença há anos. / She's been fighting the disease for years.
A doença causou muitos problemas de saúde. / The illness caused many health problems.
Estou muito preocupado com a doença dele. / I'm very worried about his illness.
Você tem uma doença muito séria. / You have a very serious illness.
O cachorro parece ter algum tipo de doença. / The dog seems to have some kind of illness.
Essa doença atinge pessoas de todas as idades. / This disease affects people of all ages.
Minhas pernas estavam fracas depois da doença. / My legs were weak after the illness.

776 – arrumar / to arrange, tidy, fix up

Só consegui arrumar no último segundo. / I only managed to tidy up at the last second.
Preciso de uns minutos para me arrumar. / I need a few minutes to get ready.
Terminei de arrumar meu quarto. / I've finished tidying my room.
Preciso arrumar o cabelo antes de sair. / I need to fix my hair before going out.
Vamos, se arrume depressa! / Come on, get ready quickly!
Ela sempre arruma o quarto antes de sair. / She always tidies her room before leaving.
Ela está se arrumando para a festa. / She's getting ready for the party.
Você já arrumou o seu quarto? / Have you already cleaned your room?
Já arrumei as malas para a viagem. / I've already packed the bags for the trip.
Arrumei a casa antes que as visitas chegassem. / I tidied up the house before the visitors arrived.

777 – pele / skin

Ela tem uma pele linda. / She has beautiful skin.
Ela tem a pele de um bebê. / She's got the skin of a baby.
Todas as cores de pele são bonitas. / All skin colors are beautiful.
Ele tem a pele de cor clara. / He has light-colored skin.
Ela adora sentir o sol na pele. / She loves to feel the sun on her skin.
Ela precisa proteger sua pele do sol. / She needs to protect her skin from the sun.
Cuide bem da pele do seu rosto. / Take good care of your facial skin.
Ele sofre de uma doença de pele. / He suffers from a skin disease.
Não queime sua pele ao sol. / Don't burn your skin in the sun.
Minha pele fica vermelha quando bebo. / My skin turns red when I drink.

778 – inocente

Sou inocente!
Ela tem um sorriso inocente.
Nenhuma dessas pessoas é inocente.
Foi só um beijo inocente.
Ele é inocente nessa história toda.
Não sou tão inocente quanto você pensa.
Ele é inocente até que se prove o contrário.
Ele parecia tão inocente, mas na verdade não era.
As crianças são inocentes, deixe-as em paz.
As crianças brincam de brincadeiras inocentes.

innocent

I'm innocent!
She has an innocent smile.
None of these people are innocent.
It was just an innocent kiss.
He is innocent in this whole story.
I'm not as innocent as you think.
He is innocent until proven guilty.
He seemed so innocent, but he really wasn't.
The children are innocent, leave them alone.
Children play innocent games.

779 – preço

O preço está muito alto.
Ambos os carros têm o mesmo preço.
O preço está uma loucura!
Você pode vender seu carro por um bom preço.
Se você não estudar, vai pagar o preço depois.
Consegui comprar essa coisa por um preço baixo.
Você acha que esse celular vale o preço?
Essa loja oferece preços justos.
Os preços subiram muito desde o ano passado.
Os preços desse restaurante são um pouco altos.

price

The price is too high.
Both cars are the same price.
The price is insane!
You can sell your car for a good price.
If you don't study, you'll pay the price later.
I was able to buy this thing for a low price.
Do you think this cell phone is worth the price?
This store offers fair prices.
Prices have risen a lot since last year.
The prices at this restaurant are a bit high.

780 – principal

Qual é o objetivo principal dessa reunião?
Exatamente, esse é o ponto principal.
Essa é a porta principal do prédio.
A questão principal é a falta de tempo.
A loja fica na rua principal da cidade.
O principal é que todos estejam seguros.
Qual o principal propósito desse plano?
Essa não é a questão principal.
Quais são as principais razões para a mudança?
Quais são seus principais problemas hoje em dia?

main, principal

What is the main objective of this meeting?
Exactly, that's the main point.
This is the main door of the building.
The main issue is lack of time.
The store is located on the town's main street.
The main thing is that everyone is safe.
What is the main purpose of this plan?
That's not the main issue.
What are the main reasons for the change?
What are your main problems these days?

781 – estudar

Preciso estudar para a prova de amanhã.
Estudar à noite funciona melhor para mim.
Eles estão estudando português há dois anos.
Ele estuda oito horas por dia.
Há quanto tempo você estuda português?
Estudei muito na noite passada.
Nós estudamos juntos para a prova final.
O médico está estudando o seu caso.
Você estudou para a prova?
Eles estudam juntos todas as tardes.

to study

I need to study for tomorrow's test.
Studying at night works better for me.
They've been studying Portuguese for two years.
He studies eight hours a day.
How long have you studied Portuguese?
I studied a lot last night.
We studied together for the final exam.
The doctor is studying your case.
Did you study for the exam?
They study together every afternoon.

782 - assistir

Vou assistir ao filme esta noite.
Vamos assistir ao jogo juntos?
Vou assistir à aula de história hoje.
Ele assiste às notícias todas as noites.
Ele assiste a todos os jogos do seu time.
Assisti a um filme incrível ontem.
Vocês assistem ao filme juntos?
Você assistiu ao jogo ontem?
Nós assistimos ao pôr do sol na praia.
Eu assistia a esse programa quando era jovem.

to watch, attend

I'm going to watch the movie tonight.
Shall we watch the game together?
I'm going to attend the history class today.
He watches the news every night.
He watches all the games of his team.
I watched an amazing movie yesterday.
Do you all watch the movie together?
Did you watch the game yesterday?
We watched the sunset on the beach.
I used to watch that show when I was young.

783 – mudança

Houve uma mudança de planos.
Preciso de ajuda com a mudança de casa.
Mudança é sempre um desafio.
A mudança de casa foi tranquila desta vez.
A mudança de cidade foi difícil para as crianças.
Vou precisar de caixas para a minha mudança.
Ele está feliz com a mudança de emprego.
Ele não lida bem com mudanças.
Estou cansado de tantas mudanças no trabalho.
Estou fazendo grandes mudanças em minha vida.

change, move, shift, movement

There has been a change of plans.
I need help with the house move.
Change is always a challenge.
The house move was smooth this time.
Moving to a new city was hard for the kids.
I'll need boxes for my move.
He is happy with the job change.
He doesn't handle changes well.
I'm tired of so many changes at work.
I'm making big changes in my life.

784 – sobreviver / to survive

As pessoas precisam de água para sobreviver. — People need water to survive.
Eles conseguiram sobreviver ao acidente. — They managed to survive the accident.
Como sobreviver ao primeiro ano na faculdade? — How to survive the first year of college?
Vamos sobreviver a isso juntos. — We'll survive this together.
É difícil sobreviver com tão pouco dinheiro. — It's hard to survive with so little money.
Ela lutou muito para sobreviver após o acidente. — She fought hard to survive after the accident.
Sobreviver com um coração partido é difícil. — Surviving with a broken heart is hard.
Ele sobreviveu a um acidente de carro. — He survived a car accident.
Ninguém sobreviveu ao acidente de avião. — Nobody survived the plane crash.
Ele mal sobreviveu à viagem. — He barely survived the trip.

785 – gelo / ice

Ponha gelo sobre a sua perna esquerda. — Put ice on your left leg.
Compramos sacos de gelo para a festa. — We bought bags of ice for the party.
Ela fez uma piada para quebrar o gelo. — She made a joke to break the ice.
Você gostaria de mais gelo? — Would you like more ice?
Coloque mais gelo na bebida, por favor. — Please put more ice in the drink.
Cuidado, não ande no gelo. — Be careful, don't walk on the ice.
Minha filha caiu e precisou de gelo na perna. — My daughter fell and needed ice on her leg.
Não gosto de gelo na minha água. — I don't like ice in my water.
Ele quebrou o braço ao cair no gelo. — He broke his arm falling on the ice.
Ela prefere água sem gelo, mesmo no calor. — She prefers water without ice, even in the heat.

786 – máximo / maximum, utmost

Ele deu o máximo de si no trabalho. — He gave his best at work.
Vou esperar no máximo mais cinco minutos. — I'll wait at most five more minutes.
No máximo, chego lá em uma hora. — At most, I'll get there in one hour.
Ele deu o máximo de atenção aos detalhes. — He gave maximum attention to the details.
Ela chegou ao nível máximo no jogo. — She reached the highest level in the game.
O máximo que posso fazer é tentar. — The most I can do is try.
O máximo que posso esperar são cinco minutos. — The most I can wait is 5 minutes.
Vou te ligar em 10 minutos, no máximo. — I'll call you in 10 minutes, maximum.
Você fez o máximo possível. — You've done as much as possible.
Ela conseguiu a nota máxima na prova. — She got the highest grade on the test.

787 – menor — smaller, smallest, least

Este carro é menor do que o outro. — This car is smaller than the other one.
O menor erro pode custar caro. — The smallest mistake can cost a lot.
A casa menor é mais fácil de limpar. — The smaller house is easier to clean.
Ela vive em uma cidade menor e mais tranquila. — She lives in a smaller, quieter town.
Escolha o menor preço entre as opções. — Choose the lowest price among the options.
O menor detalhe pode fazer a diferença. — The smallest detail can make a difference.
Este é o menor dos meus problemas no momento. — This is the least of my problems right now.
Ele pediu o menor pedaço de bolo. — He asked for the smallest piece of cake.
Tente fazer no menor tempo possível. — Try to do it in the least time possible.
Não tenho a menor ideia do que aconteceu. — I don't have the slightest idea what happened.

788 – (de) repente — suddenly, all of a sudden

De repente, começou a chover. — Suddenly, it started to rain.
Tudo mudou de repente. — Everything changed suddenly.
De repente, ela mudou de assunto. — Abruptly, she changed the subject.
Por que você mudou de emprego de repente? — Why did you change jobs all of a sudden?
De repente, a porta se abriu. — Suddenly, the door opened.
Ela de repente ficou famosa. — She suddenly became famous.
De repente, senti uma dor forte. — All of a sudden, I felt a sharp pain.
Ele de repente mudou de ideia. — He suddenly changed her mind.
Ele estava sorrindo, mas de repente ficou sério. — He was smiling, but suddenly he became serious.
Ela estava calma, mas, de repente, ficou nervosa. — She was calm, but suddenly, she got nervous.

789 – lua — moon

A lua já apareceu? — Has the moon come out yet?
A lua estava linda na noite passada. — The moon was beautiful last night.
Sinto que estou na lua. — I feel like I'm on the moon.
A lua aparece no céu à noite. — The moon appears in the night sky.
A lua está muito brilhante hoje. — The moon is very bright today.
Lembro que a lua estava cheia naquela noite. — I remember that the moon was full that night.
A lua parece especialmente grande esta noite. — The moon looks especially large tonight.
Eu vi a lua de manhã cedo. — I saw the moon early in the morning.
Ela tirou uma foto incrível da lua cheia. — She took an amazing picture of the full moon.
Ela gosta de caminhar à noite, sob a luz da lua. — She likes to walk at night, under the moonlight.

790 – prédio / building

Ele mora no andar mais baixo do prédio. — He lives on the lowest floor of the building.
O apartamento fica em um prédio antigo. — The apartment is in an old building.
Esse prédio tem janelas enormes. — That building has huge windows.
O prédio da escola é bem antigo. — The school building is very old.
Ele conhece todas as saídas do prédio. — He knows all the exits from the building.
O prédio da empresa fica no centro da cidade. — The company's building is located downtown.
Eu moro no primeiro andar desse edifício. — I live on the first floor of that building.
Aquele prédio é o mais alto da cidade. — That building is the tallest in the city.
A maioria dos prédios tem sistema de segurança. — Most buildings have a security system.
Os prédios no centro da cidade são enormes. — The buildings in the city center are huge.

791 – exemplo / example

Ela sempre explica com exemplos. — She always explains with examples.
Isso serve como exemplo. — That serves as an example.
Ele é um ótimo exemplo para as crianças. — He is a great example for the children.
Você pode me dar um exemplo, por favor? — Can you give me an example, please?
Este é um bom exemplo do que não se deve fazer. — This is a good example of what not to do.
Siga o exemplo dos seus irmãos mais velhos. — Follow the example of your older siblings.
Isso é apenas um exemplo entre muitos. — This is just one example among many.
Ele deu o exemplo chegando cedo todos os dias. — He set an example by arriving early every day.
Exemplos me ajudam a entender melhor. — Examples help me understand better.
Você pode me dar alguns exemplos? — Can you give me some examples?

792 – experiência / experience

Ele tem muita experiência na área. — He has a lot of experience in the field.
A viagem foi uma experiência incrível. — The trip was an incredible experience.
Precisamos de alguém com mais experiência. — We need someone with more experience.
Ela tem experiência em lidar com crianças. — She has experience in dealing with children.
Falta de experiência pode ser um problema. — Lack of experience can be a problem.
Que experiência maravilhosa! — What a wonderful experience!
Ela tem anos de experiência na área. — She has years of experience in the field.
Foi uma experiência que mudou minha vida. — It was an experience that changed my life.
Essa foi a pior experiência que já tive. — That was the worst experience I've ever had.
Foi uma experiência difícil, mas aprendi muito. — It was a difficult experience, but I learned a lot.

793 – oferecer

O escritório oferece um bom espaço de trabalho.
Este emprego oferece mais segurança.
Ela nos ofereceu café.
Ele ofereceu flores como pedido de desculpas.
Ela se ofereceu para ajudar na mudança.
Eles ofereceram um bom preço pela casa.
Eles oferecem um bom serviço médico.
Eles me ofereceram um emprego.
Posso oferecer ajuda com suas malas?
A empresa vai oferecer um novo serviço.

to offer

The office offers a good workspace.
This job offers more security.
She offered us coffee.
He offered flowers as an apology.
She offered to help with the move.
They offered a good price for the house.
They offer a good medical service.
They offered me a job.
Can I offer help with your bags?
The company will offer a new service.

794 – cerca

A viagem dura cerca de três horas.
Chegamos há cerca de uma hora.
A reunião durou cerca de duas horas.
A festa começará em cerca de dez minutos.
Ele tem cerca de sete anos de idade.
Ficamos esperando por cerca de uma hora.
Chegamos ao destino em cerca de uma hora.
O trem chega em cerca de cinco minutos.
A loja está aberta há cerca de três meses.
Faltam cerca de três semanas para as férias.

around, about, nearly

The trip takes about three hours.
We arrived about an hour ago.
The meeting lasted about two hours.
The party will start in about ten minutes.
He is about seven years old.
We were waiting for about an hour.
We reached the destination in about an hour.
The train arrives in about five minutes.
The store has been open for about three months.
There are about three weeks left until vacation.

795 – sofrer

Amar é sofrer.
Você não precisa sofrer sozinho.
Ele não quer mais sofrer por amor.
Não quero que você sofra por isso.
A ilha sofre com a falta de água.
Ele sofre de dores nas costas.
Ela sofre com a perda do pai.
A cidade sofreu com as fortes chuvas.
A empresa sofreu grandes perdas no ano passado.
Ela está sofrendo muito com a perda da mãe.

to suffer

To love is to suffer.
You don't have to suffer alone.
He doesn't want to suffer from love anymore.
I don't want you to suffer because of this.
The island suffers from a lack of water.
He suffers from back pain.
She suffers from the loss of her father.
The city suffered from the heavy rains.
The company suffered great losses last year.
She is suffering a lot from the loss of her mother.

796 – coragem / courage

Coragem! Você vai conseguir. — Courage! You can do it.
Não tenha medo, tenha coragem! — Don't be afraid, have courage!
Você tem muita coragem! — You have a lot of courage!
Não tenho coragem de dizer não. — I don't have the courage to say no.
Que belo exemplo de coragem. — What a fine example of courage.
É preciso coragem para mudar de carreira. — It takes courage to change careers.
Ele encontrou coragem para falar em público. — He found the courage to speak in public.
Ela não teve coragem de contar a verdade. — She didn't have the courage to tell the truth.
É preciso coragem para dizer o que se pensa. — It takes courage to say what you think.
Ela teve a coragem de seguir o sonho dela. — She had the courage to follow her dream.

797 – opinião / opinion

Qual é a sua opinião? — What is your opinion?
Essa é uma questão de opinião. — This is a matter of opinion.
Prefiro não dar minha opinião sobre isso. — I prefer not to give my opinion on this.
Você pode me dar sua opinião sobre o filme? — Can you give me your opinion on the movie?
Na minha opinião, o filme foi excelente. — In my opinion, the movie was excellent.
Gostaria de uma segunda opinião médica. — I'd like a second medical opinion.
Tenho minhas opiniões sobre o assunto. — I have my opinions on the subject.
Sua opinião é importante para nós. — Your opinion is important to us.
Ele tem a mesma opinião que eu sobre o assunto. — He has the same opinion as me on the matter.
Temos opiniões diferentes. — We have different opinions.

798 – descer / to go down, descend, get off

Vou descer as escadas. — I'm going to go down the stairs.
Eles desceram o rio de barco. — They went down the river by boat.
Vou descer no próximo ponto. — I'm getting off at the next stop.
Ele desceu do ônibus na parada errada. — He got off the bus at the wrong stop.
Ela desceu a rua correndo. — She ran down the street.
O avião começou a descer. — The plane began to descend.
Ele desceu as escadas rapidamente. — He went down the stairs quickly.
Ele desceu do carro para falar com o vizinho. — He got out of the car to talk to his neighbor.
O barco está descendo o rio. — The boat is going down the river.
Desci a rua para chegar ao mercado. — I went down the street to get to the market.

799 – realidade / reality

Não podemos fugir da realidade para sempre. — We can't run away from reality forever.
Ele tentou fugir da realidade através das drogas. — He tried to escape reality through drugs.
Você pode criar sua própria realidade. — You can create your own reality.
Eu queria escapar da realidade. — I wanted to escape reality.
Meu sonho se tornou realidade. — My dream became a reality.
A realidade nem sempre é fácil de aceitar. — Reality is not always easy to accept.
Ele perdeu o contato com a realidade. — He lost touch with reality.
Essa é a minha realidade, gosto ou não. — This is my reality, whether I like it or not.
A realidade dele é bem diferente da nossa. — His reality is very different from ours.
Essa é a realidade de muitas pessoas no país. — This is the reality for many people in the country.

800 – entrada / entry, entrance, admission, appetizer

Eu não encontro a entrada. — I can't find the entrance.
Esta é a entrada? — Is this the entrance?
A entrada do prédio fica à esquerda. — The entrance to the building is on the left.
A entrada dele mudou o jogo. — His entry changed the game.
Quanto de entrada você pagou? — How much did you pay up front?
Quanto custa a entrada para o parque? — How much is the admission to the park?
Esse hotel não permite a entrada de animais. — This hotel does not allow the entry of animals.
A entrada para o parque é muito bonita. — The park entrance is very beautiful.
Espere por mim na entrada. — Wait for me at the entrance.
Eles serviram pão como entrada. — They served bread as an appetizer.

801 – daí / from there, then, therefore

O que aconteceu daí em diante? — What happened from then on?
Ele não gostou da sua ideia. - E daí? — He didn't like your idea. - So what?
Eu estava com fome, daí fui comer. — I was hungry, so I went to eat.
Ele não estudou, daí tirou nota baixa. — He didn't study, therefore he got a low grade.
E daí se ela não gosta de você? — So what if she doesn't like you?
O preço subiu, daí eu desisti de comprar. — The price went up, so I gave up on buying.
Daí pra cá, ele mudou bastante. — Since then, he has changed a lot.
Eu me atrasei, daí perdi o ônibus. — I was late, so I missed the bus.
Daí em diante, eles nunca mais se falaram. — From then on, they never spoke again.
Ele chegou atrasado, daí perdeu a reunião. — He arrived late, therefore he missed the meeting.

802 – estação / season, station

Qual é a sua estação favorita? — What's your favorite season?
Cada estação traz sua própria beleza. — Each season brings its own beauty.
Estamos na estação das chuvas. — We are in the rainy season.
Qual é a melhor estação para visitar o Rio? — What's the best season to visit Rio?
São quatro estações por ano. — There are four seasons per year.
Vou descer na próxima estação. — I'm getting off at the next station.
Onde fica a estação de trem mais próxima? — Where is the closest train station?
Eu desci na estação errada. — I got off at the wrong station.
Vou pegar você na estação de ônibus. — I'll pick you up at the bus station.
O trem para em todas as estações? — Does the train stop at all stations?

803 – queimar / to burn

Cuidado para não queimar a comida. — Be careful not to burn the food.
O sol vai queimar sua pele. — The sun will burn your skin.
Tenha cuidado para não se queimar. — Take care not to burn yourself.
O fogo queimou a noite toda. — The fire burned all night.
Ela queimou todas as suas cartas antigas. — She burned all her old letters.
A floresta está queimando. — The forest is burning.
O fogo queimou toda a floresta. — The fire burned down the whole forest.
Eu queimei a língua com o café quente. — I burned my tongue with the hot coffee.
Eles estão queimando o lixo? — Are they burning their trash?
O fogo está queimando há horas. — The fire has been burning for hours.

804 – som / sound

O carro fez um som estranho. — The car made a strange sound.
O som do avião era muito alto. — The sound of the airplane was very loud.
Gosto muito do som dessa música. — I really like the sound of this song.
Daqui, o som é melhor. — From here, the sound is better.
O som da festa podia ser ouvido de longe. — The sound of the party could be heard from afar.
A caixa de som está quebrada. — The speaker is broken.
O som da TV está muito baixo. — The sound on the TV is too low.
O som do pássaro cantando é lindo. — The sound of the bird singing is beautiful.
Ela adora o som do mar. — She loves the sound of the sea.
Sons altos estão vindo do quarto do meu filho. — Loud sounds are coming from my son's room.

805 – apaixonado — in love, passionate

Ele está totalmente apaixonado por ela. — He's totally in love with her.
Sou apaixonado por futebol. — I'm passionate about soccer.
Estou apaixonado por você. — I'm in love with you.
Estou apaixonado pelo Brasil. — I'm in love with Brazil.
Ele está apaixonado pela colega de trabalho dele. — He's in love with his coworker.
Ela escreveu uma carta apaixonada ao namorado. — She wrote a passionate letter to her boyfriend.
Ela apresentou seu projeto de forma apaixonada. — She presented her project passionately.
Ela é apaixonada por filmes antigos. — She is passionate about old movies.
Ele falou de forma apaixonada sobre o assunto. — He spoke passionately about the subject.
Os jovens apaixonados passeavam no parque. — The young lovers were walking in the park.

806 – anel — ring

Ela usa o anel no dedo esquerdo. — She wears the ring on her left finger.
Ela perdeu o anel no mar. — She lost the ring in the sea.
Ele me deu um anel de presente. — He gave me a ring as a gift.
Ele comprou um anel muito caro para ela. — He bought her a very expensive ring.
Ele colocou o anel no dedo dela. — He put the ring on her finger.
Esse era o anel da minha avó. — This was my grandmother's ring.
Ela tirou o anel para lavar as mãos. — She took off her ring to wash her hands.
Ela nunca tirava o anel da mãe. — She never took off her mother's ring.
Minha vovó usa um anel em cada dedo. — My grandma wears a ring on each finger.
Minha mãe me deixou três anéis quando morreu. — My mom left me three rings when she died.

807 – contrário — contrary, opposite

O resultado foi contrário ao esperado. — The result was contrary to what was expected.
Ele fez o contrário do que eu pedi. — He did the contrary of what I asked.
Pelo contrário, eu adorei o filme! — On the contrary, I loved the movie!
Ela pensa o contrário de mim. — She thinks the opposite of me.
Ao contrário do que você pensa, ele é legal. — Contrary to what you think, he is nice.
Ao contrário do que foi dito, ele chegou a tempo. — Contrary to what was said, he arrived on time.
Ele tem uma opinião contrária à minha. — He has an opinion contrary to mine.
A decisão foi contrária ao que esperávamos. — The decision was contrary to what we expected.
Minha opinião é contrária à sua. — My opinion is contrary to yours.
Nossas opiniões são completamente contrárias. — Our opinions are completely opposite.

808 – opção / **option**

Eles não nos dão nenhuma outra opção. — They don't give us any other option.
Não temos outra opção. — We don't have another option.
Não tenho outra opção a não ser esperar. — I have no other option but to wait.
Eu gosto de ter opções antes de decidir. — I like having options before deciding.
Você tem várias opções para escolher. — You have several options to choose from.
Flores são sempre uma boa opção de presente. — Flowers are always a good gift option.
Há várias opções. — There are several options.
Escolher entre essas opções é difícil. — Choosing between these options is difficult.
Vamos manter as opções em aberto. — Let's keep the options open.
Ambas as opções são boas. — Both options are good.

809 – condição / **condition**

O carro está em ótima condição. — The car is in great condition.
Aceito o trabalho sob uma condição. — I accept the job under one condition.
Ela não está em condição de jogar hoje. — She's in no condition to play today.
A condição para o sucesso é trabalho duro. — The condition for success is hard work.
Eles vivem em condições perigosas. — They live in dangerous conditions.
Queremos melhores condições de vida. — We want better living conditions.
Tenho duas condições antes de concordar. — I have two conditions before I agree.
Ele trabalha em condições perigosas. — He works in dangerous conditions.
Não podemos trabalhar nessas condições. — We can't work in those conditions.
As condições de trabalho são terríveis. — The working conditions are terrible.

810 – almoço / **lunch**

Está na hora do almoço. — It's time for lunch.
Hora do almoço! — Lunchtime!
Todos devem trazer seu próprio almoço. — Everyone should bring their own lunch.
A criança dorme depois do almoço. — The child sleeps after lunch.
O restaurante está aberto para almoço. — The restaurant is open for lunch.
O que você comeu no almoço? — What did you eat for lunch?
O que o papai fez para o almoço? — What did dad make for lunch?
Ela trouxe o almoço de casa hoje. — She brought lunch from home today.
O almoço está quase pronto. — Lunch is almost ready.
Hoje temos um almoço especial. — Today we have a lunch special.

811 – sucesso / success

Foi um sucesso tão grande. — It was such a great success.
O sucesso dele não é segredo para ninguém. — His success is no secret to anyone.
Ela tem fome de sucesso. — She's hungry for success.
A festa foi um sucesso. — The party was a success.
A empresa teve muito sucesso este ano. — The company had a lot of success this year.
Desejo a você muito sucesso! — I wish you a lot of success!
A música virou um sucesso. — The song became a hit.
Ele nunca teve o sucesso que esperava. — He never had the success he hoped for.
O primeiro filme dela foi um grande sucesso. — Her first movie was a great success.
A música virou sucesso da noite para o dia. — The song became an overnight success.

812 – acima / above, up

Eles buscam a verdade acima de tudo. — They seek the truth above all else.
O barulho vinha de algum lugar acima de nós. — The sound came from somewhere above us.
Ela coloca o trabalho acima da vida pessoal. — She puts work above her personal life.
Não levante os braços acima da cabeça. — Don't raise your arms above your head.
O nível da água subiu acima do normal. — The water level rose above normal.
Ele colocou o quadro acima da porta. — He placed the picture above the door.
O pássaro voou acima das árvores. — The bird flew above the trees.
Acima de tudo, devemos ouvir uns aos outros. — Above all, we should listen to each other.
Crianças acima de 10 anos pagam entrada inteira. — Children above 10 years old pay full admission.
O apartamento dele fica no andar acima do meu. — His apartment is on the floor above mine.

813 – raiva / anger

A raiva dele passou rápido. — His anger passed quickly.
Eles ficarão com raiva quando descobrirem. — They'll get angry when they find out.
Quando estiver com raiva, conte até dez. — When you're angry, count to ten.
O rosto dele ficou vermelho de raiva. — His face turned red with anger.
Não tome decisões quando estiver com raiva. — Don't make decisions when you're angry.
Ela tem raiva de pessoas que mentem. — She has anger towards people who lie.
Respire fundo para controlar a sua raiva. — Take a deep breath to control your anger.
Você viu a raiva nos olhos dele? — Did you see the anger in his eyes?
Ela ficou com raiva quando soube a verdade. — She got angry when she found out the truth.
Ele ficou com muita raiva quando perdeu o jogo. — He got very angry when he lost the game.

814 – evitar — to avoid, flee

Temos que evitar problemas futuros. — We have to avoid future problems.
Sigam os sinais para evitar o perigo. — Follow the signs to avoid danger.
Sigam as regras para evitar problemas. — Follow the rules to avoid problems.
Precisamos evitar esses perigos. — We need to avoid these dangers.
Ela evita sair de casa quando está chovendo. — She avoids leaving the house when it's raining.
Tente evitar fazer barulho à noite. — Try to avoid making noise at night.
Ele evitou olhar nos meus olhos. — He avoided looking into my eyes.
Evite dirigir à noite se estiver cansado. — Avoid driving at night if you're tired.
Evite contato com pessoas doentes. — Avoid contact with sick people.
Evite contar mentiras. — Avoid telling lies.

815 – desistir — to give up

Não desista dos seus sonhos. — Don't give up on your dreams.
Nunca desista antes de tentar. — Never give up before trying.
Não desista, você está quase lá! — Don't give up, you're almost there!
Eu desisti de esperar por ele e fui embora. — I gave up waiting for him and left.
Ela desistiu de aprender a dirigir. — She gave up on learning to drive.
Você não pode desistir no meio do caminho. — You can't give up halfway.
Eles decidiram não desistir do projeto. — They decided not to give up on the project.
Eu não vou desistir de você. — I won't give up on you.
Ele pensou em desistir, mas continuou lutando. — He thought about giving up, but kept fighting.
Eles desistiram de procurar o cachorro perdido. — They gave up searching for the lost dog.

816 – classe — class

Eu só viajo na primeira classe. — I only travel in first class.
Eles fizeram um trabalho de primeira classe. — They did a first-class job.
O time jogou com classe. — The team played with class.
Isso é falta de classe. — That shows a lack of class.
Este hotel é de primeira classe. — This hotel is first-class.
Ele faz parte da classe alta. — He is part of the upper class.
Ela sempre viaja na primeira classe. — She always travels in first class.
Aquela senhora tem muita classe. — That lady has a lot of class.
Ela se veste com muita classe. — She dresses with a lot of class.
Esse carro é o melhor da classe dele. — This car is the best of its class.

817 – rato — rat, mouse

Encontrei um rato na cozinha. — I found a mouse in the kitchen.
O rato fugiu quando me viu. — The rat ran away when it saw me.
O rato correu para o buraco na parede. — The rat ran into a hole in the wall.
Eu vi um rato comendo meu lixo. — I saw a rat eating my trash.
O rato subiu na mesa em busca de comida. — The rat climbed on the table looking for food.
Você já viu um rato grande assim antes? — Have you ever seen a rat this big before?
Eu tenho medo de ratos. — I'm afraid of rats.
Os ratos são bem inteligentes. — Rats are quite intelligent.
Os ratos costumam aparecer à noite. — Rats usually appear at night.
Essa casa velha está cheia de ratos. — That old house is full of rats.

818 – tamanho — size

O tamanho da roupa é perfeito para mim. — The size of the clothes is perfect for me.
Ela comprou um vestido do tamanho M. — She bought a dress in size M.
Veja o tamanho daquela casa! — Look at the size of that house!
Qual é o tamanho do seu quarto? — What is the size of your bedroom?
O tamanho da sala é perfeito para a reunião. — The size of the room is perfect for the meeting.
Esses sapatos são do tamanho certo para mim. — These shoes are the right size for me.
Você tem uma ideia do tamanho do problema? — Do you have an idea of the size of the problem?
O tamanho da casa é perfeito para nossa família. — The size of the house is perfect for our family.
A loja tem roupas de todos os tamanhos. — The store has clothes in all sizes.
Eles têm cachorros de tamanhos diferentes. — They have dogs of different sizes.

819 – dança — dance

Ela adora aulas de dança. — She loves dance classes.
Preciso de um parceiro de dança. — I need a dance partner.
Vamos para a pista de dança? — Shall we go to the dance floor?
Ele aprendeu uma nova dança ontem. — He learned a new dance yesterday.
Vamos para a aula de dança hoje? — Are we going to the dance class today?
Essa dança é muito famosa no Brasil. — This dance is very famous in Brazil.
Ela é professora de dança. — She is a dance teacher.
A dança foi a melhor parte da festa. — The dance was the best part of the party.
As posições na dança devem ser precisas. — Dance positions must be precise.
A dança da escola foi um sucesso. — The school's dance was a success.

820 – praia / beach

Vamos passar o dia na praia. — Let's spend the day at the beach.
A casa deles fica perto da praia. — Their house is close to the beach.
Qual é a sua praia favorita? — What's your favorite beach?
Vamos à praia neste fim de semana? — Are we going to the beach this weekend?
A praia estava cheia de gente ontem. — The beach was full of people yesterday.
Passamos o dia inteiro na praia. — We spent the whole day at the beach.
A praia é o lugar perfeito para relaxar. — The beach is the perfect place to relax.
Ela gosta de tomar sol na praia. — She likes to sunbathe on the beach.
As crianças adoram brincar na praia. — The kids love playing at the beach.
O Brasil tem as melhores praias do mundo. — Brazil has the best beaches in the world.

821 – fonte / source, fountain, font

Qual é a fonte dessa informação? — What is the source of this information?
O rio é a fonte de água da cidade. — The river is the city's water source.
O parque tem uma linda fonte. — The park has a beautiful fountain.
A fonte de água no jardim está quebrada. — The water fountain in the garden is broken.
Qual é a fonte dessa notícia? — What is the source of this news?
Aquela fonte no parque é muito bonita. — That fountain in the park is very beautiful.
A fonte do rio começa nas montanhas. — The river's source begins in the mountains.
Aquela fonte antiga não funciona mais. — That old fountain no longer works.
O local onde um rio começa é sua fonte. — The place where a river starts is its source.
A água da fonte é muito limpa. — The water from the fountain is very clean.

822 – exame / test, exam

Tenho um exame médico amanhã. — I have a medical exam tomorrow.
O médico pediu um exame de vista. — The doctor ordered an eye exam.
Você já fez o seu exame de vista este ano? — Have you had your eye exam this year?
Ela precisa fazer um exame médico. — She needs to take a medical exam.
O exame deu resultados normais. — The test showed normal results.
O médico pediu outro exame. — The doctor ordered another exam.
Os resultados do exame ainda não chegaram. — The exam results haven't arrived yet.
Ele ficou nervoso durante o exame. — He got nervous during the exam.
O exame de entrada na escola foi bem difícil. — The school entrance exam was quite hard.
Ele está esperando o resultado do exame. — He is waiting for the test results.

823 – verde / green

Minha cor favorita é o verde. — My favorite color is green.
O sinal ficou verde. — The traffic light turned green.
Eu adoro o verde das árvores no parque. — I love the green of the trees in the park.
O vestido dela é um verde bem forte. — Her dress is a very bright green.
Ela comprou uma mala verde para a viagem. — She bought a green suitcase for the trip.
Tudo parece tão verde depois da chuva. — Everything looks so green after the rain.
Os olhos verdes dele chamam muita atenção. — His green eyes attract a lot of attention.
O chá verde tem um gosto bom para você? — Does green tea taste good to you?
Ele prefere usar roupas de cores verdes. — He prefers to wear green-colored clothes.
Existem áreas verdes por toda a cidade. — There are green areas all over the city.

824 – responsável / responsible

Quem é o responsável por este projeto? — Who is responsible for this project?
Eu sou o responsável pelo projeto. — I am responsible for the project.
Ela é muito responsável no trabalho. — She is very responsible at work.
Você precisa ser mais responsável. — You need to be more responsible.
É importante ser responsável com o dinheiro. — It is important to be responsible with money.
Quem é o responsável pelo cuidado dos animais? — Who is responsible for the care of the animals?
Eu sou responsável por preparar o jantar. — I'm responsible for preparing dinner.
Ele é responsável por fazer isso. — He is responsible for doing that.
Você é responsável pelo que faz. — You are responsible for what you do.
Nossas crianças não são muito responsáveis. — Our children aren't very responsible.

825 – fé / faith, belief

Ele está agindo de má fé. — He's acting in bad faith.
Eu coloquei fé no que ele disse. — I put faith in what he said.
Nós agimos de boa fé. — We act in good faith.
Ele acredita que está salvo pela fé. — He believes he is saved by faith.
Eu tenho fé em você, você vai conseguir. — I have faith in you, you will succeed.
A fé é algo importante na vida dela. — Faith is something important in her life.
Precisamos ter fé no futuro. — We need to have faith in the future.
A fé é um assunto muito pessoal. — Faith is a very personal matter.
Minha avó é uma mulher de muita fé. — My grandmother is a woman of great faith.
Ela tem fé de que tudo vai dar certo. — She has faith that everything will turn out well.

826 – doer / to hurt

Doutor, isso vai doer? — Doctor, will it hurt?
Isto não vai doer nada. — It won't hurt at all.
Meu corpo inteiro dói. — My whole body hurts.
A verdade às vezes dói. — The truth sometimes hurts.
Se doer, me avise. — If it hurts, let me know.
Dói quando eu faço isso. — It hurts when I do this.
Vai doer um pouco, mas logo vai passar. — It will hurt a little, but it will pass soon.
Meus pés doem depois de caminhar tanto. — My feet hurt after walking so much.
Meus olhos doem por causa da luz forte. — My eyes hurt because of the bright light.
Ela não consegue correr porque o pé dela dói. — She can't run because her foot hurts.

827 – diante / before, in front of, in the face

Desse ponto em diante, nós iremos a pé. — From that point on, we'll walk.
Ela não sabia como agir diante do chefe. — She didn't know how to act in front of her boss.
Não consigo me calar diante dessas mentiras. — I can't keep quiet in the face of these lies.
Ela ficou sem palavras diante da notícia. — She was speechless in the face of the news.
Diante disso, o que podemos fazer? — Given this, what can we do?
Estamos diante de um grande desafio. — We are facing a great challenge.
Diante dessa situação, não temos escolha. — Faced with this situation, we have no choice.
O cachorro sentou-se diante de mim. — The dog sat down in front of me.
Eles ficaram em silêncio diante da triste notícia. — They remained silent in the face of the sad news.
Diante de tantas opções, eu não consegui decidir. — Faced with so many options, I couldn't decide.

828 – interessado / interested

Você está interessado no trabalho? — Are you interested in the job?
Estou interessado em aprender português. — I'm interested in learning Portuguese.
Me avise se você ainda estiver interessado. — Let me know if you're still interested.
Ele não parece interessado na conversa. — He doesn't seem interested in the conversation.
Estou interessado em saber sua opinião. — I'm interested in knowing your opinion.
Ele estava interessado em fazer parte da equipe. — He was interested in joining the team.
Ela ficou interessada no que ele tinha a dizer. — She became interested in what he had to say.
Ela parece muito interessada no novo projeto. — She seems very interested in the new project.
Vocês estão interessados em comprar a casa? — Are you interested in buying the house?
As meninas estão interessadas no jogo de futebol. — The girls are interested in the soccer game.

829 – arquivo
file

O arquivo foi salvo.
O sistema não permitiu o acesso ao arquivo.
Vou te enviar o arquivo.
Eu salvei o arquivo no meu computador.
O arquivo estava muito grande para enviar.
Onde você guardou o arquivo do projeto?
Não consigo encontrar o arquivo no sistema.
O arquivo foi enviado para o cliente para revisão.
Ele criou um novo arquivo para o relatório.
Onde está o resto dos arquivos?

The file has been saved.
The system did not allow access to the file.
I'll send you the file.
I saved the file on my computer.
The file was too large to send.
Where did you store the project file?
I can't find the file in the system.
The file was sent to the client for review.
He created a new file for the report.
Where are the rest of the files?

830 – convidado
guest; invited

Você é nosso convidado especial esta noite.
Quantos convidados virão para a festa?
Eu não fui convidado para a reunião.
Os convidados começaram a chegar às sete horas.
A maioria dos convidados já chegou.
Ela agradece a todos os convidados.
Os convidados estão chegando.
O nome dela está na lista de convidados?
Esta é a lista de convidados para a festa.
Crianças de todas as idades estão convidadas.

You are our special guest tonight.
How many guests will come to the party?
I wasn't invited to the meeting.
The guests started arriving at seven o'clock.
Most of the guests have arrived.
She thanks all the guests.
The guests are arriving.
Is her name on the guest list?
This is the guest list for the party.
Children of all ages are invited.

831 – brilhante
brilliant, bright, shiny

O sol está brilhante hoje.
De repente, tive uma ideia brilhante.
Seu futuro parece brilhante.
Ela tem um sorriso brilhante.
O anel dela é brilhante.
A lua está brilhante no céu.
Você fez um trabalho brilhante.
As luzes da cidade são brilhantes.
As estrelas estão brilhantes esta noite.
Ela tem olhos azuis brilhantes.

The sun is bright today.
Suddenly, I had a brilliant idea.
Your future looks bright.
She has a brilliant smile.
Her ring is shiny.
The moon is bright in the sky.
You did a brilliant job.
The city lights are bright.
The stars are bright tonight.
She has bright blue eyes.

832 – ligação — link, call, conection, relationship

Perdi a ligação da minha mãe. — I missed my mother's call.
Você pode fazer uma ligação para mim? — Can you make a call for me?
Não tenho ligação nenhuma com esse caso. — I have no connection to this case.
Recebi uma ligação do meu amigo. — I received a call from my friend.
Estou esperando uma ligação do médico. — I'm waiting for a call from the doctor.
Tenho uma ligação forte com minha família. — I have a strong connection with my family.
Recebi uma ligação importante hoje de manhã. — I received an important call this morning.
Minha ligação com essa cidade é muito forte. — My connection with this city is very strong.
Recebi muitas ligações hoje. — I received many calls today.
Ele fez várias ligações para resolver o problema. — He made several calls to solve the problem.

833 – ouro — gold

Ela tem um coração de ouro. — She has a heart of gold.
A honra vale mais do que o ouro. — Honor is worth more than gold.
É uma oportunidade de ouro. — It's a golden opportunity.
Ele tem um dente de ouro. — He has a golden tooth.
Encontrei um pouco de ouro no rio. — I found a bit of gold in the river.
Ela usa um anel de ouro no dedo. — She wears a gold ring on her finger.
O Brasil é conhecido por suas fontes de ouro. — Brazil is known for its sources of gold.
Ela tem um relógio antigo de ouro. — She has an old gold watch.
Tudo o que ela toca vira ouro. — Everything she touches turns to gold.
A saúde é mais importante do que o ouro. — Health is more important than gold.

834 – apesar — despite

Apesar da chuva, fomos à praia. — Despite the rain, we went to the beach.
Eu ainda gosto dela, apesar do que ela disse. — I still like her, despite what she said.
Ela falou com calma, apesar da pressão. — She spoke calmly, despite the pressure.
Apesar do trânsito, chegamos na hora. — Despite the traffic, we arrived on time.
Ele é feliz, apesar dos problemas dele. — He is happy, despite his problems.
Apesar de tudo, ela ainda sorri. — Despite everything, she still smiles.
Apesar do frio, muitas pessoas saíram hoje. — Despite the cold, many people went out today.
Fizemos a festa, apesar do tempo ruim. — We had the party, despite the bad weather.
Ela sorriu, apesar da situação difícil. — She smiled, despite the difficult situation.
Comemos fora, apesar de ter comida em casa. — We ate out, despite having food at home.

835 – vergonha
shame, embarrassment

Ele não tem vergonha.
He has no shame.

O rosto dele ficou vermelho de vergonha.
His face turned red with embarrassment.

Eu sinto vergonha de falar em público.
I feel embarrassed to speak in public.

Não tenha vergonha de pedir ajuda.
Don't be ashamed to ask for help.

Ela sentiu muita vergonha depois do erro.
She felt very embarrassed after the mistake.

Que vergonha! Esqueci o nome dele.
How embarrassing! I forgot his name.

Ele sente vergonha de falar sobre isso.
He feels embarrassed to talk about it.

Que vergonha esquecer o aniversário dela!
How embarrassing to forget her birthday!

Não há vergonha em chorar.
There's no shame in crying.

Não precisa ter vergonha de ser você mesmo.
You don't need to be ashamed of being yourself.

836 – adivinhar
to guess

Adivinhe quem eu encontrei hoje?
Guess who I met today?

Adivinhe em que número estou pensando.
Guess what number I'm thinking of.

Adivinhe onde vamos passar as férias!
Guess where we're going for vacation!

Ela adivinhou meus pensamentos.
She guessed my thoughts.

Você não vai adivinhar o que aconteceu!
You'll never guess what happened!

Tente adivinhar o que eu tenho na mão.
Try to guess what I have in my hand.

Você consegue adivinhar o que estou pensando?
Can you guess what I'm thinking?

Não consegui adivinhar a surpresa.
I couldn't guess the surprise.

Nunca adivinhei o final de um filme.
I've never guessed the ending of a movie.

Não quebre a cabeça tentando adivinhar.
Don't rack your brains trying to guess.

837 – brincadeira
game, joke

As crianças adoram essa brincadeira.
Children love this game.

É só uma brincadeira, não leve a sério.
It's just a joke, don't take it seriously.

Sem brincadeira, isso é importante.
No kidding, this is important.

A brincadeira saiu do controle.
The prank got out of hand.

Essa brincadeira está ficando perigosa.
This game is getting dangerous.

Você está falando sério ou é brincadeira?
Are you serious or is it a joke?

Foi apenas uma brincadeira, nada mais.
It was just a joke, nothing more.

É só uma brincadeira, não fique bravo.
It's just a joke, don't get mad.

Eu adoro essa brincadeira de adivinhar o filme.
I love this game of guessing the movie.

Gosto de brincadeiras que envolvem todo mundo.
I like games that involve everyone.

838 – grávida

Minha irmã está grávida de três meses.
Ela descobriu que estava grávida.
Você não pode beber quando está grávida.
Ela está grávida do primeiro filho dela.
Ela está grávida de dois meses.
Minha irmã está grávida. Vou ser tio!
Ela passou mal porque está grávida.
Quando você descobriu que estava grávida?
Você ouviu que ela está grávida de novo?
Ela está grávida e esperando um menino.

pregnant

My sister is three months pregnant.
She found out she was pregnant.
You can't drink when you're pregnant.
She is pregnant with her first child.
She is two months pregnant.
My sister is pregnant. I'm going to be an uncle!
She felt sick because she is pregnant.
When did you find out you were pregnant?
Did you hear that she's pregnant again?
She is pregnant and expecting a boy.

839 – nariz

Ela tem um nariz pequeno.
Ele quebrou o nariz jogando futebol.
Respire pelo nariz.
O nariz dela ficou vermelho no frio.
Você tem algo no seu nariz.
Ele bateu com o nariz na porta.
Ele sempre toca o nariz quando está nervoso.
Meu cachorro tem um nariz enorme.
O nariz do gato é bem pequeno.
Ele tem o nariz parecido com o do pai.

nose

She has a small nose.
He broke his nose playing soccer.
Breathe through your nose.
Her nose turned red in the cold.
You have something on your nose.
He hit his nose on the door.
He always touches his nose when he's nervous.
My dog has a huge nose.
The cat's nose is really small.
He has a nose similar to his father's.

840 – quão

Eu não sabia o quão difícil seria.
Quão cedo você pode chegar amanhã?
É incrível quão rápido as crianças crescem.
Você tem ideia de quão longe é daqui?
Ela nunca percebeu quão bonita era.
Você sabe quão rápido ele dirige?
Você não tem ideia de quão feliz eu estou.
Ela descobriu quão difícil era a prova.
Quão rápido você consegue correr?
Ele não sabia quão importante era aquela decisão.

how

I didn't know how hard it would be.
How early can you arrive tomorrow?
It's incredible how fast children grow.
Do you have any idea how far it is from here?
She never realized how beautiful she was.
Do you know how fast he drives?
You have no idea how happy I am.
She found out how hard the test was.
How fast can you run?
He didn't know how important that decision was.

841 – marca

Ele sempre confia nessa marca.
Ela criou sua própria marca.
Ela adora sapatos dessa marca.
Ela comprou uma bolsa de marca famosa.
Essa é a minha marca favorita de roupa.
A marca do relógio é muito cara.
Essa marca de café é muito forte.
O acidente causou uma marca no carro.
Ele quer deixar sua marca no mundo.
Ela deixou uma marca no chão com os sapatos.

mark, brand

He always trusts this brand.
She created her own brand.
She loves shoes from that brand.
She bought a famous brand of handbag.
This is my favorite brand of clothing.
The watch brand is very expensive.
This brand of coffee is very strong.
The accident left a mark on the car.
He wants to leave his mark on the world.
She left a mark on the floor with her shoes.

842 – emergência

Você sabe onde fica a saída de emergência?
Há uma saída de emergência no prédio.
O médico foi chamado para uma emergência.
A emergência foi resolvida rapidamente.
A emergência aconteceu durante a noite.
Em caso de emergência, ligue para este número.
Há um número de emergência para contato.
O número de emergência varia em cada país.
Em uma emergência, mantenha a calma.
Ela lida bem com situações de emergências.

emergency

Do you know where the emergency exit is?
There is an emergency exit in the building.
The doctor was called for an emergency.
The emergency was resolved quickly.
The emergency happened during the night.
In case of an emergency, call this number.
There is an emergency contact number.
The emergency number varies in each country.
In an emergency, stay calm.
She handles emergency situations well.

843 – guerra

Ninguém quer outra guerra.
Depois da guerra, finalmente chegou a paz.
O país está em guerra.
Eles fugiram do país durante a guerra.
A guerra destruiu muitas vidas.
Vovô tem muitas histórias da guerra.
Muitas pessoas sofreram durante a guerra.
O fim da guerra trouxe paz para a região.
Ela perdeu o pai na guerra.
O país se preparou para a guerra por anos.

war

No one wants another war.
After the war, peace finally came.
The country is at war.
They fled the country during the war.
The war destroyed many lives.
Grandpa has many stories from the war.
Many people suffered during the war.
The end of the war brought peace to the region.
She lost her father in the war.
The country prepared for the war for years.

844 – natureza
nature, character

Ele encontrou paz na natureza.
He found peace in nature.
Ela gosta de tirar fotos da natureza.
She likes to take pictures of nature.
Os animais vivem livres na natureza.
Animals live free in nature.
Essa cor não existe na natureza.
This color doesn't exist in nature.
Nós podemos aprender muito com a natureza.
We can learn a lot from nature.
Precisamos proteger a natureza.
We need to protect nature.
A natureza acalma a mente e traz paz.
Nature calms the mind and brings peace.
Me sinto tão livre quando estou na natureza.
I feel so free when I'm in nature.
Gosto de passar tempo na natureza.
I like to spend time in nature.
A natureza nos ensina muito sobre a vida.
Nature teaches us a lot about life.

845 – pássaro
bird

Ele viu um pássaro na janela.
He saw a bird in the window.
Nunca vi tantos pássaros juntos.
I've never seen so many birds together.
Vi um lindo pássaro azul no jardim.
I saw a beautiful blue bird in the garden.
Ela deixou o pássaro livre.
She let the bird free.
O pássaro voou para longe.
The bird flew away.
Esse pássaro sempre volta ao mesmo lugar.
This bird always returns to the same place.
O pássaro está cantando na árvore.
The bird is singing in the tree.
Há vários tipos de pássaros nesta floresta.
There are various types of birds in this forest.
O pássaro tem belas penas.
The bird has beautiful feathers.
Os pássaros voaram quando nos viram.
The birds flew away when they saw us.

846 – busca
search, pursuit, investigation

Estou em busca de um novo emprego.
I'm in search of a new job.
A polícia fez uma busca pela casa inteira.
The police made a search of the entire house.
Estamos em busca de respostas.
We are in search of answers.
A busca pela verdade é difícil.
The search for the truth is difficult.
Ela está em busca de algo novo na vida.
She is searching for something new in life.
A busca foi difícil, mas valeu a pena.
The search was difficult, but it was worth it.
Eles estão em busca de um novo líder.
They are in search of a new leader.
Fiz uma busca rápida sobre o assunto.
I did a quick search about the topic.
Estou sempre em busca de novas oportunidades.
I am always in search of new opportunities.
Estou em busca de um bom filme para assistir.
I'm looking for a good movie to watch.

847 – cozinhar — to cook
Você se diverte cozinhando? — Do you enjoy cooking?
Eu relaxo cozinhando. — I relax by cooking.
Ela está cozinhando o jantar agora. — She is cooking dinner now.
Eu estava cozinhando quando o telefone tocou. — I was cooking when the phone rang.
Não tenho tempo para cozinhar hoje. — I don't have time to cook today.
Eu gosto de cozinhar nos fins de semana. — I like to cook on weekends.
Vamos cozinhar juntos hoje à noite? — Shall we cook together tonight?
Estou cansado de cozinhar todo dia. — I'm tired of cooking every day.
O que vocês cozinharam para o jantar? — What did you guys cook for dinner?
Cozinhar é o que mais gosto de fazer. — Cooking is what I like to do most.

848 – navio — ship
Vejo um grande navio lá fora. — I see a big ship out there.
Meu tio trabalha em um navio. — My uncle works on a ship.
O navio ficou perdido no mar. — The ship was lost at sea.
Você já viajou de navio? — Have you ever traveled by ship?
O navio está pronto para partir. — The ship is ready to depart.
Navios de guerra são enormes. — Warships are enormous.
Vimos um navio enorme no mar. — We saw a huge ship on the sea.
Eu nunca vi um navio tão grande antes. — I've never seen such a big ship before.
Vamos voltar para o navio antes que ele parta. — Let's get back to the ship before it departs.
A viagem de navio foi uma experiência incrível. — The ship trip was an incredible experience.

849 – acesso — access, entrance, fit
O hotel tem acesso direto à praia. — The hotel has direct access to the beach.
Não temos acesso ao prédio. — We don't have access to the building.
Meu cartão de acesso não está funcionando. — My access card is not working.
Você pode me dar acesso à sua conta? — Can you give me access to your account?
Você tem acesso à sala dos computadores? — Do you have access to the computer room?
Eles perderam o acesso ao sistema ontem. — They lost access to the system yesterday.
O acesso ao hotel é pela entrada principal. — Access to the hotel is through the main entrance.
Você tem acesso a esses documentos? — Do you have access to these documents?
A cidade oferece fácil acesso às praias. — The city offers easy access to the beaches.
Nós temos acesso à informação em tempo real. — We have access to real-time information.

850 – férias

Eu realmente preciso de umas férias.
Eu vou tirar férias no próximo mês.
Eles estão de férias agora.
Ele está contando os dias para as férias.
Nós passamos as férias na praia.
Eu gostaria de ter férias mais longas.
Durante as férias, eu gosto de descansar.
Eles vão tirar férias no mês que vem.
Onde você vai passar as férias este ano?
Durante as férias, gosto de viajar com a família.

vacation, holiday

I really need a vacation.
I'm going to take a vacation next month.
They are on vacation now.
He's counting the days until vacation.
We spent the vacation at the beach.
I wish I had a longer vacation.
During vacation, I like to rest.
They're going to take a vacation next month.
Where will you spend your holiday this year?
During vacation, I like to travel with the family.

851 – compra

A compra de hoje foi maior que o esperado.
Essa foi a melhor compra que já fiz.
Ele está feliz com a compra da nova casa.
A compra do presente foi uma surpresa.
Você conseguiu um bom preço na compra?
Ele pensa bem antes de fazer uma compra.
Você fez a lista de compras?
Dê uma olhada na lista de compras.
Esqueci a lista de compras em casa.
Fizemos muitas compras no mercado.

purchase, acquisition

Today's purchase was bigger than expected.
This was the best purchase I ever made.
He is happy with the purchase of the new house.
The purchase of the gift was a surprise.
Did you get a good price on the purchase?
He thinks carefully before making a purchase.
Did you make the shopping list?
Take a look at the shopping list.
I forgot the shopping list at home.
We did a lot of shopping at the market.

852 – devolver

A loja nao quis devolver meu dinheiro.
Ela teve que devolver o presente que recebeu.
Vou devolver esta camisa porque não serviu.
O cliente quer devolver o produto.
Você poderia devolver o produto à loja?
Se não servir, você pode devolver.
Devolva as chaves do carro até amanhã.
A criança perdida foi devolvida aos pais.
Ela ainda não devolveu minha bolsa.
O professor pediu para devolvermos as provas.

to give back, return, refund

The store didn't want to refund my money.
She had to return the gift she received.
I'm going to return this shirt because it didn't fit.
The customer wants to return the product.
Could you return this to the store?
If it doesn't fit, you can return it.
Return the car keys by tomorrow.
The lost child was returned to his parents.
She still hasn't returned my bag.
The teacher asked us to return the exams.

853 – alimento — food

Este alimento é fácil de preparar. — This food is easy to prepare.
Esse alimento é rico em energia. — This food is high in energy.
A carne é uma importante fonte de alimento. — Meat is an important food source.
Muitas pessoas não têm acesso a alimentos. — Many people don't have access to food.
O amor é o alimento da alma. — Love is food for the soul.
Ler é um alimento para a mente. — Reading is food for the mind.
Os alimentos estão muito caros este mês. — Food is very expensive this month.
Precisamos pegar alguns alimentos no mercado. — We need to pick up some food at the market.
Eles trouxeram apenas alimentos e roupas. — They brought only food and clothing.
O mercado vende muitos alimentos. — The market sells a lot of food.

854 – relógio — watch, clock

Perdi meu relógio. — I've lost my watch.
Que horas são no seu relógio? — What time is it on your watch?
Eu não uso relógio. — I don't wear a watch.
Meu relógio não funciona mais. — My watch doesn't work anymore.
O relógio antigo ainda funciona. — The old clock still works.
Ele olhou para o relógio e saiu correndo. — He looked at the clock and ran out.
O relógio da sala está atrasado. — The living room clock is running slow.
Esqueci meu relógio em casa hoje. — I forgot my watch at home today.
Ganhei um relógio novo de aniversário. — I got a new watch for my birthday.
O relógio da igreja toca a cada hora. — The church clock chimes every hour.

855 – total — total, full

Qual é o valor total da conta? — What's the total amount of the bill?
Precisamos da atenção total de todos. — We need everyone's full attention.
O custo total é muito alto. — The total cost is very high.
Ele mostrou total respeito pelas regras. — He showed total respect for the rules.
Quanto você pagou no total? — How much did you pay in total?
O total da conta é de mil reais. — The total of the bill is 1,000 reais.
Ela tem total controle sobre a situação. — She has total control over the situation.
Estou em total acordo com o que você disse. — I am in total agreement with what you said.
O número total de páginas do livro é mil. — The total number of pages in the book is 1000.
Quantas horas totais você trabalhou este mês? — How many total hours did you work this month?

856 – cometer / to commit, make, carry out

Eu aceito que cometi um erro. / I accept that I committed a mistake.
Eu cometi erros na prova. / I made mistakes in the exam.
Ninguém é perfeito, todos cometem erros. / No one is perfect, everyone makes mistakes.
Cometer erros é humano. / Making mistakes is human.
Não quero cometer o mesmo erro novamente. / I don't want to make the same mistake again.
Nenhum de nós cometeu um crime. / Neither of us committed a crime.
Eu cometo muitos erros quando falo? / Do I make many mistakes when I speak?
Você comete mais erros quando está cansado. / You make more mistakes when you're tired.
As crianças cometem erros o tempo todo. / Children make mistakes all the time.
Muitas pessoas cometem o erro de gastar demais. / Many people make the mistake of overspending.

857 – restaurante / restaurant

Adoro este restaurante. / I love this restaurant.
Encontramos um bom restaurante perto daqui. / We found a good restaurant near here.
Qual é o melhor restaurante da cidade? / What's the best restaurant in town?
Eu trabalhava naquele restaurante ali. / I worked in that restaurant over there.
Que horas abre o restaurante? / What time does the restaurant open?
O almoço no restaurante foi rápido. / Lunch at the restaurant was quick.
Qual é o restaurante mais próximo daqui? / What is the closest restaurant to here?
O restaurante tem uma vista linda para o mar. / The restaurant has a beautiful view of the sea.
Prefiro comer em casa do que em um restaurante. / I prefer eating at home than at a restaurant.
Há muitos restaurantes bons nesta rua. / There are many good restaurants on this street.

858 – pensamento / thought, thinking

Meu primeiro pensamento foi te ligar. / My first thought was to call you.
À noite, ele escreve seus pensamentos. / At night, he writes down his thoughts.
Tive um pensamento estranho ontem à noite. / I had a strange thought last night.
Qual foi o pensamento por trás dessa decisão? / What was the thinking behind this decision?
Esse pensamento me deixou preocupado. / That thought made me worried.
O pensamento dela é bem diferente do meu. / Her thinking is quite different from mine.
Tive um pensamento interessante esta manhã. / I had an interesting thought this morning.
Às vezes é difícil controlar nossos pensamentos. / Sometimes it's hard to control our thoughts.
Ele compartilhou os pensamentos dele comigo. / He shared his thoughts with me.
Ele estava perdido em seus pensamentos. / He was lost in his thoughts.

859 – viajar

Eu gostaria de viajar para o Brasil um dia.
Eles vão viajar de carro pelo país.
Queremos viajar juntos nas férias.
Eu vou viajar de avião pela primeira vez.
Vamos viajar para visitar nossa família.
Eu só viajei para dois países diferentes.
A gente sempre viaja nessa época do ano.
Eles viajam para o mesmo destino todo ano.
Ele viaja para conhecer novos lugares.
Você já viajou de barco?

to travel

I would like to travel to Brazil someday.
They're going to travel by car across the country.
We want to travel together on vacation.
I am going to travel by plane for the first time.
We are going to travel to visit our family.
I have only traveled to two different countries.
We always travel at this time of year.
They travel to the same destination every year.
He travels to discover new places.
Have you ever traveled by boat?

860 – limite

Qual é o limite desse cartão?
A reunião tem um limite de tempo de uma hora.
Ele sempre leva as coisas ao limite.
Cheguei ao meu limite e preciso descansar.
O limite máximo de alunos por sala é dez.
Não há limite de idade para aprender algo novo.
Conheça seus próprios limites.
Todos nós temos nossos limites.
Cada pessoa tem seu próprio limite.
Existem limites para o que podemos fazer aqui.

limit

What is the limit on this card?
The meeting has a one-hour time limit.
He always pushes things to the limit.
I have reached my limit and need to rest.
The maximum limit of students per class is 10.
There is no age limit for learning something new.
Know your own limits.
We all have our limits.
Every person has their own limit.
There are limits to what we can do here.

861 – debaixo

Há um animal debaixo do carro.
O gato está dormindo debaixo da cama.
Ela colocou o livro debaixo do braço.
As crianças brincavam debaixo da mesa.
Ele escondeu o presente debaixo do casaco.
O rato correu para debaixo da casa.
A carta estava debaixo do livro.
Eu coloquei a carta debaixo da porta.
Deixe os sapatos debaixo da cama.
Coloque as mãos debaixo d'água para lavá-las.

under, underneath

There's an animal under the car.
The cat is sleeping under the bed.
She put the book under her arm.
The children were playing under the table.
He hid the gift under his coat.
The mouse ran under the house.
The letter was under the book.
I put the letter under the door.
Leave the shoes under the bed.
Put your hands under the water to wash them.

862 – comando
command, order; remote control

O comando foi claro.
The command was clear.

Ele deu um comando ao cachorro.
He gave a command to the dog.

Este é um comando simples.
This is a simple command.

Ela tem comando total sobre a situação.
She has total command over the situation.

Ela está no comando do projeto.
She's in command of the project.

O comando de voz não está funcionando.
The voice command is not working.

Ela seguiu o comando do professor.
She followed the teacher's command.

A polícia recebeu o comando para agir.
The police received the command to act.

Após o comando, todos começaram a correr.
After the command, everyone started running.

Ele deu um comando para desligar o sistema.
He gave a command to shut down the system.

863 – ridículo
ridiculous

Essa ideia é ridícula.
This idea is ridiculous.

Eu me senti ridículo usando aquelas roupas.
I felt ridiculous wearing those clothes.

O preço desse produto é ridículo.
The price of this product is ridiculous.

A situação toda é ridícula.
The whole situation is ridiculous.

Não seja ridículo, isso nunca vai funcionar.
Don't be ridiculous, that will never work.

O filme tinha um final ridículo.
The movie had a ridiculous ending.

Ele contou uma piada ridícula.
He told a ridiculous joke.

Que pergunta ridícula!
What a ridiculous question!

Esses preços são ridículos.
These prices are ridiculous.

As regras deste jogo são ridículas.
The rules of this game are ridiculous.

864 – moço, moça
young man, lad; young lady, girl

Aquele moço ali pode te ajudar.
That young man over there can help you.

Moço, por favor, pode me dizer as horas?
Young man, can you please tell me the time?

O moço da loja me atendeu bem.
The young man at the store served me well.

Aquele moço parece perdido.
That young man seems lost.

O moço estava esperando lá fora.
The young man waited outside.

Moça, você esqueceu sua bolsa!
Miss, you forgot your purse!

Ela é uma moça muito bonita.
She's a very pretty girl.

Com licença, moça, onde fica o banheiro?
Excuse me, miss, where's the bathroom?

Aquela moça trabalha aqui há muitos anos.
That girl has been working here for many years.

A moça agradeceu o moço pela ajuda.
The girl thanked the boy for the help.

865 – beijo / kiss

Me dê um beijo de boa noite. — Give me a goodnight kiss.
Ela me deu um beijo. — She gave me a kiss.
Beijo, até amanhã! — Kiss, see you tomorrow!
Dê um beijo na sua avó por mim! — Give your grandma a kiss for me!
Eu roubei um beijo dela. — I stole a kiss from her.
Ele me mandou um beijo por ligação. — He sent me a kiss over the phone.
O beijo dela me fez sentir especial. — Her kiss made me feel special.
O primeiro beijo deles aconteceu em uma festa. — Their first kiss happened at a party.
Beijos para toda a família! — Kisses to the whole family!
Dê muitos beijos no bebê por mim! — Give the baby lots of kisses for me!

866 – endereço / address

Qual é o seu endereço? — What's your address?
Você pode me enviar o endereço? — Can you send me the address?
Eu mudei de endereço. — I changed my address.
Pode me dar o endereço da loja? — Can you give me the store's address?
Ela me deu o endereço errado. — She gave me the wrong address.
Mandei o presente para o endereço dela. — I sent the gift to her address.
Poderia me enviar seu endereço por mensagem? — Could you send me your address by message?
Ela me pediu o endereço para enviar uma carta. — She asked me for the address to send a letter.
Ela escreveu o endereço em um pedaço de papel. — She wrote the address on a piece of paper.
Qual desses dois endereços é o correto? — Which of these two addresses is correct?

867 – caminhão / truck

Ele dirige um caminhão grande. — He drives a big truck.
O caminhão é enorme. — The truck is huge.
Precisamos de um caminhão para a mudança. — We need a truck for the move.
O caminhão quebrou na estrada. — The truck broke down on the road.
Por que um caminhão está em frente à casa? — Why is a truck in front of the house?
O caminhão de lixo vem uma vez por semana. — The garbage truck comes once per week.
O acidente envolveu dois carros e um caminhão. — The accident involved two cars and a truck.
Há muitos caminhões na estrada. — There are lots of trucks on the road.
Os caminhões fazem muito barulho à noite. — The trucks make a lot of noise at night.
Os caminhões estavam esperando para carregar. — The trucks were waiting to load.

868 – ovo — egg

Vou comer um ovo no café da manhã. — I'm going to eat an egg for breakfast.
Ela deixou cair um ovo no chão. — She dropped an egg on the floor.
A cabeça dele parece um ovo. — His head looks like an egg.
Quantos ovos ainda temos? — How many eggs do we have left?
Precisamos de ovos para fazer o bolo. — We need eggs to make the cake.
Eles venderam todos os ovos no mercado. — They sold all the eggs at the market.
Você pode cozinhar vários ovos de uma vez. — You can cook several eggs at once.
Eu como ovos quase todos os dias. — I eat eggs almost every day.
O preço dos ovos está subindo. — The price of eggs is going up.
Estamos comendo ovos no jantar novamente. — We're eating eggs for dinner again.

869 – interessar — to interest

Você se interessa por esse negócio? — Are you interested in this business?
Esse é um assunto que me interessa muito. — This is a subject that interests me a lot.
Não me interessa o que ele pensa. — I'm not interested in what he thinks.
Isso não interessa a ninguém. — That doesn't interest anyone.
O que te interessa nesse trabalho? — What interests you about this job?
Ela não parece se interessar pelo assunto. — She doesn't seem to be interested in the subject.
Se isso te interessar, posso te mostrar mais. — If this interests you, I can show you more.
O jogo não me interessou muito. — The game didn't interest me much.
Ele se interessou pela história do filme. — He got interested in the movie's story.
Você se interessaria por um novo desafio? — Would you be interested in a new challenge?

870 – corrida — race, running

Ela chegou em primeiro lugar na corrida. — She came first in the race.
Ele caiu no chão durante a corrida. — He fell to the ground during the race.
Ele tem pernas fortes por causa da corrida. — He has strong legs because of running.
Fiquei cansado depois da corrida. — I was tired after the race.
Ele gastou muita energia na corrida. — He expended a lot of energy in the race.
Depois da corrida, eu parei para respirar. — After the race, I stopped to breathe.
Ele certamente vai ganhar a corrida. — He will certainly win the race.
Ele é meu parceiro de corrida. — He's my running partner.
Sou membro de um grupo de corrida. — I'm a member of a running group.
Vou fazer uma corrida no parque. — I'm going for a run in the park.

871 – chover / to rain

Está chovendo agora.	It's raining now.
Choveu muito ontem.	It rained a lot yesterday.
Choveu a noite inteira.	It rained all night.
Espero que não chova durante o jogo.	I hope it doesn't rain during the match.
Não chove há semanas.	It hasn't rained for weeks
Sempre chove nessa época do ano.	It always rains at this time of year.
Vai chover amanhã?	Will it rain tomorrow?
Parece que vai chover mais tarde.	It looks like it's going to rain later.
Começou a chover de repente.	It suddenly started to rain.
Não vai chover no fim de semana.	It won't rain on the weekend.

872 – língua / language, tongue

Estou aprendendo a falar uma nova língua.	I am learning to speak a new language.
Qual é a sua língua favorita para estudar?	What is your favorite language to study?
Cada país tem sua própria língua.	Each country has its own language.
Ela falou em uma língua que eu não conhecia.	She spoke in a language I didn't know.
Me ensine a falar a sua língua, por favor.	Teach me to speak your language, please.
O cachorro está com a língua para fora.	The dog has his tongue out.
Parece impossível aprender essa língua.	It seems impossible to learn this language.
Eu falo três línguas.	I speak three languages.
Ele acha que é fácil aprender línguas.	He thinks it's easy to learn languages.
Eu adoro aprender novas línguas.	I love learning new languages.

873 – vazio / empty

O quarto ficou vazio depois que ele saiu.	The room was empty after he left.
O ônibus estava vazio de manhã cedo.	The bus was empty early in the morning.
Sinto um vazio no meu coração.	I feel an emptiness in my heart.
O cinema estava vazio durante o filme.	The cinema was empty during the movie.
Ele se sentiu vazio depois da notícia.	He felt empty after the news.
A rua fica vazia à noite.	The street becomes empty at night.
A sala de aula está vazia agora.	The classroom is empty now.
A casa está totalmente vazia.	The house is totally empty.
Os dias estavam vazios sem ela.	The days were empty without her.
As praias estão vazias pela manhã.	Beaches are empty in the morning.

874 – ponte / bridge

Esta ponte não parece muito segura.	This bridge doesn't look very safe.
A ponte é forte e segura.	The bridge is strong and safe.
Aquela ponte velha parece perigosa.	That old bridge looks dangerous.
O rio corre embaixo da ponte.	The river runs under the bridge.
Vamos nos encontrar no centro da ponte.	Let's meet in the center of the bridge.
A vista da ponte é linda.	The view from the bridge is beautiful.
A ponte liga as duas cidades.	The bridge connects the two cities.
A cidade é famosa por sua ponte.	The city is famous for its bridge.
O acidente fechou a ponte por várias horas.	The accident closed the bridge for several hours.
A ponte é tão longa que não dá para ver o fim.	The bridge is so long that you can't see the end.

875 – faca / knife

Ele cortou o dedo com uma faca.	He cut his finger with a knife.
Preciso de uma faca para cortar o pão.	I need a knife to cut the bread.
Você não deve correr com uma faca na mão.	You shouldn't run with a knife in your hand.
Tenha cuidado com a faca!	Be careful with the knife!
Ele usou uma faca para preparar o jantar.	He used a knife to prepare dinner.
A faca caiu no chão.	The knife fell on the floor.
Essa faca não corta bem.	This knife doesn't cut well.
Lave a faca depois de usá-la.	Wash the knife after using it.
Comprei uma faca nova para a cozinha.	I bought a new knife for the kitchen.
Onde você guarda suas facas?	Where do you keep your knives?

876 – vento / wind

Eu gosto de sentir o vento no rosto.	I like to feel the wind on my face.
O vento mudou de direção.	The wind changed direction.
Um vento frio entrou pela porta.	A cold wind came through the door.
O vento bateu a porta com força.	The wind hit the door hard.
Estávamos caminhando contra o vento.	We were walking against the wind.
O vento parecia cantar entre as árvores.	The wind seemed to sing between the trees.
O vento está forte hoje.	The wind is strong today.
Fechei a janela por causa do vento.	I closed the window because of the wind.
É perigoso dirigir com vento forte.	It's dangerous to drive in strong wind.
Você não consegue ouvir nada com esse vento.	You can't hear anything with this wind.

877 – escuro / dark

Está escuro demais para brincar lá fora.	It's too dark to play outside.
Eu sinto muito medo no escuro.	I get very scared in the dark.
Ele brincou na rua até ficar escuro.	He played in the street until it was dark.
O céu ficou escuro antes da chuva.	The sky got dark before the rain.
Eu tenho medo do escuro desde criança.	I've been afraid of the dark since I was a child.
Tenho medo de andar sozinho no escuro.	I'm afraid of walking alone in the dark.
Ela tem cabelo escuro e olhos claros.	She has dark hair and light eyes.
Já está escuro lá fora, melhor voltar para asa.	It's already dark outside, better go back home.
O céu escuro da noite estava sem estrelas.	The dark night sky was starless.
Ele sempre usa roupas escuras.	He always wears dark clothes.

878 – especialmente / especially, particularly

Eu me sinto especialmente feliz hoje.	I feel especially happy today.
Ele gosta especialmente de jogar futebol.	He especially likes playing soccer.
Este presente é especialmente para você.	This gift is especially for you.
Ele é gentil, especialmente com os amigos.	He is kind, especially with his friends.
Eu adoro viajar, especialmente para a praia.	I love traveling, especially to the beach.
O filme foi ótimo, especialmente o final.	The movie was great, especially the ending.
Ela se arrumou especialmente para a festa.	She got ready especially for the party.
Ela se veste bem, especialmente para festas.	She dresses well, especially for parties.
Ela tem muitos amigos, especialmente na escola.	She has many friends, especially at school.
Ele preparou o jantar especialmente para mim.	He prepared dinner especially for me.

879 – série / series, grade

Estou lendo o segundo livro da série.	I'm reading the second book in the series.
Meu filho está na primeira série.	My son is in first grade.
Eu não li o último livro da série ainda.	I haven't read the last book in the series yet.
Esse livro faz parte de uma série?	Is this book part of a series?
A nova série de TV é realmente interessante.	The new TV series is really interesting.
Assistir a uma boa série me ajuda a relaxar.	Watching a good series helps me relax.
Essa nova série que estou assistindo é bem legal.	This new series I'm watching is really good.
Há muitas séries que valem a pena assistir.	There are many series that are worth watching.
Eu gosto muito de séries longas.	I really like long series.
Eu gosto de séries que me fazem pensar.	I like series that make me think.

880 – acalmar
Ela tentou acalmar o bebê.
Eu estava com raiva, mas tentei me acalmar.
Respire fundo para se acalmar.
Você precisa se acalmar antes de falar com ele.
O professor pediu para os alunos se acalmarem.
Falar com calma acalma as pessoas.
Ela se acalmou depois de alguns minutos.
Acalmem as crianças antes de dormir.
Ele sempre se acalma ouvindo música.
O mar se acalma ao pôr do sol.

to calm, calm down
She tried to calm the baby.
I was angry, but I tried to calm myself down.
Take a deep breath to calm down.
You need to calm down before talking to him.
The teacher asked the students to calm down.
Speaking calmly calms people down.
She calmed down after a few minutes.
Calm the children before bedtime.
He always calms down by listening to music.
The sea calms down at sunset.

881 – mercado
Ela trabalha no mercado perto da casa dela.
O outro mercado tem preços melhores.
Você viu as ofertas do mercado hoje?
Os preços no mercado estão subindo.
Encontrei meu vizinho no mercado.
Ela faz compras no mercado toda semana.
Preciso passar no mercado para comprar pão.
O mercado de trabalho está difícil hoje em dia.
Você vem ao mercado comigo?
Eu sempre faço uma lista antes de ir ao mercado.

market
She works at the market near her house.
The other market has better prices.
Did you see the market offers today?
Prices at the market are rising.
I ran into my neighbor at the market.
She shops at the market every week.
I need to stop by the market to buy bread.
The job market is tough these days.
Are you coming to the market with me?
I always make a list before going to the market.

882 – cadeira
Você tem espaço para mais uma cadeira?
Sente-se nesta cadeira, por favor.
Ele puxou a cadeira para mim.
O gato gosta de dormir na cadeira.
A cadeira está quebrada, preciso consertá-la.
A sala de aula tem cadeiras antigas.
As crianças gostam de subir nas cadeiras.
Ele comprou novas cadeiras para a cozinha.
Há apenas duas cadeiras à mesa.
Precisamos comprar mais cadeiras para a sala.

chair
Do you have room for another chair?
Please sit in this chair.
He pulled out the chair for me.
The cat likes to sleep on the chair.
The chair is broken, I need to fix it.
The classroom has old chairs.
The kids like to climb on the chairs.
He bought new chairs for the kitchen.
There are only two chairs at the table.
We need to buy more chairs for the living room.

883 – atingir
A bola atingiu minha cabeça.
A bola atingiu a janela e a janela quebrou.
Ele atingiu o ponto mais alto da montanha.
Você atingiu alguém com a bola?
Ele atingiu o último nível.
Ela atingiu o objetivo dela.
O time atingiu os pontos para chegar na final.
Não atingimos o nosso objetivo.
Fui atingido na cabeça.
Espero que você atinja todos os seus objetivos.

to hit, reach, achieve
The ball hit my head.
The ball hit the window and the window broke.
He reached the highest point of the mountain.
Did you hit anyone with the ball?
He reached the last level.
She reached her goal.
The team achieved the points to get in the final.
We haven't reached our goal.
I was hit on the head.
I hope you achieve all your goals.

884 – projeto
Vamos trabalhar juntos nesse projeto.
Vou entregar o projeto no final do mês.
Ele ficou triste com o corte do projeto.
Estou trabalhando em um novo projeto.
O projeto da escola foi um sucesso.
O projeto precisa ser apresentado ao cliente.
Este é o maior projeto da empresa este ano.
Quais são os projetos para o próximo ano?
Em quantos projetos você está trabalhando?
Ela está cheia de ideias para novos projetos.

project
Let's work together on this project.
I'll deliver the project at the end of the month.
He was sad that the project was cut.
I'm working on a new project.
The school project was a success.
The project needs to be presented to the client.
This is the company's biggest project this year.
What are the projects for next year?
How many projects are you working on?
She's full of ideas for new projects.

885 – acertar
Ela acertou todas as respostas.
Ele acertou bem no centro do alvo.
Ele finalmente acertou o relógio na hora certa.
Eu sempre acerto o caminho para casa.
Você acerta muitas questões na prova.
Ela acertou na escolha do vestido.
Você acha que vai acertar desta vez?
Nós acertamos tudo antes de viajar.
Nós acertamos todas as questões difíceis.
Eles acertarão os detalhes amanhã.

to get right, adjust, agree, settle
She got all the answers right.
He hit right in the center of the target.
He finally set the clock to the correct time.
I always get the way home right.
You get many questions correct on the test.
She made the right choice with the dress.
Do you think you'll get it right this time?
We settled everything before traveling.
We got all the difficult questions right.
They will sort out the details tomorrow.

886 – habilidade / skill, ability

Os times mostraram muita habilidade. — The teams showed a lot of skill.
Ela tem muita habilidade com as mãos. — She has great skill with her hands.
Ele tem muita habilidade em cozinhar. — He has a lot of skill in cooking.
Ele demonstrou grande habilidade ao tocar. — He showed great skill while playing music.
Aprender uma nova habilidade leva tempo. — Learning a new skill takes time.
Ele tem habilidade para ensinar crianças. — He has the ability to teach children.
Ele é um homem de grande habilidade. — He is a man of great ability.
Confio completamente nas suas habilidades. — I completely trust your abilities.
O herói tem habilidades especiais. — The hero has special abilities.
Suas habilidades de negócios são excelentes. — Your business skills are excellent.

887 – efeito / effect

A lei terá um efeito positivo. — The law will have a positive effect.
O café não faz mais efeito em mim. — Coffee doesn't have an effect on me anymore.
O efeito da nova lei será sentido em breve. — The effect of the new law will be felt soon.
Todo erro tem um efeito. — Every mistake has an effect.
Os efeitos da falta de sono podem ser sérios. — The effects of lack of sleep can be serious.
Ela está sentindo os efeitos da falta de sono. — She is feeling the effects of lack of sleep.
O remédio começou a fazer efeito após uma hora. — The medicine started to take effect after an hour.
Os efeitos especiais são excelentes. — The special effects are excellent.
Quais foram os efeitos dessa decisão? — What were the effects of that decision?
Esse filme tem ótimos efeitos especiais. — This movie has great special effects.

888 – favorito / favorite

Esse restaurante é o meu favorito na cidade. — This restaurant is my favorite in the city.
O time favorito dele perdeu o jogo ontem. — His favorite team lost the game yesterday.
Qual é o seu lugar favorito para viajar? — What is your favorite place to travel to?
Ele é o aluno favorito da professora. — He is the teacher's favorite student.
Esse é o meu parque favorito para correr. — This is my favorite park to run in.
Vermelho é minha cor favorita. — Red is my favorite color.
Ela é a favorita para ganhar. — She is the favorite to win.
Quais são seus livros favoritos? — What are your favorite books?
Salve esse número nos seus favoritos. — Save that number in your favorites.
Essa música é uma das minhas favoritas. — This song is one of my favorites.

889 – futebol / soccer/football

Meu filho adora jogar futebol.
My son loves playing soccer.

Vamos jogar futebol hoje.
Let's play soccer today.

O time de futebol da escola é muito bom.
The school soccer team is very good.

Você quer jogar futebol no fim de semana?
Do you want to play soccer on the weekend?

Meu pai adora assistir futebol na TV.
My father loves watching soccer on TV.

As crianças estão jogando futebol na rua.
The children are playing soccer in the street.

O meu time de futebol perdeu o jogo ontem.
My soccer team lost the game yesterday.

Eu não entendo muito de futebol.
I don't know much about soccer.

As meninas também jogam futebol na escola.
The girls also play soccer at school.

Estou cansado de jogar futebol na praia.
I'm tired from playing soccer on the beach.

890 – feio / ugly

Aquele prédio é muito feio.
That building is very ugly.

O tempo está feio hoje.
The weather is ugly today.

Ela disse que o vestido era feio.
She said the dress was ugly.

Eu estava muito feio na foto.
I looked really bad in the picture.

O corte de cabelo dele ficou muito feio.
His haircut turned out really ugly.

Foi feio da parte dele não se desculpar.
It was ugly of him not to apologize.

A situação ficou feia depois da discussão.
The situation got ugly after the argument.

Aquela roupa fica feia em você.
That outfit looks ugly on you.

Ela disse que todos os vestidos eram feios.
She said all the dresses were ugly.

Essas roupas são feias e velhas.
These clothes are ugly and old.

891 – gentil / gentle, kind, courteous, nice

Vale a pena ser gentil com as pessoas.
It pays to be kind to people.

Sempre valerá a pena ser gentil.
It's always worth being kind.

Ela tem uma natureza gentil.
She has a kind nature.

Foi gentil da sua parte me ajudar.
It was kind of you to help me.

Você poderia ser mais gentil com seus colegas?
Could you be kinder to your colleagues?

Tente ser gentil, mesmo quando for difícil.
Try to be kind, even when it's difficult.

Ela foi muito gentil comigo.
She was very kind to me.

As palavras gentis dela me fizeram sentir melhor.
Her kind words made me feel better.

Precisamos de mais pessoas gentis no mundo.
We need more kind people in the world.

Eles foram tão gentis com a gente.
They were so kind to us.

892 – pesquisa — research, survey

Fiz uma pesquisa rápida. — I did some quick research.
Essa pesquisa é para o trabalho da escola. — This research is for a school assignment.
Você pode me ajudar com a minha pesquisa? — Can you help me with my research?
Essa pesquisa vai ajudar muitas pessoas. — This research will help many people.
Comecei uma nova área de pesquisa. — I started a new area of research.
Você já respondeu à pesquisa do trabalho? — Have you already answered the work survey?
Estou fazendo uma pesquisa de mercado. — I'm doing market research.
Preciso de mais tempo para terminar a pesquisa. — I need more time to finish the research.
Eu não confio nestas pesquisas. — I don't trust these surveys.
Faremos nossas próprias pesquisas. — We'll do our own research.

893 – permissão — permission

Não toque em nada sem permissão. — Don't touch anything without permission.
Ele pediu permissão para usar o carro. — He asked for permission to use the car.
Ela entrou sem pedir permissão. — She entered without asking for permission.
Você deu permissão a ele para fazer isso? — Did you give him permission to do that?
Ela deu permissão para entrarmos. — She gave permission for us to enter.
Temos permissão para tirar fotos aqui? — Do we have permission to take photos here?
Não temos permissão para mudar o projeto. — We don't have permission to change the project.
Ela deu permissão para usar a foto dela. — She gave permission to use her photo.
Ele só pode viajar com a permissão dos pais. — He can only travel with his parents' permission.
Você tem permissão para sair mais cedo hoje? — Do you have permission to leave early today?

894 – distância — distance

Por favor, mantenha distância. — Please keep your distance.
O sol está a uma grande distância de nós. — The sun is a great distance from us.
Qual é a distância total da corrida? — What's the total distance of the race?
Vamos resolver isso à distância. — Let's solve this remotely.
A distância de casa até o trabalho é longa. — The distance from home to work is long.
As crianças mantêm distância de estranhos. — Kids keep a distance from strangers.
Viajei uma longa distância para ver você. — I traveled a long distance to see you.
Qual é a distância até a praia? — What is the distance to the beach?
Ele mantém distância dos problemas da família. — He keeps his distance from family problems.
De uma certa distância, eles parecem menores. — From a certain distance, they look smaller.

895 – floresta / forest

O homem estava perdido na floresta. — The man was lost in the forest.
Vamos proteger nossas florestas. — Let's protect our forests.
A floresta é cheia de árvores altas. — The forest is full of tall trees.
Eles encontraram um corpo na floresta. — They found a body in the forest.
Segui o animal até a floresta. — I followed the animal into the forest.
Muitos animais vivem na floresta. — Many animals live in the forest.
Temos uma casa perto da floresta. — We have a house near the forest.
O garoto desapareceu na floresta. — The boy disappeared into the forest.
Ele sobreviveu por dias perdido na floresta. — He survived for days lost in the forest.
O som dos pássaros na floresta é bonito. — The sound of birds in the forest is beautiful.

896 – discutir / to discuss, argue

Não vale a pena discutir por causa disso. — It's not worth arguing about it.
Nós nunca discutimos sobre dinheiro. — We never argued about money.
Eles discutiram sobre o final do projeto. — They argued about the end of the project.
Eu estava discutindo com minhas amigas ali. — I was arguing with my friends over there.
Podemos discutir isso depois? — Can we discuss it later?
Temos que discutir essa questão. — We have to discuss it.
Não há razão para discutir. — There's no reason to argue.
Ele odiava discutir com seus irmãos. — He hated arguing with his brothers.
Não discuta com o chefe. — Don't argue with the boss.
Nós discutimos isso ontem. — We discussed it yesterday.

897 – unidade / unit, unity

Eu comprei uma unidade de cada produto. — I bought one unit of each product.
Qual é o preço por unidade? — What's the price per unit?
Cada unidade custa dez reais. — Each unit costs ten reais.
Quem está no comando dessa unidade? — Who's in command of this unit?
A unidade de tempo usada aqui é o segundo. — The unit of time used here is the second.
A unidade da família é o que nos mantém fortes. — Family unity is what keeps us strong.
É importante manter a unidade da equipe. — It's important to maintain team unity.
Quantas unidades você precisa? — How many units do you need?
Quantas unidades vêm nesta caixa? — How many units come in this box?
Há dez unidades em cada caixa. — There are ten units in each box.

898 – chuva / rain

A chuva está chegando, vamos entrar.
Nessa época do ano, é chuva na certa.
Escute o som da chuva lá fora.
As chances de chuva hoje são altas.
Caiu uma chuva forte ontem à noite.
Eu não pude sair por causa da chuva forte.
Eu odeio andar na chuva.
O sol apareceu depois da chuva.
Ele relaxou ouvindo o som da chuva.
Os rios ficam perigosos durante as chuvas fortes.

The rain is coming, let's go inside.
At this time of year, rain is a sure thing.
Listen to the sound of the rain outside.
The chances of rain today are high.
There was heavy rain last night.
I couldn't go out because of the heavy rain.
I hate walking in the rain.
The sun came out after the rain.
He relaxed listening to the sound of the rain.
The rivers get dangerous during heavy rain.

899 – desafio / challange

Cada dia é um desafio.
Você aceitou o desafio?
Ela decidiu aceitar o novo desafio.
O desafio é terminar o trabalho até amanhã.
O maior desafio será terminar a tempo.
Você está pronto para o próximo desafio?
O desafio desta semana é beber mais água.
Aprender um nova língua é sempre um desafio.
Quais são os maiores desafios?
A vida nas ruas é dura e cheia de desafios.

Each day is a challenge.
Did you accept the challenge?
She decided to accept the new challenge.
The challenge is to finish the work by tomorrow.
The biggest challenge will be to finish on time.
Are you ready for the next challenge?
This week's challenge is to drink more water.
Learning a new language is always a challenge.
What are the biggest challenges?
Life on the streets is tough and full of challenges.

900 – barulho / noise

Que barulho é esse?
Ouvi um barulho estranho na noite passada.
Não consigo estudar com barulho.
Faça menos barulho, por favor.
O vizinho está fazendo muito barulho.
Ele fez barulho ao entrar em casa.
Nós moramos longe do barulho da cidade.
Meus filhos fazem muito barulho ao brincar.
Os barulhos da cidade nunca param.
Ele gosta de dormir com barulhos de fundo.

What's that noise?
I heard a strange noise last night.
I can't study with noise.
Make less noise, please.
The neighbor is making a lot of noise.
He made noise when entering the house.
We live far away from the noise of the city.
My children make a lot of noise while playing.
The noises of the city never stop.
He likes to sleep with background noises.

901 – carreira

Meu pai me ajudou a escolher minha carreira.
Desejo a ela muito sucesso na sua nova carreira.
A escolha de carreira dela foi interessante.
É normal querer mudar de carreira.
Esse foi um passo importante na minha carreira.
Ele me deu um conselho sobre carreira.
Ensinar é uma boa opção de carreira.
Ela fez carreira como médica.
Ela se lançou em uma nova carreira.
Só encontrei alguns casos em minha carreira.

career

My father helped me choose my career.
I wish her every success in her new career.
Her career choice was interesting.
It's normal to want to change careers.
That was an important step in my career.
He gave me career advice.
Teaching is a good career option.
She made a career as a doctor.
She has embarked on a new career.
I've only encountered a few cases in my career.

902 – famoso

Ela se tornou famosa após o filme.
Ele é famoso por suas piadas inteligentes.
O filme ficou famoso em pouco tempo.
Esse é o bolo famoso que a vovó faz?
Ele ficou famoso da noite para o dia.
O parque é famoso por suas belas flores.
Essa cidade é famosa por suas praias.
Ela quer ser famosa um dia.
Os lugares famosos são sempre cheios de gente.
Essas duas ruas famosas têm muitas lojas.

famous

She became famous after the movie.
He is famous for his clever jokes.
The movie became famous in a short time.
Is this the famous cake that grandma makes?
He became famous overnight.
The park is famous for its beautiful flowers.
This city is famous for its beaches.
She wants to be famous one day.
Famous places are always full of people.
These two famous streets have many shops.

903 – cinema

Adoro assistir filmes no cinema.
Ela é uma estrela de cinema.
Esse prédio antigo já foi um cinema.
Qual filme está passando no cinema?
Prefiro ver filmes de ação no cinema.
Eles se conheceram no cinema.
O cinema fica aberto até bem tarde.
Vou ao cinema pelo menos uma vez por mês.
Assistir a filmes no cinema é mais divertido.
Ela sempre se diverte quando vai ao cinema.

cinema, movie theater

I love watching movies at the cinema.
She's a movie star.
This old building was once a movie theater.
What movie is playing at the cinema?
I prefer watching action movies at the cinema.
They met at the cinema.
The cinema stays open until quite late.
I go to the movies at least once a month.
Watching movies at the cinema is more fun.
She always has fun when she goes to the movies.

904 – curto / short

O livro é curto e fácil de ler. — The book is short and easy to read.
O tempo de espera foi curto. — The waiting time was short.
Vou pegar o caminho mais curto. — I'll take the shortest route.
O cabelo dela é bem curto. — Her hair is quite short.
Meu cabelo ficou mais curto do que eu queria. — My hair ended up shorter than I wanted.
A vida é curta, não se esqueça de se divertir. — Life is short, don't forget to have fun.
A resposta dele foi fria e curta. — His answer was cold and short.
Eles moram a uma curta distância daqui. — They live a short distance from here.
Eu gosto de usar vestidos curtos na praia. — I like wearing short dresses at the beach.
Ela sempre dá respostas curtas e diretas. — She always gives short, direct answers.

905 – remédio / medication, medicine

Você tomou o seu remédio hoje? — Did you take your medicine today?
Esse remédio funcionou para você? — Did this medicine work for you?
O remédio funciona rápido. — The medicine works quickly.
Ele tomou um remédio para a dor. — He took a pain medication.
Tome o remédio três vezes ao dia. — Take the medicine three times a day.
Esse remédio começa a agir em uma hora. — This medicine starts to work within an hour.
Não gosto do gosto desse remédio. — I don't like the taste of this medicine.
Preciso tomar o remédio para dor de cabeça. — I need to take the medicine for my headache.
Tomo remédio para me ajudar a dormir. — I take medicine to help me sleep.
Devo tomar algum remédio para essa doença? — Should I take any medication for this illness?

906 – mapa / map

O mapa ajudou muito durante a viagem. — The map helped a lot during the trip.
Não consigo entender esse mapa. — I can't understand this map.
No mapa, o parque parece ser grande. — On the map, the park looks big.
Eles fizeram um mapa das ilhas. — They made a map of the islands.
Eu segui as direções do mapa. — I followed the directions on the map.
Você pode me mostrar no mapa onde estamos? — Can you show me on the map where we are?
O mapa mostra um ponto para cada cidade. — The map shows a point for each city.
O mapa estava cheio de detalhes. — The map was full of details.
Eles estavam estudando o mapa da floresta. — They were studying the map of the forest.
As paredes da sala de aula têm mapas. — The walls of the classroom have maps.

907 – táxi / taxi

Podemos pegar um táxi para lá?	Can we take a taxi there?
O serviço de táxi aqui é caro.	Taxi service here is expensive.
O táxi está esperando na frente do hotel.	The taxi is waiting in front of the hotel.
Quanto custa uma corrida de táxi?	How much does a taxi ride cost?
O táxi chegou em cinco minutos.	The taxi arrived in five minutes.
O táxi está preso no trânsito.	The taxi is stuck in traffic.
Preciso chamar um táxi para voltar para casa.	I need to call a taxi to go back home.
O táxi é verde e preto.	The taxi is green and black.
Nenhum dos táxis está parando para nós.	None of the taxis are stopping for us.
Os táxis são mais caros à noite.	Taxis are more expensive at night.

908 – aluno / student

Cada aluno fez sua própria pesquisa.	Each student did their own research.
Ele foi meu aluno durante algum tempo.	He was my student for a while.
Ele é um excelente aluno.	He's an excellent student.
O aluno fez uma pergunta interessante.	The student asked an interesting question.
O aluno esqueceu de fazer o dever de casa.	The student forgot to do the homework.
Os alunos saíram da sala depois da aula.	The students left the room after class.
Todos os alunos passaram no exame final.	All the students passed the final exam.
Os alunos são sérios nessa escola.	The students are serious at this school.
Quantos alunos há nesta escola?	How many students are there in this school?
Os alunos estudaram em grupos de dois.	The students studied in groups of two.

909 – envolver / to involve, get involved

O projeto envolve muitas pessoas.	The project involves many people.
O trabalho envolve lidar com muitas pessoas.	The job involves dealing with many people.
O caso envolve muitos detalhes importantes.	The case involves many important details.
Eu me envolvi com um cara muito mau.	I got involved with a very bad guy.
Não quero me envolver nessa discussão.	I don't want to get involved in this argument.
Não se envolva em problemas.	Don't get involved in trouble.
Ela se envolveu em uma discussão séria.	She got involved in a serious discussion.
Como você se envolveu nisso?	How did you get involved in this?
O acidente envolveu três carros.	The accident involved three cars.
Ele se envolveu com pessoas erradas.	He got involved with the wrong people.

910 – agradável — pleasant, nice

Foi uma surpresa tão agradável! — It was such a pleasant surprise!
O sol da manhã é muito agradável. — The morning sun is very pleasant.
Ela tem uma voz agradável. — She has a pleasant voice.
A conversa com ele foi bem agradável. — The conversation with him was quite pleasant.
O jantar foi agradável e divertido. — The dinner was pleasant and fun.
Que surpresa agradável encontrar você aqui! — What a pleasant surprise to find you here!
O jardim é um lugar agradável para relaxar. — The garden is a pleasant place to relax.
A festa foi uma ocasião agradável para todos. — The party was a pleasant occasion for everyone.
As férias foram muito agradáveis. — The vacation was very pleasant.
As visitas dos amigos são sempre agradáveis. — Friends' visits are always pleasant.

911 – voo — flight

Tenha um bom voo. — Have a good flight.
A que horas é o seu voo? — What time is your flight?
Meu voo sai às dez da manhã. — My flight leaves at ten in the morning.
Qual é o número do seu voo? — What's your flight number?
Ela passou o voo inteiro dormindo. — She spent the whole flight sleeping.
Não consigo dormir durante o voo. — I can't sleep during the flight.
Eu perdi meu voo para o Brasil. — I missed my flight to Brazil.
Comprei um voo de última hora. — I bought a last-minute flight.
Eles oferecem voos baratos para o Brasil. — They offer cheap flights to Brazil.
Houve um atraso em todos os voos de hoje. — There was a delay in all today's flights.

912 – página — page

Eu li apenas a primeira página. — I only read the first page.
Devo ter parado na página errada. — I must have stopped on the wrong page.
Vou começar uma nova página. — I'll start a new page.
Ela deixou uma marca numa página do livro. — She left a mark on a page of the book.
Esta é a última página do livro. — This is the last page of the book.
Você encontrará a resposta nessa página. — You'll find the answer on this page.
Abram os seus livros na página oito, por favor. — Open your books to page eight, please.
Estamos na página errada do livro. — We're on the wrong page of the book.
O livro tem quase mil páginas. — The book is almost a thousand pages long.
Ela leu mil páginas em uma semana. — She read a thousand pages in a week.

913 – parque | park

Vi você no parque ontem. — I saw you in the park yesterday.
O parque tem uma área para cachorros. — The park has an area for dogs.
Tem muita gente no parque hoje. — There are a lot of people in the park today.
O parque fica perto da minha casa. — The park is close to my house.
Tem um novo parque na cidade. — There's a new park in the city.
O parque é um ótimo lugar para relaxar. — The park is a great place to relax.
Eu corro no parque todas as manhãs. — I run in the park every morning.
O parque fecha às dez da noite. — The park closes at ten at night.
Eles se casaram no parque. — They got married in the park.
O parque tem uma vista incrível da cidade. — The park has an incredible view of the city.

914 – sorrir | to smile

Aquela pessoa sempre me faz sorrir. — That person always makes me smile.
Você já viu um bebê sorrir? — Have you ever seen a baby smile?
As memórias do passado me fazem sorrir. — Memories of the past make me smile.
Ela sorriu novamente ao ouvir a música. — She smiled again when she heard the song.
Ele ouviu a música e sorriu. — He heard the music and smiled.
Ela leu a mensagem e sorriu. — She read the message and smiled.
Ela sorriu pra mim, e eu sorri de volta. — She smiled at me, and I smiled back.
Ela sempre sorri quando me vê. — She always smiles when she sees me.
Amo quando você sorri. — I love it when you smile.
Deixe seus problemas para trás e sorria. — Leave your troubles behind you and smile.

915 – vizinho | neighbor

O dono deste cachorro é meu vizinho. — The owner of this dog is my neighbor.
O vizinho me ajudou a carregar as compras. — The neighbor helped me carry the groceries.
Meu vizinho é meio doido. — My neighbor is a bit crazy.
O vizinho de cima é muito tranquilo. — The neighbor above us is very quiet.
Nosso vizinho é médico e dá bons conselhos. — Our neighbor is a doctor and gives good advice.
Somos amigos de todos os nossos vizinhos. — We are friends with all our neighbors.
Os vizinhos fazem muito barulho à noite. — The neighbors make a lot of noise at night.
Não conheço bem os novos vizinhos. — I don't know the new neighbors well.
Os vizinhos devem pensar que somos loucos. — The neighbors must think we're crazy.
Podemos ouvir os vizinhos falando alto. — We can hear the neighbors talking loudly.

916 – escada / ladder, staircase, stairs

Você pode segurar a escada para mim? / Can you hold the ladder for me?
Eu vou segurar a escada para você subir. / I'll hold the ladder for you to climb up.
Cuidado para não cair da escada! / Be careful not to fall off the ladder!
Ele caiu da escada e quebrou o braço. / He fell from the ladder and broke his arm.
As crianças subiram a escada correndo. / The children ran up the stairs.
Ele deixou a mala no pé da escada. / He left his suitcase at the foot of the staircase.
A escada dos fundos leva ao jardim. / The back stairs lead to the garden.
A escada é feita de madeira antiga. / The staircase is made of old wood.
A criança desceu a escada com muito cuidado. / The child walked down the stairs very carefully.
Nossa, sua casa tem duas escadas? / Wow, your house has two staircases?

917 – atender / to serve, attend to, answer

Ela atende clientes o dia todo. / She serves customers all day.
O médico vai atender você agora. / The doctor will see you now.
O médico atendeu o paciente. / The doctor attended to the patient.
Ele nunca atende ao celular. / He never answers his cell phone.
Ela não atendeu minhas ligações. / She didn't answer my calls.
Alguém poderia por favor atender à porta? / Would someone please answer the door?
Ela atendeu ao celular durante a reunião. / She answered her cell phone during the meeting.
Você pode atender esse cliente, por favor? / Can you assist this customer, please?
Ele sempre atende seus clientes com um sorriso. / He always serves his customers with a smile.
Vou atender o pedido de ajuda dele. / I'll respond to his request for help.

918 – casaco / coat

Deixei meu casaco no táxi. / I left my coat in the taxi.
Aquele casaco é muito caro para mim. / That coat is too expensive for me.
Ele estava com frio, então colocou casaco. / He was cold, so he put on a coat.
Ele encontrou as chaves no casaco dele. / He found the keys in his coat.
Por que você está usando casaco? / Why are you wearing a coat?
Mamãe disse para eu levar um casaco. / Mom told me to take a coat.
O dia está frio, leve um casaco. / It's a cold day, take a coat.
Você devia ter trazido um casaco. / You should have brought a coat.
Ele esqueceu o casaco dele no cinema. / He forgot his coat at the movie theater.
O casaco novo dela é lindo. / Her new coat is beautiful.

919 – confiança / confidence, trust

Ela tem menos confiança nele agora.
Ele perdeu a confiança dos colegas.
Eu ganho mais confiança a cada dia.
Ela tem muita confiança em si mesma.
Tenha confiança em si mesmo.
Você fala com confiança sobre o assunto.
Ele quebrou a confiança que tínhamos nele.
A mentira destruiu a confiança.
Ele perdeu a confiança depois do erro.
Ganhei confiança para falar em público.

She has less confidence in him now.
He lost the trust of his colleagues.
I gain more confidence every day.
She has a lot of self-confidence.
Have confidence in yourself.
You speak confidently about the subject.
He broke the trust we had in him.
The lie destroyed trust.
He lost confidence after the mistake.
I gained confidence to speak in public.

920 – vestir / to wear, dress

Ele vestiu uma camisa vermelha.
Ele tem um modo próprio de se vestir.
Ele sempre veste preto.
Ela se veste bem.
Gosto do seu estilo de se vestir.
Preciso me vestir para a festa.
Você precisa se vestir rapidamente.
Vista-se rápido, estamos atrasados!
As pessoas vestem casacos quando está frio.
Ela estava vestida de vermelho.

He wore a red shirt.
He has his own way of dressing.
He always wears black.
She dresses well.
I like your style of dressing.
I need to get dressed for the party.
You need to dress quickly.
Get dressed quickly, we're late!
People wear coats when it's cold out.
She was dressed in red.

921 – estilo / style

Ele tem um estilo bem legal.
Cada um tem seu próprio estilo.
Esse estilo é bastante comum aqui.
Qual é o seu estilo de música favorito?
Eu gosto do estilo de música que você escuta.
Ela mudou o estilo de cabelo dela.
Ele escreve no mesmo estilo do professor dele.
Ele prefere um estilo de vida simples.
Ela dança vários estilos de dança.
Vários estilos de música foram tocados na festa.

He has a very cool style.
Everyone has their own style.
That style is quite common here.
What's your favorite style of music?
I like the style of music you listen to.
She changed her hairstyle.
He writes in the same style as his teacher.
He prefers a simple lifestyle.
She dances various dance styles.
Various styles of music were played at the party.

922 – saudade — feeling of missing someone/something

Estou com saudade de casa. — I'm homesick.
Estou com saudade de você! — I miss you!
Sinto saudades dos tempos de escola. — I miss the school days.
Tenho saudade de quando éramos crianças. — I miss when we were kids.
Sentimos muita saudade do Brasil. — We really miss Brazil.
Que saudade da comida da minha avó! — I miss my grandmother's food!
Essa comida me dá saudade da vovó. — This food makes me miss grandma.
A saudade faz parte da vida. — Longing is part of life.
A saudade às vezes dói, mas é bonita. — The longing sometimes hurts, but it's beautiful.
Viver longe da família traz muita saudade. — Living far from family brings a lot of longing.

923 – sujo — dirty

O chão da cozinha está sujo de comida. — The kitchen floor is dirty with food.
O banco de trás do carro está sujo. — The back seat of the car is dirty.
O cachorro voltou para casa todo sujo. — The dog came home all dirty.
Você realmente precisa limpar seu banheiro sujo. — You really need to clean your dirty bathroom.
A mesa está meio suja. — The table is a bit dirty.
Água suja pode causar doenças. — Dirty water can cause illness.
A casa ficou suja depois da festa. — The house got dirty after the party.
Não gosto de usar pratos sujos. — I don't like using dirty plates.
Minhas roupas estão sujas. — My clothes are dirty.
Ele está limpando as janelas sujas. — He is cleaning the dirty windows.

924 – unido — united, close

O time joga melhor quando está unido. — The team plays better when it is united.
Um país unido é mais forte. — A united country is stronger.
A família ficou unida após o acidente. — The family was united after the accident.
A equipe de trabalho é muito unida. — The work team is very united.
Somos uma família unida e forte. — We are a united and strong family.
Minha família é muito unida. — My family is very close.
É importante que os amigos fiquem unidos. — It's important for friends to stay united.
Sou dos Estados Unidos. — I'm from the United States.
Os colegas do escritório são bem unidos. — The colleagues in the office are very close.
Nossas irmãs são muito unidas. — Our sisters are very close.

925 – dono / owner

Quem é o dono deste carro? — Who is the owner of this car?
O cachorro está sempre junto do dono. — The dog is always near its owner.
Eu sou o dono dessa empresa. — I am the owner of this company.
O cachorro olha para o dono esperando comida. — The dog looks at its owner waiting for food.
O dono do celular perdido ligou para cá. — The owner of the lost cellphone called here.
A dona da loja está de férias. — The owner of the shop is on vacation.
O cachorro fugiu, mas a dona encontrou. — The dog ran away, but the owner found it.
A dona do apartamento não mora aqui. — The owner of the apartment doesn't live here.
Os donos do restaurante são irmãos. — The owners of the restaurant are siblings.
Conheci os donos do hotel durante a viagem. — I met the owners of the hotel during the trip.

926 – detalhe / detail

Esqueci um detalhe importante. — I forgot an important detail.
A atenção ao detalhe é muito importante. — Attention to detail is very important.
Me importo com cada detalhe do projeto. — I care about every detail of the project.
Preciso saber cada detalhe do plano. — I need to know every detail of the plan.
Não me lembro de nenhum detalhe daquela noite. — I don't remember any details from that night.
Não tenho detalhes, apenas ordens. — I have no details, only orders.
Ele sempre se preocupa com os detalhes. — He always worries about the details.
Explique isso com mais detalhes. — Explain it in more detail.
Ele explica os detalhes do contrato. — He explains the details of the contract.
É difícil lembrar todos os detalhes. — It's hard to remember all the details.

927 – firme / firm

O chão não está firme aqui. — The ground isn't firm here.
Sua decisão é firme? — Is your decision firm?
A voz dela era firme e clara. — Her voice was firm and clear.
Fale com voz firme. — Speak with a firm voice.
A criança já está firme ao andar. — The child is already steady when walking.
A resposta dela foi firme e direta. — Her response was firm and direct.
Ele respondeu com um "não" firme. — He responded with a firm "no".
É importante estar firme em suas decisões. — It's important to be firm in your decisions.
Mesmo cansado, ele continuou firme. — Even tired, he kept going strong.
Essa cadeira não parece firme. — That chair doesn't seem sturdy.

928 – vídeo / video

Eu assisti a um vídeo interessante ontem. / I watched an interesting video yesterday.
Você pode fazer uma chamada de vídeo? / Can you make a video call?
O vídeo está sem som. / The video has no sound.
Fiz esse vídeo com meu celular. / I made this video with my cell phone.
Você pode enviar o vídeo para mim? / Can you send the video to me?
Assista a este vídeo comigo. / Watch this video with me.
O vídeo ficou muito longo. / The video turned out too long.
Você gostou do vídeo que eu enviei? / Did you like the video I sent?
Eles assistem a muitos vídeos de música. / They watch a lot of music videos.
Ele aprendeu a cozinhar assistindo vídeos. / He learned to cook by watching videos.

929 – visitar / to visit

Você deveria ir visitar seu pai. / You should go visit your father.
Quando você vai me visitar? / When are you going to visit me?
A gente acabou de visitar você. / We just visited you.
Quando você me visitará novamente? / When will you visit me again?
Ela visita os avós dela toda semana. / She visits her grandparents every week.
Eu visitei meu amigo no hospital ontem. / I visited my friend in the hospital yesterday.
Ela vai visitar os pais dela em breve. / She's going to visit her parents soon.
Vamos visitar a cidade onde ele cresceu. / Let's visit the city where he grew up.
Você já visitou o Brasil antes? / Have you ever visited Brazil before?
Nós sempre visitamos a nossa família nas férias. / We always visit our family on holidays.

930 – academia / gym

Ela levanta pesos na academia. / She lifts weights at the gym.
Acordei cedo hoje para ir à academia. / I got up early today to go to the gym.
Minha academia abre cedo. / My gym opens early.
Ele machucou as costas na academia. / He hurt his back at the gym.
Vou à academia três vezes por semana. / I go to the gym three times a week.
Você costuma ir à academia? / Do you usually go to the gym?
Ele é meu parceiro de academia. / He's my gym partner.
Esqueci meu cartão da academia em casa. / I forgot my gym card at home.
A academia fica perto do meu trabalho. / The gym is close to my workplace.
Ela conheceu o namorado dela na academia. / She met her boyfriend at the gym.

931 – bolo — cake

A menina fez um bolo com a mãe dela. — The girl made a cake with her mother.
O bolo ficou perfeito para a festa. — The cake was perfect for the party.
Ela cortou o bolo ao meio. — She cut the cake in half.
Quero que o bolo seja maior. — I want the cake to be bigger.
Precisamos partir o bolo em pedaços. — We need to divide the cake into pieces.
Nós guardamos um pouco de bolo para você. — We saved some cake for you.
Você quer um pedaço de bolo? — Do you want a piece of cake?
Eu fiz um bolo ontem. — I made a cake yesterday.
Por que precisamos esconder o bolo? — Why do we need to hide the cake?
As crianças comeram todo o bolo. — The kids ate all the cake.

932 – fraco — weak

O sinal de celular aqui é muito fraco. — The cell phone signal here is very weak.
O café ficou fraco demais. — The coffee turned out too weak.
Ele tem um ponto fraco por doces. — He has a weak spot for sweets.
O time teve um primeiro tempo fraco. — The team had a weak first half.
Estou me sentindo um pouco fraco hoje. — I'm feeling a bit weak today.
A vovó está ficando mais fraca a cada dia. — Grandma is getting weaker by the day.
A luz no quarto é muito fraca. — The light in the room is very dim.
Ela se sentiu fraca após a corrida. — She felt weak after the run.
Cada equipe tem pontos fortes e fracos. — Each team has strengths and weaknesses.
As vendas estão fracas este mês. — Sales are weak this month.

933 – redor — around, surrounding

Há muitas árvores ao redor da casa. — There are many trees around the house.
Vamos dar uma volta ao redor do parque. — Let's take a walk around the park.
Há muitos restaurantes ao redor do hotel. — There are many restaurants around the hotel.
O cachorro correu ao redor da casa. — The dog ran around the house.
Ela colocou as cadeiras ao redor da mesa. — She placed the chairs around the table.
Há montanhas por todo o redor da cidade. — There are mountains all around the city.
As crianças estavam sentadas ao redor da mesa. — The children were sitting around the table.
Olhei ao redor e não vi ninguém. — I looked around and didn't see anyone.
Há muito trânsito ao redor do centro da cidade. — There's a lot of traffic around the city center.
As pessoas ao redor vieram ajudar. — People from around came to help.

934 – passear — to take a walk, stroll

Ela passeia com o cachorro todas as manhãs.	She walks the dog every morning.
Vamos passear na praia ao pôr do sol?	Shall we take a walk on the beach at sunset?
Meu avô gosta de passear pelo parque.	My grandfather likes to stroll around the park.
Vocês passeiam bastante no fim de semana?	Do you go out a lot on the weekend?
Eu gosto de passear nos finais de semana.	I like to go out on the weekends.
Vamos passear de carro pela cidade.	Let's go for a drive around the city.
Nós passeamos pelo centro da cidade.	We strolled through the center of the city.
Eles foram passear na praia.	They went for a walk on the beach.
Vem passear com a gente!	Come hang out with us!
Vocês estão passeando ou trabalhando?	Are you going out or working?

935 – beijar — to kiss

Eles se beijaram na festa.	They kissed at the party.
Eles se beijaram pela primeira vez no cinema.	They kissed for the first time at the movies.
Eu beijo meus filhos todos os dias.	I kiss my children every day.
Ela beijou a carta antes de enviá-la.	She kissed the letter before sending it.
Nós não costumamos beijar em público.	We don't usually kiss in public.
Ele me beijou de surpresa, eu não esperava.	He kissed me by surprise, I didn't expect it.
Eles se beijaram na frente de todo mundo.	They kissed in front of everyone.
Ele deu um beijo rápido nela antes de ir.	He gave her a quick kiss before leaving.
Ela sempre me beija quando chega em casa.	She always kisses me when she gets home.
Ela beijou seu marido antes de ir para o trabalho.	She kissed her husband before going to work.

936 – prato — dish, plate

Ele sempre escolhe o mesmo prato.	He always chooses the same dish.
Você precisa provar esse prato, é incrível!	You have to try this dish, it's amazing!
Ela sempre pede o mesmo prato, assim como eu.	She always orders the same dish, just like me.
Quem te ensinou a fazer este prato?	Who taught you to make this dish?
Eu quero aprender a cozinhar pratos diferentes.	I want to learn how to cook different dishes.
Os pratos que provamos eram excelentes.	The dishes we tried were excellent.
Eles comeram ambos os pratos.	They ate both dishes.
O restaurante oferece vários tipos de pratos.	The restaurant offers different types of dishes.
Coloque os pratos sobre a mesa, por favor.	Put the plates on the table, please.
Os pratos estão cheios de comida.	The plates are full of food.

937 – ultimamente
lately, recently

Você tem se sentido bem ultimamente? — Have you been feeling well lately?
Estou bebendo menos café ultimamente. — I've been drinking less coffee lately.
Temos tido muitas ideias ruins ultimamente. — We've had a lot of bad ideas lately.
A vida está dura ultimamente. — Life has been hard lately.
Ultimamente, tenho dormido muito mal. — Lately, I've been sleeping very poorly.
O time não tem jogado bem ultimamente. — The team hasn't been playing well lately.
Não tenho assistido muita TV ultimamente. — I haven't been watching much TV lately.
O trânsito está pior que nunca ultimamente. — Traffic has been worse than ever lately.
Eles não têm se falado ultimamente. — They haven't been talking to each other lately.
Os carros novos estão muito caros ultimamente. — New cars are too expensive lately.

938 – desligar
to disconnect, turn off

Você desligou tudo antes de sair? — Did you turn everything off before leaving?
Vou desligar, tenho que ir agora. — I'm going to hang up, I have to go now.
Vou desligar agora, está ficando tarde. — I'm going to hang up now, it's getting late.
Desligue o celular durante a reunião. — Turn off your cell phone during the meeting.
Desligue o carro, não vamos sair agora. — Turn off the car, we're not leaving now.
Preciso me desligar um pouco do trabalho. — I need to disconnect a bit from work.
Desligue a televisão se não estiver assistindo. — Turn off the television if you're not watching it.
Ele desligou o telefone e foi embora. — He hung up the phone and left.
Eu sempre desligo meu celular à noite. — I always turns off my cell phone at night.
Eu desliguei o som porque já estava tarde. — I turned off the music because it was late.

939 – pão
bread

Ela sempre compra pão pela manhã. — She always buys bread in the morning.
O homem não pode viver só de pão. — Man can't live on bread alone.
Estou saindo para comprar pão. — I'm going out to buy bread.
Ele partiu o pão com as mãos. — He broke the bread with his hands.
Ele comeu o resto do pão no café da manhã. — He ate the rest of the bread for breakfast.
O pão estava duro porque foi deixado de fora. — The bread was hard because it had been left out.
Gosto de comer pão quente. — I like to eat hot bread.
Vou à loja comprar pão. — I'm going to the store to buy bread.
O pão está duro. — The bread is hard.
Ele cortou o pão em pedaços. — He cut the bread into pieces.

940 – tarefa
A tarefa se tornou impossível.
Preciso terminar esta tarefa até amanhã.
Tenho uma longa lista de tarefas para hoje.
Qual é a próxima tarefa na lista?
As crianças estão fazendo a tarefa de casa.
A tarefa mais importante é entregar o relatório.
Ele terminou todas as tarefas da escola.
Estou cansado de tantas tarefas.
Tenho várias tarefas para fazer hoje.
Eu não gosto de deixar as tarefas para depois.

task, homework
The task has become impossible.
I need to finish this task by tomorrow.
I have a long to-do list for today.
What's the next task on the list?
The children are doing their homework.
The most important task is to deliver the report.
He finished all his school assignments.
I'm tired of so many tasks.
I have several tasks to do today.
I don't like to leave tasks for later.

941 – lavar
Ele lavou o copo antes de usar.
Eu lavo meu cabelo quase todos os dias.
Lavamos nossos cachorros sujos.
Ele lavou o rosto ao acordar.
Lavei a roupa e agora ela está limpa.
Eu vou lavar o carro porque está muito sujo.
Eu preciso lavar minhas roupas de academia.
Lave o rosto ao acordar.
Lave bem as mãos depois de usar o banheiro.
Ele lavou as mãos após brincar no parque.

To wash
He washed the glass before using it.
I wash my hair almost every day.
We wash our dirty dogs.
He washed his face when he woke up.
I washed the clothes and now they're clean.
I'm going to wash the car because it's very dirty.
I need to wash my gym clothes.
Wash your face when you wake up.
Wash your hands well after using the bathroom.
He washed his hands after playing in the park.

942 – sorriso
Um sorriso pode dizer mais do que palavras.
Ela respondeu com um sorriso.
Ela tem um sorriso maravilhoso.
Ele tinha um sorriso no rosto.
O bebê deu o primeiro sorriso hoje.
Ele tem um sorriso doce.
Que sorriso lindo você tem!
Um sorriso pode abrir muitas portas.
Ele sempre serve os convidados com um sorriso.
Seus filhos têm sorrisos lindos.

smile
A smile can say more than words.
She replied with a smile.
She has a wonderful smile.
He had a smile on his face.
The baby gave his first smile today.
He has a sweet smile.
What a beautiful smile you have!
A smile can open many doors.
He always serves his guests with a smile.
Your children have beautiful smiles.

943 – tranquilo

Fique tranquilo, vai dar tudo certo.
Oi, tudo tranquilo?
Deixa comigo, tranquilo.
Estou totalmente tranquilo com a decisão.
Foi um dia tranquilo no trabalho.
O hotel fica em uma área tranquila.
Ela mora em uma área tranquila da cidade.
O voo foi tranquilo.
A praia estava tranquila naquela manhã.
Ele é uma pessoa muito tranquila.

calm, quiet, tranquil

Stay calm, everything will be alright.
Hi, everything good?
Leave it to me, no worries.
I'm totally relaxed about the decision.
It was a quiet day at work.
The hotel is in a quiet area.
She lives in a quiet area of the city.
The flight was smooth.
The beach was quiet that morning.
He is a very calm person.

944 – documento

O documento importante está perdido.
Encontrei um pequeno erro no documento.
Recebi ordem para entregar estes documentos.
Ele colocou os documentos embaixo do livro.
Você trouxe o documento que pedi?
Ele esqueceu os documentos em casa.
Você já enviou os documentos para o banco?
Dê uma olhada nestes documentos, por favor.
Preciso de uma tradução deste documento.
Preciso desses documentos imediatamente.

document

The important document is lost.
I found a small error in the document.
I was ordered to hand over these documents.
He put the documents under the book.
Did you bring the document I asked for?
He forgot the documents at home.
Have you sent the documents to the bank yet?
Take a look at these documents, please.
I need a translation of this document.
I need these documents immediately.

945 – construir

Nós vamos construir isso juntos.
Eles construíram um barco pequeno.
Você construirá algo incrível, tenho certeza.
Pedra sobre pedra, ele construiu a casa.
A cidade está construindo um novo parque.
Precisamos construir uma equipe forte.
Vamos construir memórias juntos nesta viagem.
Você construiu seu próprio negócio?
Ele construiu uma carreira de sucesso.
Construíram uma nova escola.

to build, construct

We'll build it together.
They built a small boat.
You will build something amazing, I'm sure.
Stone by stone, he built the house.
The city is building a new park.
We need to build a strong team.
Let's build memories together on this trip.
Did you build your own business?
He built a successful career.
They built a new school.

946 – puro / pure

Este ouro é puro. / This gold is pure.
É bom sair para respirar ar puro. / It's good to go out and breathe the fresh air.
Essa ideia é pura loucura. / That idea is pure madness.
Pura loucura dirigir nesse tempo. / It's pure madness to drive in this weather.
Respire o ar puro da manhã. / Breathe in the fresh morning air.
O ar é mais puro nas montanhas. / The air is cleaner in the mountains.
A água desta fonte é pura. / The water from this fountain is pure.
Ela tem uma beleza pura e natural. / She has a pure and natural beauty.
Isso foi pura sorte! / That was pure luck!
Ele tem uma voz pura e forte. / He has a pure and strong voice.

947 – leite / milk

Eu tomo leite todas as manhãs. / I drink milk every morning.
Ele gosta de tomar leite quente. / He likes warm milk.
O dente de leite caiu. / His milk tooth fell out.
Preciso de pão e leite do mercado. / I need bread and milk from the market.
Vou ao mercado comprar leite. / I'm going to the market to buy milk.
O leite é um alimento para crianças. / Milk is a food for children.
Você gosta de leite com café? / Do you like milk with coffee?
O bebê toma apenas o leite da mãe. / The baby only drinks its mother's milk.
O médico diz que devo parar de beber leite. / The doctor says I should stop drinking milk.
Meu pai bebe um copo de leite todas as noites. / My father drinks a glass of milk every night.

948 – apoio / support, backing, endorsement

Eles não querem perder o apoio deles. / They don't want to lose their support.
Eu preciso do seu apoio neste projeto. / I need your support in this project.
Eu criei um grupo de apoio. / I've set up a support group.
Agradeça a seus pais pelo apoio. / Thank your parents for their support.
Ele merece nosso apoio. / He deserves our support.
Ela deu total apoio à minha decisão. / She gave full support to my decision.
Esta cadeira não tem apoio para os braços. / This chair doesn't have arm support.
Eles criaram um grupo de apoio. / They created a support group.
Ela conta com o apoio dos pais. / She relies on her parents' support.
O time de apoio está sempre pronto para ajudar. / The support team is always ready to help.

949 – contrato
contract, agreement

O contrato terminou mês passado.
The contract ended last month.

Você já leu o contrato inteiro?
Have you already read the entire contract?

Eles leram o contrato com atenção.
They read the contract carefully.

O senhor concorda com esse contrato?
Do you agree to this contract?

Eu preciso entender as condições do contrato.
I need to understand the contract conditions.

Você recebeu o contrato que enviei ontem?
Did you receive the contract I sent yesterday?

O contrato foi quebrado por uma das partes.
The contract was broken by one of the parties.

A empresa ofereceu um contrato de três meses.
The company offered a three-month contract.

O contrato será discutido em reunião.
The contract will be discussed in the meeting.

Fecharam um contrato com uma grande empresa.
They closed a contract with a big company.

950 – atrasar
to be late

O ônibus atrasou meia hora.
The bus was half an hour late.

Ela se atrasou porque perdeu as chaves.
She was late because she lost her keys.

O voo atrasou três horas.
The flight was delayed by three hours.

A chuva atrasou o jogo de futebol.
The rain delayed the soccer game.

Vou atrasar um pouco, você pode me esperar?
I'll be a bit late, can you wait for me?

Não posso me atrasar para a reunião.
I can't be late for the meeting.

Não podemos atrasar mais este projeto.
We can't delay this project any longer.

Eles sempre se atrasam para o jantar.
They're always late for dinner.

O projeto está atrasado em duas semanas.
The project is two weeks behind schedule.

Me atrasei porque perdi o ônibus.
I was late because I missed the bus.

951 – calor
heat

Estamos morrendo de calor.
We're dying of heat.

Estou com muito calor.
I'm very hot.

Que calor está fazendo hoje!
It's so hot today!

O calor me deixa sem energia.
The heat leaves me without energy.

Eu não consegui dormir por causa do calor.
I couldn't sleep because of the heat.

Eu gosto de usar roupas leves no calor.
I like to wear light clothes in the heat.

Eu prefiro o calor ao frio.
I prefer the heat to the cold.

O calor está normal para esta estação.
The heat is normal for this season.

Como você lida com o calor?
How do you cope with the heat?

Não sei se vou sobreviver a esse calor.
I don't know if I'll survive this heat.

952 – oferta / offer, deal, bid

Agradeço a oferta, mas não posso aceitar. — I appreciate the offer, but I can't accept it.
Você aceitará a oferta de emprego? — Will you accept the job offer?
Você precisa decidir logo sobre a oferta. — You need to decide on the offer soon.
Não posso aceitar sua oferta neste momento. — I can't accept your offer at this time.
Eles fizeram uma oferta pela casa. — They made a bid on the house.
A oferta deles foi maior que a nossa. — Their bid was higher than ours.
A oferta de emprego veio no momento certo. — The job offer came at the right time.
Ela procura a melhor oferta antes de comprar. — She looks for the best deal before she buys.
Há ofertas especiais apenas nesta semana. — There are special deals this week only.
As duas ofertas são iguais. — The two offers are the same.

953 – consertar / to fix, repair

Ainda é possível consertar isso. — It's still possible to fix it.
Ele sabe consertar quase qualquer coisa. — He knows how to fix almost anything.
Precisamos mandar consertar o carro. — We need to have the car fixed.
Papai consertou o carro. — Dad fixed the car.
Vou pedir ao meu marido para consertar isso. — I'll ask my husband to fix it.
Eles consertaram nosso carro rapidamente. — They fixed our car quickly.
Não tente consertar o que não está quebrado. — Don't try to fix what isn't broken.
Quanto custa para consertar o meu celular? — How much does it cost to fix my cell phone?
O anel quebrou e precisei mandar consertar. — The ring broke and I had to have it repaired.
Vou tentar consertar o computador eu mesmo. — I'll try to fix the computer myself.

954 – copo / cup, glass

O copo está metade cheio ou metade vazio? — Is the glass half full or half empty?
Ela está segurando um copo de água. — She's holding a glass of water.
Tem um copo limpo para eu usar? — Is there a clean glass for me to use?
Por favor, me traga um copo de água. — Please bring me a glass of water.
O copo caiu no chão e quebrou. — The glass fell on the floor and broke.
Lave os copos antes de guardá-los. — Wash the glasses before putting them away.
Ele bebeu um copo de leite antes de dormir. — He drank a glass of milk before going to bed.
O copo de vinho é diferente do copo de água. — The wine glass is different from the water glass.
Apenas deixe o seu copo sobre a mesa. — Just leave your glass on the table.
Bebi dois copos de água depois da corrida. — I drank two glasses of water after the run.

955 – pressa / hurry, rush, haste

Ele saiu com pressa e esqueceu as chaves.
He left in a hurry and forgot his keys.
Por que você está com tanta pressa?
Why are you in such a hurry?
Não estou com pressa nenhuma.
I'm not in any hurry at all.
A pressa causa erros.
Haste causes mistakes.
Não vejo motivos para tanta pressa.
I see no reason to rush.
Fiz o trabalho com pressa e cometi erros.
I did the work in a hurry and made mistakes.
Não há pressa, podemos fazer isso amanhã.
There's no rush, we can do this tomorrow.
Vá devagar, não há pressa.
Go slowly, there's no rush.
Ele terminou o trabalho às pressas.
He finished the work in a rush.
A decisão foi tomada às pressas.
The decision was made in a hurry.

956 – melhorar / to get better, improve

Seja paciente, as coisas vão melhorar.
Be patient, things will get better.
Precisamos melhorar nosso serviço.
We need to improve our service.
Um sorriso é o suficiente para melhorar tudo.
A smile is enough to improve everything.
Preciso melhorar a imagem do meu negócio.
I need to improve the image of my business.
Tenho esperança de que tudo vai melhorar.
I hope everything will get better.
Eu quero melhorar meu português.
I want to improve my Portuguese.
Ele melhorou bastante desde a última vez.
He improved a lot since last time.
Espero que você melhore logo.
I hope you get better soon.
Ela melhorou depois de tomar o remédio.
She got better after taking the medicine.
Nós estamos melhorando nossa casa aos poucos.
We are improving our house little by little.

957 – prestar / to be of use, give

Preste atenção na aula.
Pay attention in class.
Você não prestou atenção ao que eu disse.
You didn't pay attention to what I said.
Você precisa prestar atenção aqui.
You need to pay attention here.
É importante prestar atenção nos detalhes.
It's important to pay attention to the details.
Preste atenção no que estou falando!
Pay attention to what I'm saying!
Preste atenção no caminho para não se perder.
Pay attention to the route so you don't get lost.
Esses sapatos não prestam para caminhar muito.
These shoes aren't suitable for walking a lot.
Esse computador não presta mais.
This computer is no good anymore.
Essa empresa presta um bom serviço.
That company provides good service.
Você nos prestou um grande favor.
You've done us a great favor.

958 – durar / to last

A reunião durou três horas. — The meeting lasted three hours.
O filme é curto, dura apenas uma hora. — The movie is short, only an hour long.
Este celular durou dois anos. — This cellphone lasted two years.
A amizade deles durou a vida toda. — Their friendship lasted a lifetime.
Quanto tempo vai durar? — How long will it last?
Este sapato vai durar muito tempo. — These shoes will last a long time.
As férias duraram duas semanas. — The vacation lasted two weeks.
A festa durou até de manhã. — The party lasted until morning.
Nosso amor vai durar para sempre. — Our love will last forever.
A reunião está durando mais do que o esperado. — The meeting is lasting longer than expected.

959 – cem / one hundred (100)

As notas de cem reais são azuis. — The hundred real notes are blue.
A igreja tem mais de cem anos de idade. — The church is over a hundred years old.
Este jogo tem cem níveis diferentes. — This game has a hundred different levels.
O preço máximo que eu posso pagar é cem reais. — The maximum price I can pay is 100 reais.
Temos cem alunos na escola. — We have one hundred students in the school.
Esse relógio custa cem reais. — This watch costs one hundred reais.
Este prédio tem mais de cem anos. — This building is over one hundred years old.
Minha avó viveu até cem anos. — My grandmother lived to be 100 years old.
Este carro é cem vezes melhor que o antigo. — This car is 100 times better than the old one.
Ele tirou cem na prova de história. — He scored 100 on the history test.

960 – madeira / wood

O barco é feito de madeira. — The boat is made of wood.
As cadeiras da cozinha são de madeira. — The kitchen chairs are made of wood.
Ele construiu uma casa de madeira. — He built a wooden house.
Essa madeira é realmente linda. — This is some really beautiful wood.
Bata na madeira! — Knock on wood!
Essa ponte antiga é feita de madeira. — That old bridge is made of wood.
O banco de madeira está no jardim. — The wooden bench is in the garden.
Por que a madeira é tão cara hoje em dia? — Why is wood so expensive these days?
Quanto custa essa cadeira de madeira? — How much does this wooden chair cost?
Meu pai trabalha com madeira em seu emprego. — My father works with wood for his job.

961 – esquina — corner

Eles vendem flores na esquina da rua. — They sell flowers on the corner of the street.
O banco fica na esquina da rua principal. — The bank is on the corner of the main street.
Comprei isso na loja da esquina. — I bought this in the corner store.
O ponto de ônibus fica na esquina. — The bus stop is on the corner.
Moro no prédio azul da esquina. — I live in the blue building on the corner.
O ponto de táxi fica na esquina. — The taxi stand is on the corner.
Eles moram na casa da esquina. — They live in the house on the corner.
Vire à direita na próxima esquina. — Turn right at the next corner.
Eu te encontro na esquina às dez horas. — I'll meet you at the corner at 10 o'clock.
O táxi me deixou na esquina. — The taxi dropped me off at the corner.

962 – barato — cheap

Comprei um celular barato. — I bought a cheap cell phone.
Viajar de ônibus é mais barato que de avião. — Traveling by bus is cheaper than by plane.
Encontrei um presente bonito e barato. — I found a nice cheap gift.
O hotel onde ficamos era bem barato. — The hotel where we stayed was very cheap.
Parece barato, mas na verdade é caro. — It looks cheap, but it's actually expensive.
Esta marca de café é boa e barata. — This coffee brand is good and cheap.
Essa camisa foi tão barata que comprei duas. — This shirt was so cheap that I bought two.
Ele prefere comprar produtos mais baratos. — He prefers to buy cheaper products.
Eu sempre procuro opções mais baratas. — I always look for cheaper options.
Achei uma loja que vende roupas baratas. — I found a store that sells cheap clothes.

963 – discussão — discussion, argument

A discussão durou duas horas. — The discussion lasted two hours.
Eu não quero entrar nessa discussão. — I don't want to get into this discussion.
A discussão está aberta a todos. — The discussion is open to everyone.
Não quero causar uma discussão. — I don't want to cause an argument.
Não vale a pena ter essa discussão agora. — It's not worth having this discussion now.
Vamos abrir a discussão para perguntas. — Let's open the discussion for questions.
Você protegeu seu amigo na discussão? — Did you protect your friend in the argument?
Vamos ter uma discussão sobre isso amanhã. — Let's have a discussion about this tomorrow.
Já tivemos muitas discussões sobre isso. — We've had many discussions about this.
A discussão na sala de aula foi interessante. — The discussion in the classroom was interesting.

964 – alcançar — to achieve, reach

Esses objetivos são impossíveis de alcançar. — These goals are impossible to achieve.
Você pode me ajudar a alcançar aquela caixa? — Can you help me reach that box?
Trabalhamos duro para alcançar o sucesso. — We worked hard to achieve success.
Você consegue alcançar aquele livro? — Can you reach that book?
Trabalhamos muito para alcançar esse resultado. — We worked hard to achieve this result.
Ele correu mas não alcançou o ônibus. — He ran but didn't catch up to the bus.
Ela alcançou o primeiro lugar. — She achieved first place.
O time alcançou a final. — The team reached the final.
Finalmente, alcançamos nossos objetivos. — Finally, we achieved our goals.
Continue e eu te alcançarei. — Keep going and I'll catch up with you.

965 – rapidamente — quickly

Ela comeu rapidamente antes de sair. — She ate quickly before leaving.
A raiva dele passou rapidamente. — His anger passed quickly.
A situação mudou rapidamente. — The situation changed quickly.
Ele respondeu à pergunta rapidamente. — He answered the question quickly.
O carro passou rapidamente pela rua. — The car passed quickly down the street.
Ele desceu do carro rapidamente. — He got out of the car quickly.
O fato é que precisamos agir rapidamente. — The fact is that we need to act quickly.
O negócio cresceu rapidamente. — The business grew quickly.
Ele correu rapidamente para pegar o ônibus. — He ran quickly to catch the bus.
Ela decidiu rapidamente o que queria fazer. — She quickly decided what she wanted to do.

966 – compartilhar — to share

Nós compartilhamos valores comuns. — We share common values.
Ela compartilhou as ideias dela com o grupo. — She shared her ideas with the group.
Ela compartilhou a notícia com os amigos. — She shared the news with her friends.
Você já compartilhou essa foto comigo? — Did you already share that photo with me?
Eles compartilharam o quarto no hotel. — They shared the room at the hotel.
Eles compartilharam momentos felizes juntos. — They shared happy moments together.
Vou compartilhar essa foto com minha família. — I'm going to share this photo with my family.
Você pode compartilhar o arquivo comigo? — Can you share the file with me?
Os irmãos compartilham o quarto. — The siblings share the bedroom.
Ela sempre compartilha sua opinião nas reuniões. — She always shares her opinion at meetings.

967 – ansioso — anxious, eager, excited

Ele come quando está ansioso. — He eats when he's anxious.
Estou ansioso para te ver de novo. — I'm eager to see you again.
Fiquei ansioso durante todo o voo. — I was anxious throughout the entire flight.
Estou ansioso por minhas férias. — I'm looking forward to my vacation.
Ele está ansioso para viajar de férias. — He's eager to go on vacation.
Ela ficou ansiosa antes da prova. — She got anxious before the test.
Ele é uma pessoa muito ansiosa. — He is a very anxious person.
Ela está ansiosa para começar o novo emprego. — She's eager to start her new job.
Estamos ansiosos para conhecer o bebê. — We're eager to meet the baby.
As crianças estão ansiosas para o fim de semana. — The kids are eager for the weekend.

968 – amizade — friendship

A beleza da amizade está na confiança. — The beauty of friendship lies in trust.
Nós construímos uma forte amizade. — We build a strong friendship.
A amizade entre eles cresceu com o tempo. — The friendship between them grew over time.
Vamos manter nossa amizade para sempre. — Let's keep our friendship forever.
Nossa amizade só cresce. — Our friendship only grows.
Quero sua amizade, não seu dinheiro. — I want your friendship, not your money.
Eu prefiro amizade a dinheiro. — I prefer friendship to money.
A amizade deles começou na escola. — Their friendship started at school.
Ela fez novas amizades na escola. — She made new friendships at school.
As belas amizades duram para sempre. — Beautiful friendships last forever.

969 – partida — game, match, departure

A partida de um amigo pode ser muito difícil. — The departure of a friend can be very hard.
O navio está pronto para a partida. — The ship is ready for departure.
A partida do avião está atrasada. — The plane's departure is delayed.
A hora da partida está chegando. — The time of departure is approaching.
A partida dele foi muito triste. — His departure was very sad.
Na hora da partida, todos choraram. — At the time of departure, everyone cried.
Vamos jogar mais uma partida de cartas? — Shall we play another round of cards?
Perdi a primeira partida, mas ganhei a segunda. — I lost the first round, but I won the second.
A partida deles foi triste para todos nós. — Their departure was sad for all of us.
Quantas partidas você já jogou hoje? — How many games have you played today?

970 – quadro — picture, painting, board

Preciso de um quadro branco para a reunião. — I need a whiteboard for the meeting.
Há um quadro bonito na parede. — There's a beautiful painting on the wall.
O quadro caiu da parede. — The picture has fallen off the wall.
Esse quadro tem muito valor. — That picture is very valuable.
O professor escreveu no quadro. — The teacher wrote on the board.
Você pode limpar o quadro, por favor? — Can you clean the board, please?
A sala de aula tem um quadro branco. — The classroom has a whiteboard.
Esses quadros são da minha avó. — These paintings are from my grandmother.
Ela tem vários quadros em casa. — She has several paintings at home.
Os quadros na parede dão vida à sala. — The pictures on the wall give life to the room.

971 – lição — lesson

Aquilo serviu de lição para mim. — That served as a lesson for me.
Essa é uma lição de vida que nunca esquecerei. — This is a life lesson I will never forget.
Que lição você aprendeu com isso? — What lesson did you learn from that?
Os pais decidiram dar uma lição no filho. — The parents decided to give their son a lesson.
A lição de casa deve ser entregue amanhã. — The homework should be handed in tomorrow.
Não entendi a lição de história. — I didn't understand the history lesson.
Ela aprendeu a lição da maneira mais difícil. — She learned the lesson the hard way.
As lições do passado nos ajudam muito. — The lessons from the past help us a lot.
A vida nos ensina muitas lições. — Life teaches us many lessons.
Aprendi muitas lições com meus erros. — I learned many lessons from my mistakes.

972 – emoção — emotion

Quanta emoção neste filme! — So much emotion in this movie!
Ela chorou de emoção no casamento. — She cried with emotion at the wedding.
Ele cantou com muita emoção. — He sang with a lot of emotion.
Sinto uma emoção diferente hoje. — I feel a different emotion today.
Às vezes, não consigo controlar minhas emoções. — Sometimes I can't control my emotions.
É difícil controlar certas emoções. — It's difficult to control certain emotions.
Ela esconde bem as emoções dela. — She hides her emotions well.
As emoções tomaram conta dela. — Emotions took over her.
Precisamos falar sobre nossas emoções. — We need to talk about our emotions.
Estou aprendendo a lidar com minhas emoções. — I'm learning to deal with my emotions.

973 – útil — useful

Será útil guardar isso. — It will be useful to keep this.
Isso pode ser útil no futuro. — It might be useful in the future.
Não sinto que estou sendo útil. — I don't feel like I'm being useful.
Espero ter sido útil. — I hope I've been useful.
O português é útil se você vive no Brasil. — Portuguese is useful if you live in Brazil.
Ele tenta ser o mais útil possível no trabalho. — He tries to be as helpful as possible at work.
Este espaço não está sendo usado de forma útil. — This space is not being used in a useful way.
Os exemplos que você deu foram muito úteis. — The examples you gave were very useful.
Essas informações serão úteis para o relatório. — This information will be useful for the report.
Esses livros são úteis para estudar para a prova. — These books are useful for studying for the test.

974 – camisa — shirt

Esta camisa está suja. — This shirt is dirty.
Você esqueceu sua camisa na minha casa. — You forgot your shirt at my house.
Esta camisa fica perfeita em você. — This shirt looks perfect on you.
Ele estava usando uma camisa preta. — He was wearing a black shirt.
Essa camisa é de uma marca famosa. — This shirt is from a famous brand.
Troquei minha camisa com meu amigo. — I swapped my shirt with my friend.
A camisa do time está cara. — The team jersey is expensive.
Qual camisa devo usar? — Which shirt should I wear?
Vou levar umas camisas para a viagem. — I'm taking some shirts for the trip.
Ele usou uma de minhas camisas ontem. — He wore one of my shirts yesterday.

975 – jardim — garden

Meus avós adoram o jardim deles. — My grandparents love their garden.
O jardim precisa de água. — The garden needs water.
Você cuida bem do seu jardim. — You take good care of your garden.
A casa tem um jardim no fundo. — The house has a garden at the back.
Os pássaros visitam o jardim. — Birds visit the garden.
Gostaria que esse gato saísse de meu jardim. — I wish that cat would get out of my garden.
As flores estão crescendo bem no jardim. — The flowers are growing well in the garden.
A igreja tem um lindo jardim. — The church has a beautiful garden.
O jardim tem um caminho de pedras. — The garden has a stone path.
Há muitos jardins bonitos na cidade. — There are many beautiful gardens in the city.

976 – carregar

O papai pode me carregar pelas escadas.
Você não deve carregar a culpa sozinho.
Preciso de ajuda para carregar isso.
Preciso de uma bolsa para carregar meus livros.
Ela sempre carrega uma bolsa pequena.
A mala está leve, posso carregar sozinho.
Ele carregava a filha nas costas.
Ele carregou os sacos até o carro.
Eles carregaram o corpo para fora.
Eu preciso carregar meu celular.

to carry, charge

Dad can carry me up the stairs.
You shouldn't carry the guilt alone.
I need help carrying this.
I need a bag to carry my books.
She always carries a small bag.
The suitcase is light, I can carry it myself.
He carried his daughter on his back.
He carried the bags to the car.
They carried the body out.
I need to charge my phone.

977 – trânsito

A professora ficou presa no trânsito.
As leis de trânsito mudaram.
As leis de trânsito salvam vidas.
Ele fez uma piada sobre o trânsito.
Eu não consegui escapar do trânsito.
Esse trânsito está uma loucura!
O trânsito no centro da cidade está terrível.
Ele ficou preso no trânsito por uma hora.
É comum ver trânsito nessa hora do dia.
Você conhece as leis de trânsito?

traffic

The teacher was delayed in traffic.
Traffic laws have changed.
Traffic laws save lives.
He made a joke about traffic.
I couldn't escape the traffic.
This traffic is crazy!
The traffic in the city center is terrible.
He was stuck in traffic for an hour.
It's common to see traffic at this time of day.
Do you know the traffic laws?

978 – pesado

Não consigo levantar, é pesado demais.
Evite sair agora, o trânsito está pesado.
Não como comida pesada à noite.
O jantar foi muito pesado para ir dormir.
Essa mala está muito pesada.
Essa caixa é muito pesada para levantar.
A bolsa está pesada demais.
Ela usa um casaco pesado quando está frio.
Esse filme tem uns momentos bem pesados.
As malas estão pesadas, precisamos de ajuda.

heavy

I can't lift it, it's too heavy.
Avoid going out now, the traffic is heavy.
I don't eat heavy food at night.
Dinner was too heavy to go to sleep.
This suitcase is very heavy.
That box is too heavy to lift.
The bag is too heavy.
She wears a heavy coat when it's cold.
This movie has some really heavy moments.
The suitcases are heavy, we need help.

979 – valor

Esse anel tem muito valor para mim.
O valor da conta não está certo.
Seu trabalho tem grande valor para a empresa.
Sempre dou valor ao tempo em família.
Isso não tem valor nenhum.
Os pais devem ensinar valores aos filhos.
Nós devemos proteger nossos valores.
Minha família tem valores fortes.
Aquele jogador tem muito valor no time.
Os valores da empresa são bem claros.

value, amount, worth

This ring has a lot of value to me.
The amount of the bill isn't right.
Your work is of great value to the company.
I always value family time.
This has no value at all.
Parents must teach their children values.
We must protect our values.
My family has strong values.
That player has a lot of value on the team.
The company's values are very clear.

980 – peso

Preciso caminhar mais para perder peso.
A opinião dele tem muito peso.
Ela teve sucesso em perder peso.
Ele atingiu seu objetivo de perder peso.
A parede é muito fraca para segurar o peso.
O peso do bebê está normal.
O peso da mala está no limite.
Você ainda está tentando perder peso?
Esse peso é muito leve para mim.
Eu preciso levantar mais peso na academia.

weight

I need to walk more to lose weight.
His opinion carries a lot of weight.
She succeeded in losing weight.
He achieved his goal of losing weight.
The wall is too weak to hold the weight.
The baby's weight is normal.
The suitcase weight is at the limit.
Are you still trying to lose weight?
This weight is too light for me.
I need to lift more weight at the gym.

981 – interior

Estou indo em busca de paz interior.
O interior da casa está limpo.
Ela mora no interior de Brasília.
O interior do carro é preto.
Ele finalmente encontrou a paz interior.
No meu interior, eu sabia que era verdade.
A gente se mudou da cidade para o interior.
A vida no interior é mais calma.
O interior da mala estava cheio de roupas.
O interior da terra é quente.

inner, interior, countryside

I'm going in search of inner peace.
The inside of the house is clean.
She lives in the countryside of Brasília.
The interior of the car is black.
He finally found inner peace.
Deep inside, I knew it was true.
We moved from the city to the countryside.
Life in the countryside is calmer.
The inside of the suitcase was full of clothes.
The earth's interior is hot.

982 – casal / couple

Vocês são um lindo casal. — You guys are a beautiful couple.
O casal mora junto há cinco anos. — The couple has lived together for five years.
O casal é perfeito um para o outro. — The couple is perfect for each other.
Eles formam um casal perfeito, sempre juntos. — They are a perfect couple, always together.
Aquele casal acabou de se casar. — That couple just got married.
Aquele casal tem três filhos. — That couple has three children.
O casal estava passeando à luz da lua. — The couple were walking in the moonlight.
O casal se beijou ao pôr do sol. — The couple kissed at sunset.
Eles estão casados e felizes há dez anos. — They've been happily married for ten years.
O restaurante é perfeito para casais. — The restaurant is perfect for couples.

983 – produto / product

Quando o produto será entregue? — When will the product be delivered?
O preço desse produto está baixo. — The price of this product is low.
Este produto é mais caro do que aquele. — This product is more expensive than that one.
A imagem do produto vendeu bem a ideia. — The product's image sold the idea well.
Este produto faz sucesso no mercado. — This product is successful on the market.
Qual é o preço desse produto? — What's the price of this product?
Você gostou do produto que comprou? — Did you like the product you bought?
O produto final foi entregue a tempo. — The final product was delivered on time.
Ela sempre compra produtos de marca. — She always buys brand name products.
Ele gasta muito com produtos de beleza. — He spends a lot on beauty products.

984 – vencer / to win, beat, overcome

Não consigo vencer estes caras sozinho. — I can't beat these guys on my own.
Ele trabalha com fome de vencer. — He works with a hunger to win.
Se eu lutasse mais, teria vencido. — If I had fought harder, I would have won.
Não sei como venceremos essa equipe. — I don't how we'll beat this team.
Ela venceu o medo de dirigir. — She overcame her fear of driving.
Ele venceu seu pior inimigo: ele mesmo. — He beat his worst enemy: himself.
Quem venceu a corrida? — Who won the race?
Nossa equipe venceu o jogo? — Did our team win the game?
Vencemos três equipes. — We beat three teams.
Nesse jogo, o papel vence a pedra. — In this game, paper beats rock.

985 – objetivo

Temos um objetivo comum.
Meu objetivo este ano é aprender português.
Qual é o objetivo desta reunião?
Ela tem um objetivo muito claro na vida.
Ela está chegando perto do objetivo dela.
Nosso objetivo é chegar até as cinco horas.
Qual é o seu objetivo de carreira?
O objetivo dele é abrir o próprio negócio.
Tente ser mais objetivo em sua resposta.
Eu expliquei meus objetivos para a equipe.

goal, purpose; objective

We have a common goal.
My goal this year is to learn Portuguese.
What is the purpose of this meeting?
She has a very clear goal in life.
She's getting close to her goal.
Our goal is to arrive by five o'clock.
What is your career goal?
His goal is to start his own business.
Try to be more objective in your answer.
I explained my goals to the team.

986 – partido

O prato caiu e ficou partido ao meio.
Ele é um bom partido.
Quem é o líder do partido?
Ela mudou de partido no ano passado.
Qual partido está no poder no momento?
O partido perdeu apoio nos últimos anos.
Prefiro não tomar partido nessa situação.
Os partidos estão discutindo mudanças na lei.
Ele sempre toma partido nas discussões.
Não tome partido sem conhecer os dois lados.

broken; match, party (political)

The plate fell and broke in half.
He is a good match.
Who is the party's leader?
She changed parties last year.
Which party is in power at the moment?
The party has lost support in recent years.
I prefer not to take sides in this situation.
The parties are discussing changes to the law.
He always takes sides in arguments.
Don't take sides without knowing both sides.

987 – combinar

A gente se encontra lá às nove. Combinado?
Combinado! Estarei lá.
Os dois combinaram de estudar juntos.
Combinei uma reunião para você com o chefe.
Ele fez o contrário do que combinamos.
Combinamos de nos encontrar aqui às três horas.
Já combinamos o preço.
A mesa combina com as cadeiras.
Os sapatos não combinam com o vestido.
Essas cores combinam muito bem.

to agree, arrange, go together

We'll meet you there at nine. Agreed?
Deal! I'll be there.
The two arranged to study together.
I've arranged a meeting for you with the boss.
He did the opposite of what we agreed.
We agreed to meet here at three o'clock.
We've already agreed on the price.
The table matches the chairs.
The shoes don't go with the dress.
These colors go together very well.

988 – ferido / injured

Ele ficou ferido no acidente de carro. — He was injured in the car accident.
Ele está com o braço ferido. — He has an injured arm.
O cachorro foi ferido por outro animal. — The dog was injured by another animal.
O pássaro ferido não conseguia voar. — The injured bird couldn't fly.
O rapaz ferido foi levado ao hospital. — The injured boy was taken to the hospital.
Tem uma pessoa ferida na estrada. — There's an injured person on the road.
Ela ficou ferida com o que ele disse. — She was hurt by what he said.
As palavras dele a deixaram ferida. — His words left her hurt.
Muitos ficaram feridos no acidente. — Many were injured in the accident.
Cinco pessoas ficaram feridas no acidente. — Five people were injured in the accident.

989 – grave / serious, critical, grave; low, deep, bass

Ele tem uma doença grave. — He has a serious illness.
O paciente está em estado grave. — The patient is in serious condition.
Ela sobreviveu a uma doença grave. — She survived a serious illness.
Ele cometeu um erro grave no trabalho. — He made a serious mistake at work.
Ela tem medo de cometer um erro grave. — She's afraid of making a serious mistake.
O paciente apresenta um quadro grave. — The patient has a serious condition.
O vovô tem uma voz muito grave. — Grandpa has a really low voice.
A música tem um som grave que eu gosto. — The music has a deep sound that I like.
A decisão pode causar problemas graves. — The decision may cause serious problems.
Os problemas entre os dois são graves. — The issues between the two of them are serious.

990 – disponível / available

Você está disponível amanhã? — Are you available tomorrow?
Ela não está disponível para reuniões hoje. — She's not available for meetings today.
Tem algum médico disponível agora? — Is there any doctor available now?
A sala de reunião está disponível? — Is the meeting room available?
Estou disponível para te ajudar amanhã. — I am available to help you tomorrow.
O produto está disponível na loja. — The product is available at the store.
Você tem algum tempo disponível hoje? — Do you have any time available today?
Quais cores estão disponíveis? — Which colors are available?
Quantos quartos estão disponíveis? — How many rooms are available?
Vendi todas as unidades disponíveis ontem. — I sold all the available units yesterday.

991 – gritar
Ele começou a gritar quando perdeu o jogo.
Ele queria gritar, mas se controlou.
Você não precisa gritar!
Todos gritaram "Surpresa!".
Ela gritou quando viu o rato.
Ele gritou "cuidado" antes do carro passar.
O bebê gritou de dor.
Gritei por ajuda.
A professora nunca grita com os alunos.
Por que você está gritando?

to shout, yell, scream
He started to yell when he lost the game.
He wanted to scream, but he controled himself.
You don't need to shout!
Everyone yelled "Surprise!".
She screamed when she saw the mouse.
He shouted "careful" before the car passed.
The baby screamed in pain.
I yelled for help.
The teacher never yells at the students.
Why are you yelling?

992 – correto
Você está totalmente correto.
Não há um único modo correto de fazer as coisas.
Ele fez o que era correto, mesmo sendo difícil.
Me diga se essa informação está correta.
Sem a informação correta, não podemos ajudar.
Nenhuma das respostas estava correta.
A única resposta correta foi a dela.
Ela tomou a decisão correta.
Ele sempre age de maneira correta.
Essa é a maneira correta de fazer isso?

correct, right
You're totally right.
There is no single right way to do things.
He did what was right, even though it was hard.
Tell me if this information is correct.
Without the correct information, we can't help.
None of the answers were correct.
The only correct answer was hers.
She made the correct decision.
He always acts in the right way.
Is that the right way to do it?

993 – aguentar
Ela aprendeu a aguentar a pressão do trabalho.
Não sei se vou aguentar tanto tempo sem comer.
Não aguento mais esta situação.
Não aguento mais esse barulho!
Como você aguenta trabalhar tanto?
Você aguenta carregar isso sozinho?
Aguente mais um pouco, você está quase lá!
O cachorro não aguenta ficar sozinho.
Será que ele aguenta cuidar de três filhos?
Ela não aguenta mais trabalhar aqui.

to handle, put up with, bear
She learned to handle the pressure of work.
I don't know if I can go that long without eating.
I can't take this situation anymore.
I can't stand this noise anymore!
How can you handle working so much?
Can you handle carrying this by yourself?
Hold on a little more, you're almost there!
The dog can't handle being alone.
Do you think he can handle taking care of 3 kids?
She can't take working here anymore.

994 – simpático — nice, kind, friendly

Seu amigo parece ser simpático.	Your friend seems to be nice.
Ela é muito mais simpática do que os colegas.	She is much friendlier than her colleagues.
Seja simpático com os convidados.	Be nice to the guests.
Que moça simpática!	What a nice young woman!
Ela parece simpática e fácil de conversar.	She seems nice and easy to talk to.
Ele é uma pessoa tão simpática.	He's such a friendly person.
Ela sempre é tão simpática com os vizinhos.	She is always so friendly with the neighbors.
A nova professora não é muito simpática.	The new teacher isn't very friendly.
Eles não me parecem muito simpáticos.	They don't seem very friendly to me.
Os donos da casa são muito simpáticos.	The owners of the house are very nice.

995 – turma — class, group

A professora está brava com a turma.	The teacher is angry with the class.
Ele é o mais inteligente da turma.	He's the smartest in the class.
A nota dela foi a menor da turma.	Her grade was the lowest in the class.
A turma da escola está mais unida do que nunca.	The school class is as united as ever.
Ele compartilhou uma história com a turma.	He shared a story with the class.
Vou sair com a turma para o cinema.	I'm going out with the group to the movies.
A turma toda vai à praia.	The whole gang is going to the beach.
Atenção, turma! Vamos começar.	Attention, everyone! Let's begin.
Essa é a melhor turma que já tive.	This is the best class I've ever had.
A turma do trabalho se dá muito bem.	The work group gets along really well.

996 – natural — natural

A luz natural é melhor para ler.	Natural light is better for reading.
Isso é contra a ordem natural das coisas.	That's against the natural order of things.
Ela tem uma beleza simples e natural.	She has a simple, natural beauty.
Os erros humanos são uma parte natural da vida.	Human mistakes are a natural part of life.
O medo é uma resposta humana natural.	Fear is a natural human response.
O remédio natural não funcionou para mim.	Natural medicine didn't work for me.
É natural sentir medo.	It's natural to feel afraid.
É natural que as crianças façam perguntas.	It's natural for children to ask questions.
Ele é natural do Brasil.	He comes from Brazil.
Eu gosto de bebidas naturais.	I like natural drinks.

997 – jogador

Cada jogador tem um número na camisa.
Ele é um jogador ruim.
Ele é o pior jogador do time.
Esse jogador tem muita classe.
Este jogo é para quatro jogadores.
O jogador tem um contrato de cinco anos.
Ela é a jogadora mais rápida da equipe.
Os jogadores estão cansados.
Quantos jogadores tem no seu time?
Cada time tem cinco jogadores.

player

Every player has a number on their shirt.
He's a bad player.
He's the worst player in the team.
This player has a lot of class.
This game is for four players.
The player has a five-year contract.
She is the fastest player on the team.
The players are tired.
How many players are on your team?
Each team has five players.

998 – altura

Qual é sua altura?
Muitas pessoas têm medo de altura.
A mesa está na altura certa.
Ele cresceu muito, já está na minha altura.
O trabalho em altura pode ser perigoso.
Qual é a altura dessa árvore?
A altura do rio subiu com as chuvas.
A esta altura, todos já sabem.
Ele não está à altura do desafio.
O filme não estava à altura do livro.

height

How tall are you?
Many people are afraid of heights.
The table is at the right height.
He grew a lot, he's already my height.
Working at a height can be dangerous.
What is the height of this tree?
The height of the river has risen with the rains.
At this point, everyone already knows.
He's not up to the challenge.
The movie wasn't as good as the book.

999 – chapéu

Este chapéu é muito grande para mim.
Ela usava um chapéu branco na praia.
Ele usa chapéu para proteger o cabelo.
Este chapéu não me serve.
Ele puxou o chapéu sobre a cabeça.
O vento levou meu chapéu.
Tire o chapéu ao entrar na igreja.
Esse chapéu ficou muito legal em você!
Não tenho cabelo e uso chapéu todo dia.
Não esqueça de levar um chapéu, o sol está forte.

hat

This hat is too big for me.
She wore a white hat on the beach.
He wears a hat to protect his hair.
This hat doesn't fit me.
He pulled the hat over his head.
The wind blew my hat away.
Take off your hat when entering the church.
That hat looks really good on you!
I have no hair and wear a hat every day.
Don't forget to bring a hat, the sun is strong.

1000 – início

Vamos começar do início.
Mudei de casa no início deste ano.
Elas assistiram ao show do início ao fim.
A chuva atrasou o início do jogo.
O professor atrasou o início da aula.
O início da viagem foi tranquilo.
Desde o início eu sabia que ia dar certo.
O início do filme é muito bom.
Desde o início ele gostou da ideia.
O início do dia começa com café.

beginning, start

Let's start from the beginning.
I moved house earlier this year.
They watched the show from start to finish.
The rain delayed the start of the game.
The teacher delayed the start of the lesson.
The start of the trip was smooth.
From the beginning I knew it would work out.
The beginning of the movie is very good.
From the beginning he liked the idea.
The beginning of the day starts with coffee.

Números

1	um	60	sessenta	1.000	mil
2	dois	70	setenta	1.001	mil e um
3	três	80	oitenta	1.100	mil e cem
4	quatro	90	noventa	1.200	mil e duzentos
5	cinco	100	cem	2.000	dois mil
6	seis	101	cento e um	2.500	dois mil e quinhentos
7	sete	102	cento e dois	3.000	três mil
8	oito	110	cento e dez	4.000	quatro mil
9	nove	120	cento e vinte	5.000	cinco mil
10	dez	121	cento e vinte e um	10.000	dez mil
11	onze	130	cento e trinta	10.100	dez mil e cem
12	doze	140	cento e quarenta	11.000	onze mil
13	treze	150	cento e cinquenta	20.000	vinte mil
14	quatorze	160	cento e sessenta	30.000	trinta mil
15	quinze	170	cento e setenta	40.000	quarenta mil
16	dezesseis	180	cento e oitenta	50.000	cinquenta mil
17	dezessete	190	cento e noventa	60.000	sessenta mil
18	dezoito	200	duzentos	70.000	setenta mil
19	dezenove	201	duzentos e um	80.000	oitenta mil
20	vinte	300	trezentos	90.000	noventa mil
21	vinte e um	400	quatrocentos	100.000	cem mil
22	vinte e dois	500	quinhentos	200.000	duzentos mil
30	trinta	600	seiscentos	1.000.000	um milhão
31	trinta e um	700	setecentos	10.000.000	dez milhões
40	quarenta	800	oitocentos	100.000.000	cem milhões
50	cinquenta	900	novecentos	1.000.000.000	um bilhão

www.ingramcontent.com/pod-product-compliance
Lightning Source LLC
Chambersburg PA
CBHW080331170426
43194CB00014B/2526